国家高端智库武汉大学国际法研究所

国 际 法 文 库
INTERNATIONAL LAW LIBRARY

黄 进 总主编
肖永平 执行主编

专著系列
黄志雄 主编

# 数字贸易争端解决的规则与程序
## ——国际法与比较法研究

The Proposed Rules and Procedures for
Settling Disputes of Digital Trade:
A Critical Analysis from the Perspectives of International Law and Comparative Law

李雪平 万晓格 著

法律出版社
LAW PRESS · CHINA
北京

**图书在版编目(CIP)数据**

数字贸易争端解决的规则与程序 : 国际法与比较法研究 / 李雪平, 万晓格著. -- 北京 : 法律出版社, 2023

(国际法文库)

ISBN 978 -7 -5197 -7776 -0

Ⅰ. ①数… Ⅱ. ①李… ②万… Ⅲ. ①国际贸易 - 经济纠纷 - 研究 Ⅳ. ①D996.1

中国国家版本馆 CIP 数据核字(2023)第 057212 号

**数字贸易争端解决的规则与程序**
——国际法与比较法研究
**SHUZI MAOYI ZHENGDUAN JIEJUE DE GUIZE YU CHENGXU**
—GUOJIFA YU BIJIAOFA YANJIU

李雪平　万晓格　著

策划编辑 沈小英
责任编辑 刘晓萌
装帧设计 李　瞻

**出版发行** 法律出版社
**编辑统筹** 法治与经济出版分社
**责任校对** 王晓萍
**责任印制** 吕亚莉
**经　　销** 新华书店

**开本** 710 毫米×1000 毫米 1/16
**印张** 18　**字数** 337 千
**版本** 2023 年 10 月第 1 版
**印次** 2023 年 10 月第 1 次印刷
**印刷** 固安华明印业有限公司

地址:北京市丰台区莲花池西里 7 号(100073)
网址:www.lawpress.com.cn
投稿邮箱:info@lawpress.com.cn
举报盗版邮箱:jbwq@lawpress.com.cn

销售电话:010 - 83938349
客服电话:010 - 83938350
咨询电话:010 - 63939796



**书号**:ISBN 978 -7 -5197 -7776 -0　**定价**:108.00 元

凡购买本社图书,如有印装错误,我社负责退换。电话:010 - 83938349

# 总序一

当今之世界,随着全球投资贸易不断增长,科学技术特别是信息技术飞速进步,通信和交通日益便捷,人文交流蓬勃发展,经济全球化、政治多极化、文化多元化、社会网络化、法律趋同化已成为天下大势。在这种背景下,作为国际社会最为重要的行为规范,国际法在全球治理中发挥着不可替代的作用。

今日之中国,秉持“创新、协调、绿色、开放、共享”五大发展理念,正在全面建设小康社会、全面深化改革、全面推进依法治国、全面从严治党、全面参与全球治理。在这个过程中,国家始终坚持统筹国内国际两个大局,于内,追求实现“两个一百年”奋斗目标,追求实现中华民族伟大复兴的中国梦。于外,坚定不移对外开放,参与全球治理;坚持和平发展、合作共赢;积极构建中国特色大国外交,完善对外战略布局,既“请进来”,又“走出去”,加快推进“一带一路”建设;坚决维护国家主权、安全、发展利益,争取良好国际环境,维护世界和平稳定,促进各国共同发展,打造“人类命运共同体”。毫无疑问,坚持统筹国内国际两个大局,不仅要全面推进依法治国,加强国内法治,而且要在全球治理中高度重视和善于发挥国际法的作用,加强国际法治,推进国内法治与国际法治良性互动,特别是要完善中国自己的涉外法律法规体系,积极参与国际规则的制定,增强中国在国际法律事务中的话语权和影响力,运用法治思维和法治方式依法处理涉外事务,强化涉外法律服务,加强国际法治合作。

当下之中国国际法学界,经过改革开放30多年的建设和发展,可以肯定地说,国际法学科体系不断健全,学术队伍不断壮大,国际学术交流与合作不断拓展,学术水平和创新能力不断提高,培养了一大批国际法专门人才。而且,广大国际法专家学者解放思想、实事求是、求真务实、与时俱进,深入研究和回答中国改革开放面临的国际法理论和实践问题,产出了一大批有分量的学术成果,为国际法学的繁荣发展和国家改革开放及现代化建设做出了重要贡献。但应该指出的是,中国国际法学领域还存在一些亟待解决的问题。比如,国家缺乏整体的国际法学科发展战略规划,国际法学科建设放任自流,各国际法机构各自为阵;国际法人才队伍学术原创能力和解决实际问题的能力不强,活跃在世界国际法舞台的人才不多,总体素质亟待提高;国际法人才培养体系不健全,德行教育与知识传授相分离、理论培养与实践训练相脱离、国内培训与国际培训相隔离;国际法学术研究缺少精品力作,还没有产出具有广泛国际影响的创造性思想成果和理论成果,在国际规则制定和国际法律事务中的话语权和影响力不大。可以这样说,中国国际法学界目前在学术命题、学术思想、学术观点、学术标准、学术评价、学术话语上的能力和水平同中国综合国力和国际地位还不太相称。

综上所述,国际法在国际社会中的重要地位日益凸显,中国全面推进依法治国、对外开放、参与全球治理,亟须掌握和运用国际法,中国国际法学界仍处于有数量缺质量、有专家缺大师以及作用没有充分发挥出来的状态。我们所处的时代表明,这是一个需要国际法的时代,这是一个需要国际法理论创新而且一定能够产生国际法新理论的时代,这是一个需要国际法思想而且一定能够产生国际法新思想的时代。所有这些,正是我们编辑出版“国际法文库”以推动国际法学繁荣发展的初衷。

“国际法文库”将坚持兼容并包、思想自由。主张立足中国、借鉴国外,挖掘历史、把握当代,关怀人类、面向未来,着力推进构建既具有中国特色、中国风格、中国气派,又能进入世界学术话语体系的国际法学。

“国际法文库”将坚持问题导向。面对中国改革开放的新常态、国际局势的新变化,世界范围内各种思想文化交流交融交锋的新形势,只有聆听时代的声音,回应时代的呼唤,认真研究国家深化对外开放、全面参与全球治理的重大而紧迫的问题,才能真正把握历史脉络,找到发展规律,推进国际法理论创新和全球治理实现良法善治。

“国际法文库”将坚持跨学科研究。国际法律问题涉及国际社会生活的方方面面，具有跨学科性，需要从多学科视角，运用学科交叉融合的方法，进行跨学科研究。也就是说，对于国际法律问题，不仅要从国际公法、国际私法、国际经济法等国际法学视角进行研究，而且还要从宪法、行政法、民商法、刑法、诉讼法等国内法学视角进行研究；不仅要从法学视角进行研究，而且还要从国际政治、世界历史、全球经济、人类社会变迁、多元文化交融、地球生态文明等视角进行研究。跨学科研究在于坚持用联系的发展的眼光看待问题，增强研究的整体性、系统性、协调性、战略性，促进问题合情、合理、合法的解决。

“国际法文库”将坚持创造创新。创新是一个民族进步的灵魂，也是引领理论发展的动力。创新，就是有所发现、有所发明、有所创造。国际法理论的生命力在于创新，只有不断进行探索，才能推进国际法思想创新、知识创新、理论创新、制度创新、方法创新。国际法理论创新要从问题开始，发现问题、筛选问题、分析问题、研究问题、解决问题的过程就是创新的过程。国际法理论创新不必贪大求全，发现新事实、新材料、新现象是创新，阐明一个新原理、提出一种新学说、揭示一条新规律是创新，发明一项新技能、找到一条新路径、创造一种新方法也是创新。

“国际法文库”设专著系列、译著系列、实务系列、文集系列，是法律出版社与武汉大学国际法研究所共同打造的学术品牌。法律出版社在中国出版界特别是法学、法律出版领域的龙头地位自不待言。这里有必要对武大国际法所多说几句。武大国际法所是我国著名法学家、教育家、国际私法一代宗师韩德培先生于1980年创办的，是我国高校设立的第一个国际法研究所。该所自创立以来，自强不息，追求卓越，先后培养了一大批已在学术和实务方面崭露头角的国际法专门人才，先后产出了一大批具有较高水平的国际法学术成果，先后两次被评为国家级重点学科，2000年被确定为教育部人文社会科学重点研究基地，2015年入选首批国家高端智库。可以肯定地说，武大国际法所是当今中国国际法领域的学术重镇，不断推进中国国际法人才培养、科学研究和新型智库建设，不仅是它义不容辞的责任，更是它崇高而神圣的使命。正是基于这种情怀，武大国际法所与法律出版社携手合作，设立了这个“国际法文库”。这是为中国国际法学界开辟一块新的学术园地，建造一个新的学术舞台。“国际法文库”是自由、开放、包容、多元的，海内外的国际法同仁都可以在这块园地里辛勤耕耘，春播夏种、秋收冬藏；也都可以在这座舞台上翩翩起舞，崭露头角、一展锋芒。我真诚希望，所有以国际法为志业、立志为中国国际法事业做出贡献的海内外同仁，都能把“国际法文库”视为我们共同的国际法事业的一部分，关心之、支持之、帮助之、鞭策之，勿忘初心、久久为功，去迎接我们共同期待的中国国际法学界百花齐放、百鸟争鸣的春天。

是为序。

[*]

2016年12月1日于北京

---

* 黄进，中国政法大学教授，中国法学会副会长，中国国际法学会会长，中国国际私法研究会会长。

# 总序二

随着中国日益接近世界舞台的中央，我国迫切需要加强国际法律共同体建设，利用国际法维护世界和平和人类命运共同体以及可持续发展，保障中国的正当利益。因此，不管是国际法制度构建，还是国际法理论创新，抑或是国际法实践引领，中国都需要从“被动适应者”向“主动引领者”转变。

由我国著名法学家、教育家、社会活动家、国际私法一代宗师韩德培先生创办的武汉大学国际法研究所是1980年由原国家教委批准成立的中国高校第一个国际法研究机构；1981年设立博士点；1995年建立博士后流动站；1996年列为“211”工程重点建设单位；2000年被教育部批准为普通高等学校人文社会科学重点研究基地；2004年被批准为“985”工程哲学社会科学创新基地；2015年被中宣部确定为首批国家高端智库试点建设单位。她一贯秉持国际公法、国际私法、国际经济法的全面和综合研究，积极拓展联合国法、欧洲联盟法、国际能源法、电子商务法、国际发展法、国际网络法、国际投资法、国际金融法、国际体育法、世贸组织法、海洋法和海商法等前沿学术领域，形成了学科研究方向齐全、学科发展水平一流、咨政服务能力突出、教学科研成果领先的鲜明特色。

但是，不管是作为教育部的人文社会科学重点研究基地，还是作为国家高端智库，仅仅依靠一个研究所的力量难以实现中国国际法理论的创新，难以实现中国从国际法的“被动适应者”向“主动引领者”的转变。当下，中国面临的问题在全球化进程中愈加凸显其复杂性，许多问题往往需要从不同学科、不同视角、不同谱系进行合理的理论解释、作出正确的政策选择；而不同学者、学术机构、智库在不同领域具有相对优势，或者因所在区域不同而存在区域政策问题的竞争优势。因此，团结、组织中国国际法学者共同攻关、协同创新是获得国际竞争优势、创新中国国际法理论，进而实现中国从国际法的“被动适应者”向“主动引领者”转变的必由之路。正是出于这种考虑，我们与法律出版社合作出版“国际法文库”，希望集中展示中国学者的国际法著述和学术见解，及时传播国外国际法学界的最新研究成果，协同研究中国面临的重大国际法实践问题，不断增强中国国际法理论的国际话语权，不断提升中国国际法制度的国际吸引力，不断提高中国国际法实践的国际影响力。

因此，“国际法文库”将面向中国国际法理论界和实务界广泛征集选题，通过自荐与他荐相结合的方式，由丛书编辑委员会根据其学术性、思想性和创新性决定出版选题。本文库分为专著系列、译著系列、实务系列和文集系列。

专著系列旨在集中呈现中国学者在国际法领域的理论研究成果，引导中国国际法学界关注国际学术动态、设置前沿学术议题、营造良好学术风气，推动中国国际法理论创新。以学术性和创新性为选题标准，主要出版中国学者关于国际法领域具体问题的创新性研究成果。

译著系列旨在全面推介国际社会国际法理论的经典著作和最新成果，促进中外国际法理论的交流与交锋，促使中外国际法实践的互动与创新。以思想性与新颖性为选题标准，主要出版国际社会在 20 世纪 90 年代以后创作或再版的国际法著作的译作。

实务系列旨在在中国国际法理论研究和实践运用之间架起桥梁，促使中国国际法研究更加贴近国家和社会的现实需要，在国际法理论的支撑下运用国际法规则分析和解决实践中出现的问题。以对策性与实用性为选题标准，主要出版针对实践中的国际法问题，特别是与中国密切相关的国际法问题的著作，强调贴合国家对外交往实际需要，关注操作层面的问题选择、分析和解决方案。

文集系列旨在及时反映中国国际法学界举办的学术会议成果，提高学术交流的质量，加强学术交流的深度，扩大学术交流的影响。以新颖性与可行性为选题标准，主要出版能够设置学术议题、引领理论前沿的论文集。

我们相信,在中国国际法学界同仁的关心、支持与积极参与下,“国际法文库”一定能够实现上述目的,为中国国际法的理论创新、制度变革和实践引领贡献她应有的智慧、发挥她应有的作用。

[*]

2017 年元旦于武汉

---

* 肖永平,武汉大学国际法研究所所长,长江学者,法学教授,中国国际私法研究会常务副会长。

# 前　言

近年来,互联网、大数据、云计算、人工智能、区块链等技术加速创新,日益融入经济社会发展各领域全过程,各国竞相制定数字经济发展战略、出台鼓励政策,数字经济发展速度之快、辐射范围之广、影响程度之深前所未有,正在成为重组全球要素资源、重塑全球经济结构、改变全球竞争格局的关键力量。

作为数字经济的重要组成部分,数字贸易也正以前所未有的速度在全球展开。它不仅突出体现在近年达成的《全面与进步的跨太平洋伙伴关系协定》(Comprehensive and Progressive Trans-Pacific Partnership, CPTPP)、《美—墨—加协定》(United States – Mexico – Canada Agreement, USMCA)、《美日数字贸易协定》(US – Japan Digital Trade Agreement, USJDTA)以及《数字经济伙伴关系协定》(Digital Economy Partnership Agreement, DEPA)等区域(含双边)贸易协定的数字贸易规则和制度中,而且也是世界贸易组织(WTO)体制内正在进行的一个多边谈判议题,由此昭示着数字贸易及其自由化的发展趋势。

作为新兴的国际贸易形式,尽管在理论基础和价值取向上有"美国模式"和"欧盟模式"之争,但不能否认基于不同模式的数字贸易实体规则在区域层面已大致成形的事实,因而需要特别关注数字贸易的国际争端及其解决。与传统国际贸易甚或电子商务相比,数字贸易具有自身的一些特征,又突出表现为贸易方式数字化和贸易对象数字化。这些特征决定了数字贸易争端必定不同于传统的国际贸易争端,与之有关的争端解决规则和程序也必然有所不同。囿于当今区域贸易协定的“无限包容性”,数字贸易争端问题也就被习惯性地置于为贸易协定所普遍适用的争端解决机制之下。

作为探讨性、开拓性和前瞻性研究,笔者重点运用比较的和综合的研究方法、实证分析和规范分析相结合的方法,尝试在国际法范围内构建数字贸易争端解决的理论体系,并依此尝试测研现有数字贸易争端解决的规则和程序。在结构上,本书由绪论、主体部分和结论组成。在绪论中,笔者阐释了研究的实践基础和理论需求、研究思路和研究方法、研究的重点和难点等,并由此打开了由12 章构成的“总—分—总”的研究模式及其所承载的内容。

首先,向读者交代“为什么要研究这一选题”。笔者认为,数字贸易是数字经济发展的产物,是国际贸易发展的第三阶段。尽管 WTO 主要成员迄今在数字产品定义、数字贸易分类、数字贸易监管等方面还存在分歧,但不能否认数字贸易兴起对传统国际贸易规则及国际贸易争端解决机制的挑战,表现为贸易方式数字化影响贸易的运营与消费、贸易对象数字化对服务贸易模式的冲击以及贸易数字化塑造新型贸易价值的模式等。在全球范围内,数字贸易规则的演进挑战既有的国际贸易理论与全球贸易体系。相应地,数字贸易争端解决也与以往不同,包括数字贸易争端解决载体的适应性要求更高、争端主体的范围相对于传统贸易进一步扩大以及数字贸易争端解决的效率要求更高等。

其次,探讨并综合解决“本选题应研究哪些内容”。从理论联系实际、从既往经验联系当前需要出发,笔者认为,本选题应研究的内容大致可归为以下五个方面:

一是数字贸易争端解决规则与程序设计的法理基础和模式选择。基于和平解决国际争端这一国际法的基本原则,数字贸易争端解决的设计理念可分为权力导向、权利导向和利益导向,它们分别对应政治型、法律型与混合型争端解决模式。权力导向对应的政治型争端解决模式不利于全球数字贸易的公平发展;在数字贸易的多边实体规则尚未到位的情况下,在划定数字贸易主体的权利义务的标准尚不明确的情况下,权利导向的模式应用尚缺乏相应依据。因此,数字贸易争端解决应当采用利益导向对应的混合型争端解决模式。换言之,设计数字贸易争端解决的规则与程序时,应当以化解利益冲突为主,辅之以权利保障。立基于数字贸易自由化的发展趋势,国家间争端解决机制应成为解决数字贸易争端的最优模式选择,但它与 WTO 争端解决机制应有许多不同,这尤其体现在争端当事方的主体地位上。这是因为,企业是而且必须是数字贸易活动的“主力军”,国际法理论与国际贸易实践均已为其成为数字贸易争端解决的有限主体提供了依据。

二是数字贸易争端解决的“标准事项”范围和具体解决方法。数字贸易争端解决的标准程序包括可选性的磋商或协商、调解、仲裁专家组等。这一过程应遵循“利益先行,权利辅助”的原则,采用先对抗后审问的争端解决程序流程设计方案;按照“会面—交流—确定和评估”的阶梯式流程安排程序开展的顺序,可以有效协调效率与公平两个价值目标,高效处理数字贸易争端;同时,为保障当事方的程序自由,应赋予其在合理范围内选择程序步骤、把握程序进度的权利。就方法而言,数字贸易争端解决的线上程序确有必要,需要确立相应的标准程序,采用“阶梯式”流程解决数字贸易争端,并保证当事方参与程序的自主性,包括数字贸易线上程序的平行式应用和辅助性应用。对于数字贸易争端解决的线下程序,务必注意它与线上程序的灵活衔接,但同时更应该明晰选择数字贸易争端解决线下程序的必备要素,以争端当事方的意愿为程序选择的首要条件,建立数字贸易政策澄清与谈判的专门通道,拓宽法庭之友线下程序参与的路径。另外,对于数字贸易争端解决机构,建议采用混合型机构的模式设计,但要特别关注争端解决机构对司法能动性的抑制作用。

三是数字贸易争端解决中的管辖权冲突及裁决结果的承认和执行。在充分明晰数字贸易争端解决管辖权的理论依据的基础上,需要分析数字贸易争端解决中管辖权冲突的实际问题,并确立解决数字贸易争端管辖权冲突的原则和方法。解决数字贸易争端解决的管辖权冲突问题,有助于国家间对相关裁决结果的承认与执行。数字贸易争端裁决结果主要包括扩大或维持境外数字产品的市场准入条件、判定侵权行为是否成立、建议修改或维持政策、裁定是否给予利益补偿等内容。为保障数字贸易争端裁决结果的有效执行,对主权国家适用补偿性机制,可以借鉴“美式”贸易协定中的经济补偿措施,并尽量减少采取中止减让或贸易报复措施,以促进全球数字贸易发展环境的优化。对于企业这一以经济利益为追逐目标的争端解决的有限参与主体,可以强化其利益的关联度,并实施正向或负向的利益激励措施。

四是数字贸易争端解决中的举证责任和司法解释。在研究传统国际贸易争端解决中的举证责任理论和实践的基础上,结合数字贸易的特征及其具体表现,指出数字贸易争端解决中举证责任的复杂性,并应探讨数字贸易争端解决中公平善意原则及争端当事方的举证责任、技术中立原则与第三方经营平台的举证责任等关键性问题。在数字贸易争端解决中,司法解释的重要性不言而喻,在明晰司法解释与条约解释的关系的基础上,可以汲取 WTO 争端解决中的司法解释及创新方法,但同时应顾及数字贸易争端解决中司法解释的特殊性,应采用文本主义与司法能动主义相结合、国际渊源与国内渊源相结合、条约解释的传统方法与数字技术相结合等的原则和方法。

五是数字贸易争端解决中的透明度义务和隐私权保护。透明度义务在国际贸易规则及国际贸易争端解决中都较为常见,且从当前 WTO 主要成员提交的改革方案和改革方向看,从新近达成的区域贸易协定的要求看,强化国际贸易中的透明度义务已是大势所趋。但由于数字贸易依赖于数字技术和跨境数据流动,数字贸易争端解决中的透明度义务则更为复杂,尤其是当它与知识产权保护、商业秘密保护、国家经济安全、隐私权保护等相联系时,强制性的透明度义务更值得商榷。其中,隐私权保护已成为横亘在数字贸易及其自由化道路上的“巨大鸿沟”。在厘清与数字贸易有关的隐私保护的性质和范围的基础上,指出 WTO 主要成员关于数据跨境流动中隐私保护措施的差异及其在隐私权保护合作方面的棘手问题,而这些问题都对数字贸易争端解决中的隐私权保护问题带来挑战。

最后,落脚“中国情况”并尝试提出有关的中国方案或措施。笔者认为,中国数字贸易当前尽管以电子商务为主要发展模式,但正处于大幅上升和拓展阶段,数字化产品发展势头十分强劲,与之有关的实体规则正在快速增长和完善。2019 年施行的《中华人民共和国电子商务法》是中国第一部正式规范电子商务及其争议解决的法律,但其规范对象则以私人主体间的电子商务争议为主,尚不能完全回应数字贸易争端解决的需求,而且该法的实体规则和程序规则多为框架性安排,仍需进一步细化;而 2021 年出台的《中华人民共和国数据安全法》《中华人民共和国个人信息保护法》,对于促进中国数字贸易发展具有重要的保障意义。基于此,笔者认为,中国应从完善数字贸易实体规则、提升对数字贸易的监管能力、建立数字贸易争端解决的保障体系等三方面,促成中国数字贸易的治理秩序。同时,还应在知己知彼的基础上,积极参与数字贸易的多边法律化和制度化过程(特别是在 WTO 体制内),结合中国国家利益及全球数字贸易发展的复杂态势,率先研究并提出数字贸易争端解决规则与程序的中国方案。

# 缩略语

| | |
|---|---|
| ADR | Alternative Dispute Resolution(替代性纠纷解决) |
| AGMA | Alliance for Gray Market and Counterfeit Abatement(灰色市场与消除仿冒品联盟) |
| APEC | Asia-Pacific Economic Cooperation(亚太经合组织) |
| BCRs | Binding Corporate Rules(《约束性公司规则》) |
| B&R | The Belt and Road Initiative("一带一路"倡议) |
| B2B | Business to Business(商业对商业) |
| B2C | Business to Consumer(商业对消费者) |
| CBPR | Cross-Border Privacy Rules(《跨境隐私规则》) |
| CETA | Comprehensive Economic and Trade Agreement(《综合经济贸易协定》) |
| CITES | Convention on International Trade in Endangered Species of Wild Fauna and Flora(《濒危野生动植物物种国际贸易公约》,又称《华盛顿公约》) |

| | |
|---|---|
| CLOUD Act | Clarifying Lawful Overseas Use of Data Act(《澄清数据境外合法使用法案》) |
| COPPA | Children's Online Privacy Protection Act(《儿童在线隐私保护法案》) |
| CPTPP | Comprehensive and Progressive Agreement for Trans-Pacific Partnership(《全面与进步的跨太平洋伙伴关系协定》) |
| DIP | Digital Intellectual Property(数字知识产权) |
| DSB | Dispute Settlement Body(争端解决机构) |
| DSU | Understanding on Rules and Procedures Governing the Settlement of Disputes(《关于争端解决规则与程序的谅解》) |
| eWTP | Electronic World Trade Platform(世界电商平台) |
| ECIPE | European Centre for International Political Economy(欧洲国际政治经济中心) |
| EDPB | European Data Protection Board(欧洲数据保护理事会) |
| EEA | European Economic Area(欧洲经济区) |
| EFTA | European Free Trade Association(欧洲自由贸易联盟) |
| EU | European Union(欧洲联盟) |
| FTC | Federal Trade Commission(联邦贸易委员会) |
| FADP | Federal Data Protection Act(《联邦数据保护法案》) |
| FDPIC | Federal Data Protection and Information Commissioner(联邦数据保护和信息专员) |
| GATS | General Agreement on Trade in Services(《服务贸易总协定》) |
| GATT | General Agreement on Tariffs and Trade(《关税与贸易总协定》) |
| GDPR | General Data Protection Regulation(《一般数据保护条例》) |
| GSP | General System of Preferences(普遍优惠待遇制度) |
| G20 | Group of 20(二十国集团) |
| HIPAA | Health Insurance Portability and Accountability Act(《健康保险携带和责任法案》) |
| ICJ | International Court of Justice(国际法院) |
| ICODR | International Commission for Online Dispute Resolution(在线争端解决国际委员会) |

| | |
|---|---|
| ICSID | International Center for Settlement of Investment Disputes(投资争端解决国际中心) |
| ICT | Information Communications Technology(现代信息通信技术) |
| ITA | International Trade Administration(国际贸易管理局) |
| ITIF | Information Technology and Innovation Foundation(信息技术与创新基金会) |
| MPIA | Multi-Party Interim Arbitration(多方临时上诉仲裁) |
| NAFTA | North American Free Trade Agreement(《北美自由贸易协定》) |
| ODR | Online Dispute Resolution(线上争端解决) |
| OECD | Organization for Economic Cooperation and Development(经济合作与发展组织) |
| OTT | Over-The-Top(点对点) |
| PaaS | Platform-as-a-Service(通过平台提供服务) |
| P2P | Peer to Peer(点对点) |
| RCEP | Regional Comprehensive Economic Partnership(《区域全面经济伙伴关系协定》) |
| SCC | Standard Contractual Clauses(《标准合同条款》) |
| SCM | Subsidies and Countervailing Measures(补贴与反补贴措施) |
| SPS | Sanitary and Phytosanitary Measures(卫生与植物卫生措施) |
| TFTEA | Trade Facilitation and Trade Enforcement Act(《贸易便利化与贸易执行法案》) |
| TiSA | Trade in Services Agreement(《服务贸易协定》) |
| TPP | Trans-Pacific Partnership(《跨太平洋伙伴关系协定》) |
| TRIPs | Agreement on Trade-Related Aspects of Intellectual Property Rights(《与贸易有关的知识产权协定》) |
| TTIP | Transatlantic Trade and Investment Partnership(《跨大西洋贸易与投资伙伴关系协定》) |
| UIA | Union of International Associations(国际协会联盟) |
| UN | United Nations(联合国) |

| | |
|---|---|
| UNCTAD | United Nations Conference on Trade and Development(联合国贸易和发展会议) |
| UNCITRAL | United Nations Commission on International Trade Law(联合国国际贸易法委员会) |
| USMCA | United States – Mexico – Canada Agreement(《美—墨—加协定》) |
| USITC | United States International Trade Commission(美国国际贸易委员会) |
| USTR | Office of the United States Trade Representative(美国贸易代表办公室) |
| USJDTA | US – Japan Digital Trade Agreement(《美日数字贸易协定》) |
| VSS | Video Streaming Services(视频流服务) |
| WHO | World Health Organization(世界卫生组织) |
| WTO | World Trade Organization(世界贸易组织) |

Contents

# 目录


**绪　论** ………………………………………………………………………… 1

一、研究实践基础与理论需求 …………………………………………… 1

二、国内外有关研究述评 ………………………………………………… 4

三、研究方法概览 ………………………………………………………… 8

四、研究思路描述 ………………………………………………………… 10

五、拟解决的重点和难点问题 …………………………………………… 11

**第一章　数字贸易对传统国际贸易争端解决制度的挑战** …………………… 13

第一节　数字贸易与国际贸易的数字化 ………………………………… 14

一、作为国际贸易第三发展阶段的数字贸易 …………………………… 14

二、数字贸易的释义辨析 ………………………………………………… 15

三、国际贸易的数字化及其影响 ………………………………………… 18

第二节　数字贸易挑战传统国际贸易争端解决的规则和程序 ………… 21

一、数字贸易亟待既有国际贸易规则体系的更新调整 ………………… 21

二、数字贸易挑战传统国际贸易争端解决的规则和程序 ……………… 23

本章小结 ………………………………………………………………………… 31

**第二章　数字贸易争端解决规则与程序设计的法理基础** …………………… 33

第一节　数字贸易争端解决的价值立场 ………………………………… 33

一、数字贸易争端解决的基本价值目标 …… 34
二、数字贸易争端解决模式设计的价值选择 …… 38
第二节 数字贸易争端解决规则与程序设计的模式选择 …… 40
一、采用与利益导向对应的混合型争端解决模式 …… 40
二、采用先对抗后审问的争端解决模式 …… 41
第三节 解决数字贸易争端的国家间机制 …… 42
一、以区域力量促进多边争端解决机制的形成 …… 42
二、将企业纳入数字贸易争端解决的主体范围 …… 43
本章小结 …… 45

**第三章 数字贸易争端解决的“标准事项”范围 …… 47**
第一节 对数字贸易分类的分歧 …… 48
一、美国模式下的数字贸易分类 …… 49
二、欧盟模式下的数字贸易分类 …… 50
三、中国模式下的数字贸易分类 …… 53
四、其他国家对数字贸易的分类 …… 54
第二节 与数字贸易的市场准入有关的争端 …… 56
一、对于数字服务贸易市场准入的分歧 …… 56
二、对“电子传输”免征关税的分歧 …… 59
第三节 与数字贸易监管措施有关的争端 …… 63
一、数字贸易中知识产权保护不力 …… 63
二、对跨境数据流动的立场分歧 …… 64
三、对于源代码披露的要求模糊不清 …… 68
四、数据隐私和个人信息保护标准的冲突 …… 69
本章小结 …… 71

**第四章 数字贸易争端解决中的管辖权冲突 …… 73**
第一节 数字贸易争端解决管辖权的理论基础 …… 74
一、网络主权理论 …… 74
二、第四国际空间理论 …… 75
三、管辖权相对论 …… 76
四、网址管辖理论 …… 78

五、服务器所在地论 …… 79
第二节　数字贸易争端解决中管辖权冲突的实有依据 …… 80
一、国家对数据的属地管辖权 …… 81
二、国家对数据的属人管辖权 …… 87
三、国家对数字贸易争端解决的管辖权 …… 88
第三节　解决数字贸易争端管辖权冲突的原则和方法 …… 91
一、司法礼让原则与科技辅助相结合 …… 91
二、排他管辖与协议管辖相结合 …… 93
三、专属管辖与补充管辖相结合 …… 94
本章小结 …… 95

**第五章　数字贸易争端解决中的举证责任** …… 98
第一节　传统国际贸易争端解决中的举证责任 …… 99
一、传统国际贸易争端解决中举证责任的一般原则 …… 99
二、传统国际贸易争端解决中的举证责任转移 …… 100
第二节　数字贸易争端解决中举证责任的复杂性 …… 102
一、数字贸易争端解决中举证责任的难度 …… 104
二、数字贸易争端解决中第三方平台的法定举证责任 …… 106
第三节　数字贸易争端解决中举证责任的原则和方法 …… 108
一、公平善意原则及争端当事方的举证责任 …… 108
二、技术中立原则与第三方平台的举证责任 …… 110
本章小结 …… 113

**第六章　数字贸易争端解决中的司法解释** …… 114
第一节　司法解释与条约解释的关系 …… 114
一、条约解释与司法解释的区别与联系 …… 115
二、司法解释必然指向条约解释 …… 115
第二节　WTO 争端解决中司法解释方法的创新 …… 116
一、WTO 争端解决的司法解释原理 …… 116
二、WTO 争端解决中司法解释方法的新发展 …… 118
第三节　数字贸易争端解决中司法解释的特殊性 …… 120
一、数字贸易争端解决的司法解释需要信息技术的大力支持 …… 121

二、数字贸易的法律渊源带来的司法解释依据之间的协调 …………… 122
第四节 数字贸易争端解决中司法解释的原则和方法 …………… 124
一、文本主义与司法能动主义相结合 …………… 125
二、国际渊源与国内渊源相结合 …………… 129
三、条约解释的传统方法与信息技术相结合 …………… 130
本章小结 …………… 131

**第七章 数字贸易争端解决的线上程序 …………… 132**
第一节 数字贸易争端解决的标准程序释疑 …………… 132
一、数字贸易争端解决标准程序中的步骤 …………… 133
二、采用阶梯式流程解决数字贸易争端 …………… 136
三、保证当事方参与程序的自主性 …………… 136
第二节 数字贸易争端解决线上程序的必要性 …………… 138
一、当前主要的线上争端解决程序 …………… 138
二、数字贸易争端解决线上程序的利弊得失 …………… 141
第三节 数字贸易争端解决线上程序的尝试应用 …………… 149
一、数字贸易线上程序的平行式应用 …………… 149
二、数字贸易线上程序的辅助性应用 …………… 150
本章小结 …………… 151

**第八章 数字贸易争端解决的线下程序 …………… 153**
第一节 数字贸易争端解决线上程序与线下程序的关系 …………… 154
一、选择数字贸易争端解决线下程序的必备要素 …………… 154
二、以争端当事方的意愿为程序选择的首要标准 …………… 155
三、不同程序步骤的线上与线下模式选择 …………… 156
第二节 数字贸易争端解决的线下补充程序 …………… 156
一、建立数字贸易政策澄清与谈判的专门通道 …………… 157
二、拓宽“法庭之友”线下程序的参与路径 …………… 158
第三节 数字贸易争端解决的机构设计 …………… 161
一、数字贸易争端解决机构设计的功能构想 …………… 162
二、采用混合型机构的模式设计 …………… 165
三、数字贸易争端解决机构的司法克制 …………… 165

本章小结 …… 166

第九章 数字贸易争端裁决结果的承认与执行 …… 168
第一节 数字贸易争端裁决结果的分类及其适用性 …… 168
一、数字贸易争端裁决结果的类型 …… 169
二、数字贸易争端裁决结果的适用性 …… 169
三、对数字贸易争端裁决结果的承认 …… 170
第二节 数字贸易争端裁决结果的执行及其保障 …… 171
一、执行阶段的开始 …… 171
二、对争端裁决结果"执行不能" …… 172
三、给予政府申诉方的补偿救济 …… 173
四、激励企业当事方执行裁决结果 …… 175
本章小结 …… 177

第十章 数字贸易争端解决中的透明度要求 …… 178
第一节 国际贸易中的透明度要求及其争议 …… 179
一、多边贸易协定中的透明度要求 …… 179
二、区域贸易协定中的透明度要求 …… 181
三、WTO 透明度问题的改革主张 …… 182
第二节 传统国际贸易争端解决中的透明度 …… 183
一、关于透明度义务的强化问题 …… 183
二、关于透明度争议中的商业秘密例外 …… 185
三、传统国际贸易争端解决程序中的透明度 …… 186
第三节 数字贸易争端解决中的透明度义务 …… 187
一、WTO 主要成员对于数字贸易的透明度要求 …… 188
二、数字贸易透明度义务的争端解决 …… 190
三、数字贸易争端解决程序的透明度问题 …… 193
本章小结 …… 194

第十一章 数字贸易争端解决中的隐私权保护 …… 196
第一节 与数字贸易有关的数据跨境流动及隐私权保护 …… 197
一、隐私权保护与数字贸易的数据跨境流动 …… 197

二、与数字贸易有关的隐私权保护的性质和范围 …… 199
第二节　数据跨境流动中的隐私保护措施差异及其对数字贸易的影响 …… 202
一、数据隐私保护措施的国际差异 …… 202
二、与数字贸易有关的隐私权保护措施差异带来的影响 …… 210
第三节　与隐私权保护有关的数字贸易争端及其解决 …… 214
一、数字贸易中隐私权保护方法的争议 …… 214
二、与数字贸易争端有关的隐私权争议 …… 218
本章小结 …… 221

**第十二章　数字贸易争端解决的中国措施** …… 223
第一节　中国数字贸易争端及其解决现状 …… 223
一、中国数字贸易发展的现状 …… 223
二、中国数字贸易争端解决的现状 …… 227
第二节　中国数字贸易争端解决的前进方向 …… 228
一、以数字贸易发展促进相关法律制度的完善 …… 228
二、建立数字贸易争端解决的支持保障体系 …… 230
三、积极参与数字贸易争端解决的多边程序规则谈判 …… 232
本章小结 …… 234

**结论与前景展望** …… 236

**参考文献** …… 241

**附:《数字经济伙伴关系协定》争端解决条款** …… 257

**后　记** …… 269

# 绪　论

## 一、研究实践基础与理论需求

2018年11月7日，国家主席习近平在致第五届世界互联网大会的贺信中明确指出：当今世界，正在经历一场更大范围、更深层次的科技革命和产业变革。互联网、大数据、人工智能等现代信息技术不断取得突破，数字经济蓬勃发展，各国利益更加紧密相连。为世界经济发展增添新动能，迫切需要我们加快数字经济发展，推动全球互联网治理体系向着更加公正合理的方向迈进。①

数字贸易作为数字经济的重要组成部分，作为推动数字经济发展的"火车头"，正成为推动传统国际贸易转型升级的核心力量。世界贸易组织（WTO）《2019年全球贸易报告：服务贸易的未来》显示，超过一半的全球服务贸易已经实现数字化。各国通过数字平台融入全球价值链，享受数字贸易带来的经济全球化的便利与商机，与之息息相关的法律规则正从双边和区域贸易协定向多边贸易体制推进。在这样的背景下，从国际法和比较法角度研究数字贸易争端解决的规则和程序具有十分重要的实际意义和理论意义。

实践中，数字贸易是经济全球化和互联网国际化发

---

① 参见《习近平向第五届世界互联网大会致贺信》，载国家互联网信息办公室网，http://www.cac.gov.cn/2018-11/07/c_1123677233.htm。

展到一定阶段的产物,也可视为对跨境电子商务的数字化拓展后升级的商业模式。它以互联网为基础、以数字交换技术为手段,为供求双方提供交流互动所需的电子信息,不仅包括通过电子商务进行的货物贸易,也包括与货物交付相关的服务贸易,如国际营销、跨境支付、国际运输、海关便利化、国别商检等产业链上所有的服务环节。它们已见于 WTO 成员参加的双边或区域贸易协定中,而 WTO《2018 年世界贸易报告:世界贸易的未来》也以数字技术如何改变全球商业为主题,揭示了数字经济与贸易紧密联结的时代特点。中国的数字贸易从商品流通到引资、引智和“走出去”,体现了从外向化到真正国际化的发展变化。随着全球数字贸易数量和方式的持续增长,需要预防数字贸易争端并能在规则和程序上做好充分准备。在数字贸易的诸多复杂关系中,该如何确定数字贸易争端的事实问题、如何进行争端解决的取证和反证、如何根据案情选择适当的解决方法、如何从中国互联网法院的司法实践汲取经验、如何使中国主张的数字贸易争端解决规则和程序能成为国际借鉴的模板等,都是当前及今后一段时间内亟待解决的实际问题。

从理论上说,贸易利益是国家总体利益的重要组成部分,各主权国家参与国际贸易,都希望其他国家对本国开放市场,都希望在同量或少量的贸易之下获得尽可能多的贸易利益。但在数字贸易过程中,必须考虑数据主权、数据本地化、货物关税减免、国内税收管辖、隐私与个人信息保护、消费者保护、知识产权保护、无纸化管理、国家安全保障等复杂问题对国际贸易利益分配和再分配的影响,同时更应考虑与之有关的贸易争端及其解决。从具有代表性的区域贸易协定看,现有的电子商务条款或数字贸易规则都将争端问题轻描淡写地置于传统的争端解决机制之下。尽管新加坡、智利、新西兰等三国于 2020 年 6 月签署的《数字经济伙伴关系协定》(Digital Economy Partnership Agreement, DEPA)[①]确立了数字贸易争端解决条款,但在当前由国内法主导的复杂的数字贸易关系中,依然存在对抗性价值和利益需求之间的冲突,由此带来数字贸易争端的新问题、新要求与传统的国际贸易争端解决制度之间的不相洽、不兼容,进而钳制数字贸易争端的解决,极有可能给国家间整体的贸易关系带来动荡、冲击。在中国数字贸易经济发展的强劲势头下,随着《中华人民共和国电子商务法》(2018 年,以下简称《电子商务法》)和《中华人民共和国数据安全法》

① 中国于 2021 年 11 月 1 日向《数字经济伙伴关系协定》保存国新西兰正式提出了加入申请。

(2021年,以下简称《数据安全法》)等的出台和实施,必须处理好国家利益、数据安全和数字贸易之间的关系,在鼓励、支持、引导数字贸易发展的同时,更应注重数字贸易争端解决规则与程序的研究、设计和构建。基于此,如何实现数字贸易争端解决的专门化和制度化、如何确保数字贸易争端解决规则和程序的司法适用性、如何适用中国电子商务法的争议解决条款、如何提升中国在数字贸易领域的话语权等,都亟须从理论上予以分析、论证和探讨。

贸易与数字经济紧密联结是当今时代的突出特点。① 2020年9月4日,习近平总书记在中国国际服务贸易交易会全球服务贸易峰会上指出:"我们要顺应数字化、网络化、智能化发展趋势,共同致力于消除'数字鸿沟',助推服务贸易数字化进程。"②2022年1月,习近平总书记在《求是》杂志发文指出:"我们要站在统筹中华民族伟大复兴战略全局和世界百年未有之大变局的高度,统筹国内国际两个大局、发展安全两件大事,充分发挥海量数据和丰富应用场景优势,促进数字技术和实体经济深度融合,赋能传统产业转型升级,催生新产业新业态新模式,不断做强做优做大我国数字经济。"③这充分表明,数字贸易促进了全球经济容量扩展与贸易结构改善,提升了私人主体与中小企业直接参与经济全球化的程度,但同时也带来了争端解决的现实难题。④ 在国内法排他的管控环境之外,有对抗价值和利益的主体不可避免地产生各种冲突,依托数字技术的贸易模式已经超越了传统的国家边境措施的限制,进而将加剧国家间经贸争端的产生。⑤ 在影响数字贸易发展的诸多因素中,制度、文化等软性因素发挥重要的决定性作用,⑥而基于数字贸易的特性,探讨数字贸易争端解决规则和程序,有利于缓解传统的国际贸易争端解决规则和程序适用于数字贸易争端的较低兼容性所造成的尴尬局面,是促进数字贸易可持续发展的必然要求。

---

① See WTO, World Trade Report: The Future of Services Trade, 2019, p. 3.

② 《数字贸易,激活创新引领的合作动能》,载人民网,http://world.people.com.cn/GB/n1/2020/0907/c1002-31851217.html。

③ 习近平:《不断做强做优做大我国数字经济》,载《求是》2022年第2期。

④ See WTO Business Focus Group 1, MSMEs and E-Commerce, Final Report, September 2016, p. 2-3.

⑤ See Vincent Chiappetta, *The Impact of E-Commerce on the Laws of Nations Forward*, 7 Willamette Journal of International Law and Dispute Resolution 1, 9(2000).

⑥ 参见陆菁、傅诺:《全球数字贸易崛起:发展格局与影响因素分析》,载《社会科学战线》2018年第11期。

## 二、国内外有关研究述评

### (一)国内研究现状述评

国内对数字贸易的研究起源于电子商务。1994 年,亚太电子商务大会在上海召开,同年即出现介绍电子商务的作品,并指出“电子商务的信息管理原则是……新时代的生意经”①。1996 年,联合国国际贸易法委员会(United Nations Commission on International Trade Law,UNCITRAL)通过了《电子商务示范法》,从而加快了国内对电子商务法律问题的研究步伐。在 1998 年 WTO 开启电子商务谈判后,国内出现了主要研究电子商务谈判议题及其分歧的成果。而国内较早涉猎“电子商务”问题的专著是何其生教授于 2004 年在法律出版社出版的《电子商务的国际私法问题》,该书从冲突法的角度,对电子商务案件的管辖权、法律适用以及外国法院判决与仲裁裁决的承认和执行等方面进行了重点研究,并对其中所涉及的许多问题提出了原创性的解决思路和方案。② 自 2006 年以来,尤其是随着《全面与进步的跨太平洋伙伴关系协定》和《美—墨—加协定》的谈判和达成,国内有关研究集中于数字贸易自由化、数字贸易规制、数字贸易治理等方面。作为本选题的研究基础和依据,我们认为国内对数字贸易问题的研究主要集中于以下几方面:

第一,对于“电子商务”或“数字贸易”,国内多采用描述的方法定义这一概念并阐释其内涵。马述忠等学者在《数字贸易及其时代价值与研究展望》一文中,分析了数字贸易内涵与特征,创造性地预测了数字贸易的发展趋势,指出数字贸易的规则演进挑战既有的经济理论与全球贸易体系。③ 李忠民、周维颖对数字贸易的本质和发展动因进行研究,认为数字贸易是一种新的贸易方式与经济业态,是在制度与技术的互动中发展前进的。④ 还有的学者从历史的角度梳理数字贸易概念经历的三个阶段的演变历程,得出“数字贸易的内涵逐渐丰富,可以归纳为依托互联网,利用数字技术,实现传统实体货物、数字化产品与服

① 参见王可:《电子商务与新时代的生意经》,载《信息与电脑》1994 年第 5 期。

② 参见何其生:《电子商务的国际私法问题》,法律出版社 2004 年版。

③ 参见马述忠、房超、梁银锋:《数字贸易及其时代价值与研究展望》,载《国际贸易问题》2018 年第 10 期。

④ 参见李忠民、周维颖:《美国数字贸易发展态势及我国的对策思考》,载《全球化》2014 年第 11 期。

务、数字化知识和信息的高效交换的商业活动”，等等。①

第二，梳理区域贸易协定中的数字贸易规则并剖析其发展趋势。沈玉良、房超、梁银锋等合著的《全球数字贸易规则研究》一书，总结了现有的双边、多边以及诸边数字贸易规则，揭示了数字产品与全球贸易规则之间的互动关系。②李墨丝在《超大型自由贸易协定中数字贸易规则及谈判的新趋势》一文中，通过分析 WTO 电子商务计划、《跨太平洋伙伴关系协定》、《服务贸易协定》以及《跨大西洋贸易与投资伙伴关系协定》中体现出的美欧在跨境数据流动与隐私保护等核心议题上的分歧，指出当前数字贸易实践发展与规则缺位之间的矛盾。③同样地，张茉楠在《全球贸易规则框架与数字贸易治理》一文中，对比分析了不同数字贸易规则的特点，尤其指出 TPP 顺应了贸易自由化的趋势，是美国数字贸易第二发展阶段的主要谈判阵地。④ 但仍有学者认为，TPP 回避了对数字贸易的分类，且缺乏保护消费者权益的约束性规定。⑤

第三，比较各国数字贸易发展政策，分析与之有关的不同模式的优势与不足。国内学者大多认为，研究美国的数字贸易政策，能更好地了解数字贸易规则的全球走势，⑥继而涌现了大量以美国推动或主导的数字贸易规则为主要研究对象的学术成果。⑦ 其中，《全球数字贸易治理体系构建过程中的美欧分歧》一文，通过比较欧盟和美国在跨境数据自由流动、数据存储本地化和个人隐私保护等与数字贸易密切相关领域的立场，分析了分歧背后的政治经济原因和文化因素。⑧《WTO 规则下的中美数字贸易立场研究》一文，通过比较中国和美

---

① 参见蓝庆新、窦凯：《美欧日数字贸易的内涵演变、发展趋势及中国策略》，载《国际贸易》2019 年第 6 期。

② 参见沈玉良等：《全球数字贸易规则研究》，复旦大学出版社 2018 年版。

③ 参见李墨丝：《超大型自由贸易协定中数字贸易规则及谈判的新趋势》，载《上海师范大学学报（哲学社会科学版）》2017 年第 1 期。

④ 参见张茉楠：《全球贸易规则框架与数字贸易治理》，载《新经济导刊》2018 年第 7 期。

⑤ 参见贺嘉：《跨境电子消费合同中消费者保护制度研究——兼评〈跨太平洋伙伴关系协定〉线上消费者保护》，载《中国流通经济》2016 年第 5 期。

⑥ 参见周念利、陈寰琦、黄建伟：《全球数字贸易规制体系构建的中美博弈分析》，载《亚太经济》2017 年第 4 期。

⑦ 参见李忠民、周维颖：《美国数字贸易发展态势及我国的对策思考》，载《全球化》2014 年第 11 期；郭鹏：《数字化交付的内容产品的国际贸易竞争性自由化策略——基于美国的视角》，载《河南社会科学》2018 年第 1 期。

⑧ 参见周念利、李玉昊：《全球数字贸易治理体系构建过程中的美欧分歧》，载《理论视野》2017 年第 9 期。

国在区域贸易协定、WTO 体制等范围内的立场,指出美国倾向于关注数字贸易的"数字性质",保护美国公司的利益与自由;中国则选择从传统贸易角度理解数字贸易,以协调发达国家和发展中国家在数字贸易发展中的巨大差距。①

总体而言,国内目前对数字贸易的研究仍聚焦于对不同数字贸易模式及其支持措施的比较、对区域贸易协定的数字贸易规则的分析以及全球数字贸易的整体发展趋势。此类成果的思路、方法、观点等均有可借鉴之处,对电子商务争端或数字贸易争端问题虽有论及,但还不够全面,且缺乏可操作性,也不存在从国际法与比较法角度研究数字贸易争端解决规则与程序的系统性成果。

**(二)国外研究现状**

基于其较高的数字贸易发展水平,发达国家对数字贸易(含电子商务)及其规则的研究起步稍早,研究成果也相对较多。它们从政治学、经济学、法学、社会学等角度,对数字贸易规则进行理论解构、实证分析或伦理辩护,并提出了数字贸易规则适用和实施的具体措施及争端解决策略。但关于数字贸易争端解决规则和程序的系统性研究成果在目前的检索中还没有发现,与之有关的研究成果主要集中于:

其一,关于数字贸易的概念和内涵。国外较早对"数字贸易"概念进行阐释的是韦伯(Weber)于 2010 年发表的研究数字经济时代国际贸易规则的论文,它将"数字贸易"界定为"通过电子交付传输有价值的产品或服务,数字贸易的核心是数字产品或服务"。②

其二,对不同层级贸易协定中的数字贸易规则与各国数字贸易政策的分析、介绍或描述。③ 一是针对 WTO 多边贸易体制推进数字贸易进程的努力,着重分析这一努力受挫的原因,包括国际竞争、隐私保护、主权和国家安全等。④

---

① 参见卫翔宇:《WTO 规则下的中美数字贸易立场研究》,载《对外经贸》2019 年第 10 期。

② Rolf H. Weber, *Digital Trade in WTO-Law: Taking Stock and Looking Ahead*, 5 Electronic Journal 1, 24(2010).

③ See CRS Reports, *Digital Trade and U. S. Trade Policy*, https://crsreports. congress. gov/product/pdf/R/R44565, visited on 21 May 2019; D. Anagnostopoulou, *The Digital Agenda of the European Union and the Digital Policies of the USA*, in L. Zacher(ed.), Technology, Society and Sustainability, Springer, 2017, p. 49 – 80.

④ See Steffen Gröning et al., *On the Remeasurement of International Trade in the Age of Digital Globalization*, in Andreas Klasen(ed.), The Handbook of Global Trade Policy, Wiley, 2019, p. 70 – 73.

具言之,在 WTO 框架下构建数字贸易规则的具体难题包括:适用货物贸易规则还是服务贸易规则;采用国际服务贸易模式一(跨境提供)还是模式二(跨境消费);适用哪个特定服务部门的贸易承诺。① 二是以美国参加的区域贸易协定的数字贸易规则为主线,介绍或阐释当今主要的区域贸易协定以及国际组织发布的与数字贸易相关的工作文件或会议报告。根据此类区域数字贸易规则与 WTO 多边规则的联系程度,可将其归为两类——由 WTO 有关义务转换而成的规则与超越现有 WTO 义务的规则。② 例如,高树超(Henry Gao)分别对 WTO 电子商务计划、美国参加的双边贸易协定以及 TPP 中数字贸易规则的进步与不足进行评述,进而阐释此类规则的演变与形成过程,并展望其未来的发展趋势。③ 又如,约书亚·梅尔策(Joshua Paul Meltzer)也认为,虽然美国参加或订立的双边贸易协定中电子商务规则愈加完善,其数量和影响力也不断扩大,但仍然存在地域限制以及规则冲突等不足或缺憾。④

更进一步地说,美国早期参加的区域贸易协定重点关注"贸易"问题,也曾试图将电子商务问题纳入 WTO 框架中,这尤其体现在《服务贸易总协定》中。TPP 或者 CPTPP 的问世,表明缔约方在很大程度上将作为传统贸易问题的电子商务转变为承认其独特的数字性质并具有相应独立规则的内容。⑤ 基于这一规则制定逻辑的重大转变,国外学者多以 TPP 作为研究起点,探讨区域贸易协定的数字贸易规则。糯阳·帕克(Nohyoung Park)肯定 TPP 旨在实现数据贸易合法化的意义,同时揭示其侧重于个人数据使用而非数据保护,因而认为 TPP 对于建立更高标准的贡献仍然较小;并且,TPP 中电子商务章节所使用的"应该"

---

① See Sam Fleuter, *The Role of Digital Products under the WTO: A New Framework for GATT and GATS Classification*, 17 Chicago Journal of International Law 153, 157 – 158(2016).

② See Julien Chaisse et al., *Introduction: Trade Policies in the Post-TPP Era*, in Julien Chaisse et al. (eds.), Paradigm Shift in International Economic Law Rule-Making: TPP as a New Model for Trade Agreements?, Springer, 2017, p. 1 – 17.

③ See Henry Gao, *The Regulation of Digital Trade in the TPP: Trade Rules for the Digital Age*, in Julien Chaisse et al. (eds.), Paradigm Shift in International Economic Law Rule-Making: TPP as a New Model for Trade Agreements?, Springer, 2017, p. 345 – 363.

④ See Joshua Paul Meltzer, *The Internet, Cross-Border Data Flows and International Trade*, 2 Asia & the Pacific Policy Studies 90, 93(2014).

⑤ See Henry Gao, *Regulation of Digital Trade in US Free Trade Agreements: From Trade Regulation to Digital Regulation*, 45 Legal Issues of Economic Integration 47, 49 – 50(2018).

和“应努力”的措辞,已经大大削弱了有关义务的强制性。① 苏珊·阿荣桑(Susan Ariel Aaronson)梳理并分析了区域贸易协定中跨境信息流动的规定,剖析了数字贸易、数字保护主义、人权与网络稳定之间的关系。②

其三,电子商务或数字贸易的争端解决。相较于国内文献,国外学者已经开始尝试探究近来区域贸易协定中数字贸易章节与一般性争端解决安排之间的关系,以及电子商务或数字贸易争端裁决结果的效力。③ 在程序设计上,有外国学者认为,适应数字贸易特殊要求的争端解决应为一种多层次的、灵活的模式。④ 也有外国学者从争端解决的理念选择、争端解决模式的构建、裁决的效力与执行等角度,提出有关数字贸易争端解决的构想。⑤ 另外,对于如何在电子商务实践的基础上将线上争端解决方法应用于数字贸易的争端解决,也是国外学者研究的内容或领域。⑥

## 三、研究方法概览

1. 运用大数据分析方法。通过分析国际组织、政府及企业等追踪和记录数字贸易网络行为的大数据,洞悉数字贸易的全球发展态势,并通过对数字贸易争端发生和发展的理性思考,明晰数字贸易争端的良好解决对促进数字贸易发展的贡献;将数字贸易的实时数据流分析和历史相关数据分析相结合,发现数字贸易争端解决所需的规则和程序,并反过来帮助预测数字贸易的发展趋势及其对数字经济的整体影响;通过透彻理解数字贸易争端的原始数据与数据分析

---

① Nohyoung Park, *Data Protection in the TPP: More Emphasis on the "Use" Than the "Protection"*, in Julien Chaisse et al. (eds.), Paradigm Shift in International Economic Law Rule-Making: TPP as a New Model for Trade Agreements?, Springer, 2017, p. 363 – 371.

② See Susan Ariel Aaronson, *What Might Have Been and Could Still Be: The Trans-Pacific Partnership's Potential to Encourage an Open Internet and Digital Rights*, 2 Journal of Cyber Policy 232, 232 – 254 (2017).

③ See Marc D. Froese, *Digital Trade and Dispute Settlement in RTAs: An Evolving Standard?*, 53 Journal of World Trade 783, 783 – 809 (2019).

④ See Michael E. Schneider, Christopher Kuner, *Dispute Resolution in International Electronic Commerce*, 14 Journal of International Arbitration 5, 23 (1997).

⑤ See Amy J. Schmitz, *A Blueprint for Online Dispute Resolution System Design*, 21 Journal of Internet Law 3, 3 – 10 (2018).

⑥ See Maxime Hanriot, *Online Dispute Resolution (ODR) as a Solution to Cross Border Consumer Disputes: The Enforcement of Outcomes*, 2 McGill Journal of Dispute Resolution 1, 5 – 7 (2015 – 2016).

之间的差距，消除那些低质量的有关数据，并通过全面分析，获得数字贸易争端解决的最佳方法或途径，进而设计并构建数字贸易争端解决的规则和程序。

2. 运用比较的研究方法。通过对数字贸易争端与传统国际贸易争端的事实和法律问题的对比，指出传统国际贸易争端解决方法之于数字贸易争端的不足与缺陷，揭示数字贸易争端解决的特殊需求；通过对欧盟、美国、日本等发达国家电子商务或数字贸易国内立法的规范比较和功能对比，提出协调数字贸易争端解决的规则和程序冲突的路径或方法；通过对具有代表性的区域贸易协定下数字贸易规则的规范比较，提出符合数字贸易自身需要的争端解决规则和程序，进而探寻中国关于数字贸易争端解决的具体措施。

3. 运用价值分析方法。从价值的应然性入手，通过分析、评价法律的价值，探寻"法律应当是怎样的"这一问题的答案。① 通过剖析当今国际贸易争端解决规则与数字贸易争端解决的需求不相匹配的问题，将价值评判与数字贸易争端解决"应然的"法律需求相联结，肯定这一法律具有价值属性而不是"价值无关"和"价值中立"的。以此为基础，阐释数字贸易争端解决的法理基础，确立数字贸易争端解决的规则与程序应当蕴含的价值，证成有关价值之间存在的位序排列，明晰不同价值之间产生冲突时的取舍与中和问题。

4. 运用法经济学方法。通过对法律实效性问题的研究，推进数字贸易争端解决法律制度的形成，进而着重研究有关的法律制度、法律指令和法律准则所具有的实际效果及其对数字贸易进程的积极影响。② 在探讨数字贸易争端解决的管辖权冲突、透明度原则以及司法解释等具体的问题时，针对当前贸易争端解决的既有理论对应的以及不同解决方法所取得的实践效果，梳理出数字贸易争端解决规则与程序设计的倾向性方案。同时，运用效率、价值等分析工具，寻求确立数字贸易争端解决规则与程序之于数字经济及其社会效益的最大化。③

5. 运用实证分析与规范分析相结合的方法。在确定数字贸易对世界经济发展所具有的实际价值的基础上，通过对数字贸易争端解决的过程、发展方向及后果的分析和归纳，描述已观察到的争端事实和基本规律，分析所涉的具体规则和程序对不同案件的影响，指出其中存在的差异及其对案件进展方向的决

---

① 参见高利红主编：《法学研究与文献检索》，北京大学出版社2017年版，第14~16页。

② 参见[美]罗斯科·庞德：《法理学》(第1卷)，邓正来译，中国政法大学出版社2004年版，第356页。

③ 参见梁慧星：《法学学位论文写作方法》，法律出版社2006年版，第79页。

定性作用,找到此类案件的裁决结果在法律上的同一性或相似性,并预测其对未来争端案件的影响,由此探讨数字贸易争端解决应适用的规则和程序。

6. 运用国际法理论联系中国实际的方法。运用代表性的国际法理论,剖析数字贸易争端解决的困境及法律后果,阐释数字贸易争端解决的具体方法及其效用,提出并设计符合中国根本利益、有助于解决数字贸易争端的应对措施,并通过这一重要问题的研究,丰富和发展现有的国际法理论。

## 四、研究思路描述

第一,从数字贸易发展趋势引出数字贸易争端解决这一论题。对"数字贸易"概念的不同理解,将直接影响各国参与国际规则制定的博弈。① 探讨数字贸易的由来,揭示其相较于国际贸易的前两个发展阶段的新型特征,即贸易方式数字化、贸易对象数字化以及贸易价值模式转变。由此明晰,数字贸易争端解决在载体、主体与效率三方面具有区别于传统贸易争端解决的新要求,反过来表明数字贸易在整体上面临规则欠缺或不完整的发展障碍。

第二,探究数字贸易争端解决规则与程序设计的法理路径。确定法理路径可以明晰程序与规则设计的总体方向,为争端解决的程序设计提供一般性理论指导。程序设计应当解决的前置问题包括程序规则的适用层面、争端解决规则的参与主体以及争端解决的设计思路或模式选择。另外,如何在争端解决规则设计中凸显数字贸易的特点,如何充分利用数字技术的支持以提升程序规则的便利度也是本部分尝试分析和解决的关键性问题。

第三,结合当前各国尤其是 WTO 主要成员在推进数字贸易实体规则谈判进程中的分歧,尝试界定数字贸易争端解决的"标准事项"范围。从当前谈判看,WTO 主要成员在数字贸易市场准入门槛与数字贸易有关的数据跨境流动、对数字贸易监管措施等方面存在分歧,而这些分歧或可成为数字贸易争端解决的"标准事项"。除此之外,管辖权冲突的应对是数字贸易争端解决中的重要问题,这一冲突本身极有可能成为新的争端事由,并涉及争端解决程序中必要的举证责任分配。争端解决的过程伴随对于争端方缔结的双边、区域以及多边贸易协定所确立的司法解释原则和规则,因而不能忽视 1969 年《维也纳条约法公约》第 31 条和第 32 条所确立的条约解释原理及其对数字贸易争端解决司法解

① 参见贾怀勤:《数字贸易的概念、营商环境评估与规则》,载《国际贸易》2019 年第 9 期。

释的重要参考价值。

第四,运用已经证成的数字贸易争端解决的基本理念与方法,尝试设计数字贸易争端解决的具体规则和程序。采用从一般到特别的逻辑顺序,先设计数字贸易争端解决的标准程序,继而着重阐述该标准程序的线上方法的具体运用及其与线下方法的衔接问题。同时,应关注数字贸易争端裁决结果的承认与执行问题,从企业、政府两个当事方的立场,讨论如何提升使裁决结果能得以有效执行的法律保障。除此之外,应对数字贸易争端解决中的透明度要求、数字贸易争端解决中的隐私权保护等予以重点关注。由于数字贸易的开展和进行严重依赖于数字技术及数据跨境流动,因而数字贸易争端解决中的透明度问题较传统国际贸易争端变得更为复杂也更为敏感。持续高水平发展的数字技术使参与国际贸易的用户信息大量暴露或处于泄露的风险之中,有关隐私权保护的数字贸易争端以及数字贸易争端解决中面临的隐私权保护高标准等都是有关程序和规则设计中需要特别关注的重点问题。

第五,必须落脚"中国情况",尝试提出相应的"中国方案"。针对中国数字贸易快速、高质量发展的要求以及电子商务或数字贸易争端解决的现状,尝试提出中国在数字贸易争端解决规则与程序上的立场和方向,包括完善或细化国内电子商务规则、强化对互联网与商业平台的支持措施、全方位制订参与数字贸易国际规则谈判方案等。

## 五、拟解决的重点和难点问题

第一,如何厘清数字贸易所囊括的复杂关系从而为数字贸易争端解决的制度设计提供坚实的实证基础?实践表明,数字贸易已成为国际贸易领域的新势力,且穿透于公共领域和私人领域,融合货物贸易、服务贸易、数据主权、新知识产权(如网络域名)、无纸化管理、商业秘密、隐私保护、监管措施等相互联系的问题,与之有关的贸易争端也变得更加复杂。那么,数字贸易争端解决的规则和程序设计应否考虑数字贸易存在的所有复杂关系?该如何判定其间存在的法律联系造成了争端当事方贸易权利和利益的丧失或减损?能否排除此类复杂联系的干扰从而让数字贸易争端解决的制度设计变得纯粹但有效?

第二,如何分析数字贸易争端的特殊性从而为确定相应有效的争端解决规则和程序提供可靠的法理依据?数字贸易争端表明,国际贸易的内容和形式已经发生了根本性的变化,即从由跨越国境的货物和服务交易转向以数字化信息为贸易标准的商业模式。相应地,阐释数字贸易规则的理论也与传统的国际贸易理论不同,故而当前成形的数字贸易规则大多呈现"政策性"倾向。在这种情况下,如何证明数字贸易争端有别于传统的国际贸易争端?如何证明将数字贸易争端置于传统国际贸易争端解决制度中的不适配性,又该如何根据数字贸易"政策性"导向的实体规则来设计相应的国际争端解决的规则与程序?

第三,能否利用 WTO 争端解决规则与程序来协调数字贸易争端的管辖权冲突进而确定可适用的"准据法"?尽管 WTO 发达成员之间在数字贸易的划分范围上存在分歧,但不能否认其数字技术和数字贸易规则设计均处于世界领先地位的事实;尽管目前 WTO 争端解决机制遭遇有关成员施加的极端单边措施的困境,但不能否认其对国际贸易争端解决所具有的法律价值。在数字贸易实体规则渐趋多边化的背景下,该如何利用 WTO 争端解决的规则和程序来防止、协调成员间在数字贸易争端解决中的管辖权冲突?又该如何据此确定适用于数字贸易争端解决的"准据法"?

第四,针对当前数字贸易争端的现状及发展趋势,如何合理确定中国立场并找到相应有效的应对措施?由于数字贸易包含的内容较为复杂,中国已经生效实施的《电子商务法》《数据安全法》等在某种程度上可能占有一定先机。但由于中国与主要贸易伙伴的有关国内立法及数字贸易谈判存在的分歧,需要随着全球数字贸易的发展,密切关注国内外数字贸易立法的实施效果,更要关注、参与数字贸易国际争端解决的法律化和制度化过程,并结合中国国情和国际贸易情势变迁态势,合理确定我国关于数字贸易争端解决的立场及相应的措施。

# 第一章　数字贸易对传统国际贸易争端解决制度的挑战

以互联网和数字技术为驱动力的第四次工业革命，已经对国际贸易方式产生了深远的影响：数据流成为全球贸易价值链及新贸易模式的基础，跨境电子商务正在蓬勃发展，产业供应链和边境清关手续变得更加高效。[①] 但与此同时，与数字贸易有关的数据流动管制措施或要求不断出现，这不仅会分散全球数字经济一体化进程，而且也深刻影响着国际贸易的高效率和包容性，进而可能引发数字贸易争端。[②] 从 WTO 争端解决机制看，传统国际贸易争端解决制度的内在逻辑是将规则导向（rule-oriented）、成员驱动（member-driven）和集体决定（collective decision）相结合。但作为新兴的贸易方式，数字贸易争端解决的诉求是什么、此类（种）诉求能

---

① 所谓第四次工业革命，是基于工业发展的不同阶段所作的划分。按照国际共识，第一次工业革命是蒸汽机时代（自 18 世纪 60 年代至 19 世纪中期），第二次工业革命是电气化时代（自 19 世纪后半期至 20 世纪初），第三次工业革命是信息化时代（自 20 世纪后半期至 21 世纪头十年），第四次工业革命则是利用信息化技术促进产业变革的时代（自 2011 年至今），也就是可以虚拟现实的智能化时代。第四次工业革命面临的四大问题包括标准化、复杂的系统管理、通信基础设施建设、安全与保密。参见李松涛：《李克强为什么要提工业 4.0?》，载中国政府网，http://www.gov.cn/xinwen/2014-10/11/content_2763019.htm。

② World Economic Forum, Data Free Flow with Trust (DFFT): Paths towards Free and Trusted Data Flows, White Paper, May 2020, p.9.

否在传统国际贸易争端解决的制度框架内得到有效回应、是否有超出原有内在逻辑的诉求等,都是本章着重探讨的问题。①

## 第一节　数字贸易与国际贸易的数字化

数字贸易是基于信息通信技术的贸易形式,是电子商务发展的新阶段,是数字经济的重要组成部分。数字经济是继农业经济、工业经济之后,以现代信息通信技术为基础、以互联网为载体实现资源生产、分配、交换和消费的新型经济。② 从产生基础和发展趋势看,数字贸易是数字经济多种条件累积与递进的产物,但它又反过来通过促进国际贸易的数字化影响数字经济的发展。③

### 一、作为国际贸易第三发展阶段的数字贸易

数字贸易是国际贸易历经传统贸易、全球价值链贸易后的第三个发展阶段。④ 数字贸易概念本身经历了由虚拟性标的向实体性标的扩充的过程,并充分表明,数字贸易并非传统国际贸易的对立面,而是以更包容的方式实现了对传统国际贸易的发展。传统国际贸易以比较优势为基础,主要涉及最终产品。在这一阶段,生产和消费实现了跨越国界的分离,生产活动与最终消费者之间的沟通增强,贸易范围逐渐扩大,这又被称为国际贸易的"第一次拆分"。⑤ 进入国际贸易发展的第二阶段,全球价值链成为新的衡量标准,生产活动具有国际化、碎片化以及专业化特征,国际贸易的对象主要是中间产品和服务。此时,国际贸易分工进一步细化,全球贸易的区位价值逐步分化,包括技术进步、成本、获得资源和市场的机会以及贸易政策等在内的全球贸易区位因素不断改

---

① See Ji Li, *From "See You in Court!" to "See You in Geneva!": An Empirical Study of the Role of Social Norms in International Trade Dispute Resolution*, 32 Yale Journal of International Law 485, 485(2007).

② 中国信息通信研究院:《中国数字经济发展白皮书(2017 年)》,2017 年 7 月,第 3 页。

③ See Don Tapscott, *Digital Economy: Rethinking Promise and Peril in the Age of Networked Intelligence*, McGraw Hill, 2014, p.5.

④ See Lopez-Gonzalez et al., *Digital Trade: Developing a Framework for Analysis*, OECD Trade Policy Papers, 10.1787/524c8c83-en, 2017, p.7.

⑤ See R. Baldwin, *The Great Convergence*, Harvard University Press, 2016, p.40.

革,进而促进全球生产的地理分散。在这一阶段,国际贸易政策关注的重点则从市场准入逐渐转向贸易便利化和贸易壁垒消除等领域。①

作为数字经济发展的产物,数字贸易有别于国际贸易以往发展阶段,是传统国际贸易和全球价值链贸易在数字经济时代的拓展与延伸。② 在数字贸易阶段,运输与协调、数据流动或信息传输的成本均大幅下降,数字链接不断增长,全球范围的数据流动促进了国际贸易要素跨越国界的沟通,贸易实体、全球价值链之间超级互联互通,贸易全球化也必将深度发展。

## 二、数字贸易的释义辨析

### (一)从电子商务到数字贸易

电子商务是数字贸易的前身,数字贸易是电子商务发展到一定阶段的升级表达。虽然世界各国对电子商务的界定迄今尚未能统一,但均认为,电子商务意味着基于互联网平台进行的跨境货物贸易及相关服务提供,其核心在于货物贸易;而数字贸易侧重于通过数字化方式传输产品内容及服务,其核心在于数据流动。从发展历程看,电子商务属于数字贸易范畴,数字贸易中具有代表性的形式就是跨境电子商务。③《电子商务法》(2019 年)将"电子商务"定义为"通过互联网等信息网络销售商品或者提供服务的经营活动",但排除了"金融类产品和服务以及利用信息网络提供新闻信息、音视频节目、出版和文化产品等内容方面的服务"的活动。④ 从当前谈判情况看,WTO 采用更广义的标准,将服务业甚至制造业与信息通信技术行业一并纳入"电子商务"范围。⑤

又言之,于 20 世纪 90 年代兴起的电子商务是数字贸易发展的先行阶段与

---

① See R. Baldwin and J. Lopez-Gonzalez, *Supply-Chain Trade: A Portrait of Global Patterns and Several Testable Hypotheses*, National Bureau of Economic Research Working Paper, No. 18957, 2013, p. 26 – 57.

② 参见马述忠等:《数字贸易及其时代价值与研究展望》,载《国际贸易问题》2018 年第 10 期。

③ 参见刘航等:《基于中国实践的互联网与数字经济研究——首届互联网与数字经济论坛综述》,载《经济研究》2019 年第 3 期。

④ 参见《电子商务法》(2019 年)第 2 条。

⑤ 电子商务指通过电子方式实现生产、分配、销售或交付商品与服务。See WTO, Work Program on Electronic Commerce, WT/L/274, adopted 30 September 1998.

初级模式,数字贸易是电子商务发展的更高目标。[①] 但不能忽视的是,数字贸易与电子商务之间有着实质性的区别。电子商务模式的突出特点是借助网络平台便利货物交易,而数字贸易强调利用数字技术传输贸易标的,依靠数据流动完成贸易活动。然而,目前 WTO 谈判未严格区分电子商务与数字贸易这两个概念,而是采用同时涵盖利用平台的跨境货物销售以及数字化内容及服务的跨境传输的标准。[②]

### (二)从数字贸易到数字产品

从全球范围看,由于数字贸易发展程度参差不齐,国际社会关于"数字贸易"的定义或概念界定迄今也未达成共识,但已有相关机构或组织做出了阐释这一概念的尝试。2013 年,美国国际贸易委员会(United States International Trade Commission, USITC)发表的数字贸易报告中,将"数字贸易"定义为"通过互联网交付的产品和服务",以此强调互联网的中介作用。[③] 但到了 2014 年,美国国际贸易委员会将其修改为"依赖互联网和互联网技术建立的国内贸易和国际贸易",并将实体货物贸易纳入数字贸易的范围。[④] 2017 年,美国又将其修改为"通过固定网络或无线数字网络传输的产品和服务",明确了数字技术传输这一核心,并将纯粹的货物贸易排除在数字贸易之外,仅涵盖货物贸易的在线服务部分。显然地,美国对"数字贸易"的认知和定义,经历了"窄—宽—窄"的变化。

以官方文件为依据,中国对"数字贸易"这一概念的理解侧重于对信息和通信技术的利用,认为"数字贸易包含该技术促成的实物商品贸易,以及通过通信网络传输的数字服务贸易"[⑤]。美国著名的科技创新智库"美国信息技术与创新基金会"持相似观点,认为数字贸易是通过电子方式(通常是互联网)实现的

---

① 参见浙江大学区域开放与发展研究中心、浙江大学中国跨境电子商务研究院:《世界与中国数字贸易发展蓝皮书》,2018 年 9 月,第 3 页。

② See WTO, Joint Statement on Electronic Commerce-Communication from Brazil, INF/ECOM/27, adopted 30 April 2019; WTO, Joint Statement on Electronic Commerce-Communication from Canada: Concept Paper-Building Confidence and Trust in Digital Trade, INF/ECOM/29, adopted 9 May 2019.

③ United States International Trade Commission, Digital Trade in the U.S. and Global Economies, Part 1, Investigation No. 332 – 531, 2013, p. 1.

④ United States International Trade Commission, Digital Trade in the U.S. and Global Economies, Part 2, Investigation Number: 332 – 540, 2013, p. 28 – 29.

⑤ 中国信息通信研究院:《数字贸易发展与影响白皮书》,2019 年 12 月,第 3 页。

数据、产品或服务的跨境传输。① 经济合作与发展组织则从数字贸易的主体、客体、交易环节等多个维度出发，采用列举的方式为数字贸易下定义。② 其中，数字贸易的主体包括企业、政府与个人（或自然人），客体包括货物、服务、信息或数据，交易环节为数字订单、第三方平台以及数字交付。③

本书以数字贸易争端解决为研究对象，因而拟采用广义标准，将数字贸易定义为运用数字技术对产品和服务进行数字化处理之后利用互联网技术进行数据传输的一种国际贸易活动，与算法、计算设备、有关企业、金融服务提供者、个人信息、关税、数字产品、电子认证、电子签名、电子传输、商业秘密、政府信息、国内税收等存在关联。这一广义标准更符合当今贸易参与者对数字贸易的一般理解，从而有利于保障与其对应的争端解决规则与程序在多边层面的适应性。简言之，数字贸易是指以数据、商品、服务为交易标的，依赖数字传输技术实现的跨境贸易。数字产品即数字贸易过程中的交易标的。

数字贸易是数字产品的贸易，它极有可能涉及国际贸易中的权利和义务关系，如非歧视待遇、关税减免、国内税收等，因而非常有必要界定并厘清数字产品。遗憾的是，迄今为止 WTO 体制内的谈判对此并未有任何涉足，甚至对“数字贸易”的表述都“遮遮掩掩”。但必须重视的是，诸如 CPTPP 和 USMCA 等区域贸易协定或新近生效的《美日数字贸易协定》等，都对“数字产品”有较为明确且高度一致的定义：“数字产品（digital product）指经数字编码、为商业销售或分销而制作并能以电子方式传送的计算机程序、文本、视频、图像、声音记录或其他产品。”④这一概念从技术支持、贸易目的、贸易形式和外观表现等四个方面，反映了数字贸易的基本特点。简言之，数字产品即数字贸易过程中的交易标的。

---

① See Nigel Cory, *Explainer: Understanding Digital Trade*, ITIF. org, https://itif.org/publications/2019/03/13/understanding-digital-trade.

② See OECD, Measuring Digital Trade: Towards a Conceptual Framework, STD/CSSP/WPTGS (2017)3, p. 22 – 24.

③ See R. S. Neeraj, *Trade Rules for the Digital Economy: Charting New Waters at the WTO*, 18 World Trade Review 121, 121 – 141 (2019).

④ Art. 14. 1, CPTPP.

## 三、国际贸易的数字化及其影响

通过探究数字贸易的发生和发展,我们发现,国际贸易的发展是一个贸易成本逐步降低、信息与通信互联逐步增强,全球贸易与生产分工逐步细化的过程。数字贸易以互联网技术为基础,将数字化信息作为贸易标的,通过供求双方互动电子信息通道达成数字化信息的高速交换,在完成商品服务交易时实现收益,并从根本上变革了传统国际贸易中的资源配置模式。由此可以进一步总结出,数字贸易得以发展与流通的关键的要素可以视为“平台企业 + 数字服务 + 增加服务附加值的制造业 + 全球价值链”。平台企业为数字贸易的溯源地,也是其扩大世界影响力、丰富全球价值链容量与结构的关键连结点,而数字服务连同与其协同流通的制造业则是数字贸易持久发展的动能。

### (一)国际贸易数字化影响贸易运营与消费活动

“数字贸易两大特征分别是贸易方式数字化和贸易对象数字化。其中,贸易方式的数字化是指信息技术与传统贸易开展过程中各个环节深入融合渗透;贸易对象的数字化是指数据和以数据形式存在的产品和服务贸易。”①在数字贸易模式下,贸易运营与消费活动都历经了数字化的转变。这又突出表现为:

其一,贸易标的范围空前地扩大。数字贸易的标的不仅涵盖借助电子商务平台交易的传统实体货物,还包括通过数字化手段传输的数字产品与服务,以及作为重要生产要素的数字化信息和贸易数据。②

其二,以数据流动为要素的数字贸易可以最大限度地实现交易数字化。低价值商品对成本的承受阈值较低,更易受到来自运送成本、关税等因素的消极影响,在国际市场的活跃度可能受损。而数字贸易模式降低了传输成本,可以利好低价值商品的流通。通过对数字贸易全球交付量变化的研究,发现在数字贸易产生之前,由于国际贸易中以大批量商品的出口为主导,因而出口低价值商品往往在商业上不可行,而数字贸易的出现改变了商品贸易的构成,能够使低价值商品进入国际贸易,进而大大缓解了低价值商品的贸易困境,增强了国

---

① 中国信息通信研究院:《数字贸易发展与影响白皮书》,2019 年 12 月,第 3 ~5 页。

② 参见浙江大学区域开放与发展研究中心、浙江大学中国跨境电子商务研究院:《世界与中国数字贸易发展蓝皮书》,2018 年 9 月,第 7 页。

际贸易结构的多元性。[①] 数字产品大体包括在网络上订购的有形商品、数字化的音乐、软件和书籍等的媒体以及3D制成品和智能商品。[②] 其中,并非所有的数字产品都具有高价值。

其三,贸易方式数字化的关键在于资金流、货物流与信息流的有机结合。[③] 产品生产的国际分散是提高贸易效率和增强企业竞争力的强大动力,而数字技术的运用拓宽了企业获取与发布信息的渠道,贸易双方的互通性以及贸易市场的透明度增加。与此同时,远程化、个性化的消费活动得以实现,定制消费的现象有增无减;数字技术辅助资金流动,数字支付也逐渐普及。[④]

**(二)贸易对象数字化为服务贸易带来机遇**

WTO《2019年全球贸易报告:服务贸易的未来》认为,数字贸易已成为全球贸易中最具活力的贸易形式,成为推动传统贸易转型升级的核心力量和未来发展方向,成为越来越多的中小企业青睐的贸易方式;各国通过数字平台融入全球价值链,享受数字贸易带来的经济全球化的便利与商机。[⑤] 数字贸易打破了跨境服务贸易的空间局限,可以有效解决服务贸易"不能贸易"和"贸易困难"的困境,为服务贸易发展带来机遇。

一方面,数字技术可以改变贸易标的本身,扩展了服务贸易对象或降低了服务贸易提供的难度。首先,将信息的收集、编辑成果作为贸易标的的新型信息产业诞生,包括云计算、大数据、物联网等在内的跨境数字服务消费增加。其次,传统贸易标的的实现形式更新,部分原本不可贸易的服务可贸易,使在线服务交易的机会增加,法律、建筑、金融、教育、健康等大量专业服务可通过数字技术跨境提供,如纸质图书、音乐影像载体等货物贸易被电子图书、电子音乐等跨境交付替代。最后,服务贸易的生产与交易过程也融入了数字技术的支持,服务贸易的生产环节可实现跨境协作,服务的交付方式实现数字化,如商品或酒

---

① See Joshua P. Meltzer, *Maximizing the Opportunities of the Internet for International Trade*, E15 Expert Group on the Digital Economy-Policy Options Paper, 2016, p. 8 – 10.

② See R. S. Neeraj, *Trade Rules for the Digital Economy: Charting New Waters at the WTO*, 18 World Trade Review 121, 121 – 141(2019).

③ 参见中国信息通信研究院:《数字贸易发展与影响白皮书》,2019年12月,第9页。

④ See K. D. Backer and S. Miroudot, *Mapping Global Value Chains*, OECD Trade Policy Papers, TAD/TC/WP/RD(2012)9, 2012, p. 5 – 7.

⑤ 参见《进博会:助推全球数字贸易平台开放共享》,载中央网络安全和信息化委员会办公室官网,http://www.cac.gov.cn/2019-11/11/c_1575005424181046.htm。

店的网上预购系统与订单跟踪查询服务。

另一方面,服务贸易与货物贸易的关系在数字贸易模式下发生变革,两者空前地紧密结合起来。这种结合可能发生于贸易过程的不同阶段,如物理设备成为定制服务载体时,服务贸易生产与货物贸易送达相结合;也可能是贸易的同一阶段,如在线教学或其他试听服务。数字服务与制造业出口相融合,物联网发展日臻完善,可以将传感器应用于物体,由此生成大量数据,并为数字产品出口提供新的增值服务。①

**(三)贸易数字化塑造新型贸易价值模式**

近年来,联合国对国际经济形势的研究从电子商务向数字经济的转变(如它 2015 年发布的《信息经济报告》提及的是“电子商务”,而 2019 年就发布了《数字经济报告》),从一个侧面反映了全球贸易正逐步实现“数据价值链”的相互连通。②

首先,数字技术改变了贸易资源配置的标准。自动化生产的推广减少了劳动力在货物贸易和服务贸易中的权重,全球贸易生产日益由劳动力密集型转向知识技术密集型,从而产生新的比较优势。因此,无形资产和获得知识资本的机会将越来越重要,这可能从根本上改变全球贸易资源分配的方式。

其次,数字贸易为中小企业提供了发展契机。传统贸易中,生产者的利润在从生产到消费的冗长的链条中被层层稀释,大型企业凭借其强大议价能力挤占利润空间。而“数字贸易的买卖双方可以借助互联网平台直接沟通,降低了中小企业参与全球价值链的门槛,打破了大型企业在国际贸易中的垄断格局,而该垄断格局会加剧发展中国家和发达国家在收入与分配上的两极分化”③。随着数字贸易的兴起,提供信息和通信技术服务以及支持出口促进举措等措施具有巨大潜力,贸易决策考虑和支持小企业参与国际贸易,确保小企业家们能够获得关于他国市场准入条件及与遵守法规有关的复杂过程的信息,全球市场将因此展开、实现公平竞争。④

---

① See Joshua P. Meltzer, *Digital Trade and Its Impacts on Foreign Trade in Services*, http://www.mdic.gov.br/images/REPOSITORIO/scs/decin/Eventos/Joshua_Meltzer.pdf, visited on 14 April 2020.

② See United Nations, Information Economy Report: Unlocking the Potential of E-commerce for Developing Countries, 2015.

③ 宗良:《全球数字贸易崛起:时代价值与前景展望》,载《国际贸易》2019 年第 10 期。

④ United Nations, International Trade and Development, A/74/221, 25 July 2019, para. 65.

最后,全球价值分配将向贸易过程的前后两端转移,贸易价值链中游的价值创造能力降低,上、下游的价值创造水平上升。[①] 中游的贸易活动具有标准化特征,其贸易参与者的可替代性逐渐增加。因此,许多位于中间环节的企业开始向价值链两端延伸。

## 第二节　数字贸易挑战传统国际贸易争端解决的规则和程序

以互联网为传输通道、以数据跨境流动为交换手段、以电子支付为主要结算方式的国际贸易日益兴盛,并对既有的经济学理论和国际贸易规则体系发起了挑战。[②] 传统国际贸易的主要交易标的为货物、服务以及生产要素,数字贸易则强调数字技术在订购、生产或递送等环节发挥的关键作用,因而数字贸易在贸易对象、贸易模式、价值分配等方面也有别于传统国际贸易。[③]

### 一、数字贸易亟待既有国际贸易规则体系的更新调整

#### (一)数字贸易规则建构中的突出难题

数字贸易是一个广泛的概念,不仅涵盖互联网上消费产品的销售和在线服务的提供,还涵盖支持全球价值链的数据流、支持智能制造的服务以及众多其他平台和应用程序。[④] 因此,将数字贸易归类为服务贸易或货物贸易是国际社会当前的一个主要分歧。

其一,根据贸易对象的不同,数字贸易可以分为数字货物贸易、数字服务贸易和数据贸易。这显然在传统国际贸易规则的货物与服务贸易两分的划分标准之外增加了数据贸易这一第三种类别。另外,数字货物贸易和数字服务贸易的内涵在传统货物、服务贸易的基础上又继续延伸,前者包括数字货物的贸易、以数字方式交易的货物贸易,后者包括数字内容的服务贸易、以数字方式交易

---

① 参见中国信息通信研究院:《数字贸易发展与影响白皮书》,2019 年 12 月,第 26 页。

② See WTO, World Trade Report 2019: The Future of Services Trade, p. 14 – 15.

③ 参见李忠民等:《数字贸易:发展态势、影响及对策》,载《国际经济评论》2014 年第 6 期。

④ See *Key Barriers to Digital Trade*, Office of the United States Trade Representative, https://ustr. gov/about-us/policy-offices/press-office/fact-sheets/2017/march/key-barriers-digital-trade.

的服务贸易。[①] 如何处理新增类别与扩展内涵是目前对数字贸易进行归类需要解决的主要理论问题,这也成为重塑国际贸易规则的一个挑战。

其二,数字贸易中的货物与服务密切相关,在实践中会遭遇规则适用的难题。当前国际贸易规则对货物和服务承诺作了相对明确的区分,但随着服务比重在产品构成中的持续增加及随之发生改变的产品服务性能,产品与服务以及产品制造与服务提供之间的界限趋向模糊。这将引发规则适用的分歧,如包含服务提供因素的货物出口是否受限于其实现具体服务的能力,或取决于贸易承诺对其服务的分类。此外,3D 打印交易的贸易性质会发生阶段性改变,加剧了识别、运用国际贸易规则的复杂性。[②] “数字贸易具有虚拟化和可复制性等特点,贸易方式隐蔽复杂,监管难度大,使得现有 WTO 货物贸易关税规则难以对其产生约束力,而如果将其列入服务领域,又可能面临各国严苛的市场准入壁垒。”[③]

其三,数字服务贸易项下不同服务模式之间的界限模糊。若无明确排除规定,WTO 成员在 GATS 的具体承诺表中做出的相关承诺,适用于通过电子方式提供的服务。GATS 项下四种服务提供模式——跨境提供(模式一)、跨境消费(模式二)、商业存在提供(模式三)以及自然人存在提供(模式四)之间的灰色区分,在面对数字服务贸易的衡量方式上,显然存在捉襟见肘的窘境。

**(二)全球数字贸易治理模式差异显著**

数字贸易规则的演进过程,大致经历了四个阶段:第一阶段以 2001 年生效的《美国—约旦特惠贸易协定》为主,初步形成了数字交易的规则;第二阶段以 2003 年《美国—智利自由贸易协定》为代表,明确了数字产品的定义、关税和非歧视待遇;第三阶段以 2007 年《美国—韩国自贸区协定》为代表,第一次提出了数据产品交易中的跨境信息流以及互联网的访问和使用原则;第四阶段是 2017 年后,随着数字经济崛起,世界主要国家开始将数字内容和技术产品、电子商务、软件与信息服务业等纳入数字贸易中,并将其融入全球数字经济,重塑了全

① 参见李俊主编:《全球服务贸易发展指数报告:数字贸易兴起的机遇与挑战》,社会科学文献出版社 2018 年版,第 196 页。

② 当计算机辅助设计文件被跨境发送时,它可能被视为一种数字设计服务,但当它到达消费者手中时,就转化为实物。

③ 贾怀勤:《数字贸易的概念、营商环境评估与规则》,载《国际贸易》2019 年第 9 期。

球贸易价值链,但数字贸易全球或多边规则的谈判和达成相对滞后。①

实践中,已有国家开始探索并逐渐形成符合本国数字经济发展利益的数字贸易治理模式,且差异显著。总体而言,美国坚持自由主义,欧盟秉持规制主义,中国则主张重商主义。② 三种理念分别强调自由开放、政府管理、国家与产业安全。

美国主张数字贸易自由化,重点关注数据自由流动、减少本地化障碍,禁止对数字产品征收关税和国内税,以便企业更好地参与数字贸易的国际竞争。

欧盟关于数字贸易的总体治理方案,以掌握数字技术主权和欧洲数字单一市场(The Digital Single Market)为目标,力求从互动开放的数据流和日益扩展的国际贸易中获利。欧盟主张贸易政策应"确保公平竞争和互惠",同时坚守保护隐私和个人信息的传统,将隐私与消费者权益保护作为互联网购物和数字贸易监管的重要议题。③

中国更关注如何扩展互联网以促进数字贸易,同时也为政府对互联网的安全管理制定指导方针和标准。2010 年,中国发布的《中国互联网状况》白皮书,就特别强调"网络主权"。④ 除此之外,基于电子商务发展程度居于世界领先地位的优势,中国提倡支持数字货物贸易,并于 2019 年 4 月提出了以"改善跨境电子商务的贸易环境"为原则的 WTO 电子商务谈判的提案。⑤

## 二、数字贸易挑战传统国际贸易争端解决的规则和程序

在数字贸易议题在 WTO 层面推进存在诸多困境的情况下,一些成员开始

---

① See WTO, World Trade Report: The Future of World Trade: How Digital Technologies Are Transforming Global Commerce, 2018, p. 194 – 196.

② See Jonathan E. Hillman, *The Global Battle for Digital Trade*, *2018*, https://www.csis.org/blogs/future-digital-trade-policy-and-role-us-and-uk/global-battle-digital-trade, visited 20 April 2020.

③ See European Council, *A New Strategic Agenda 2019 – 2024*, https://www.consilium.europa.eu/en/press/press-releases/2019/06/20/a-new-strategic-agenda-2019-2024/.

④ 在中国境内,互联网受中国主权管辖,应尊重和保护中国的互联网主权。参见《〈中国互联网状况〉白皮书(全文)》,载国务院新闻办公室官网 2010 年 6 月 8 日,http://www.scio.gov.cn/tt/Document/1011194/1011194_1.htm。

⑤ See WTO, Joint Statement on Electronic Commerce-Communication from China, INF/ECON/19, adopted 24 April 2019.

积极探索其他区域、双边贸易谈判领地。[①] 从当前情况看,区域协调机制是数字贸易争端解决的主要选择。大多数区域贸易协定的争端解决机制几乎都是WTO争端解决机制的缩影,[②]因而比较分析WTO、(CP)TPP、NAFTA的争端解决机制,有助于探究数字贸易争端解决所需要的规则与程序。

**(一)数字贸易争端解决载体的适应性要求更高**

仍处于发展变化状态下的数字环境是规范数字贸易秩序的持续挑战。[③] 当前数字贸易以非正式合作为主,并发展出配套的非正式管控。在特定的环境中,非正式管控也适于秩序的维护,而"反对非正式合作的立法将导致重法律轻秩序的局面"。[④] 作为争端解决的载体,数字贸易的规则设计与秩序安排应具备较强的适应性。

第一,数字贸易争端解决规则具有高适应性的内在要求。数字贸易具有横纵向的发展需求,并因之而要求其载体具有高度适应性。从纵向来看,作为一个极具挑战性的新议题,数字贸易的内涵和外延至今仍在演变之中。[⑤] 数字贸易的实践推动国际贸易规则推陈出新,而以美国为代表的数字经济大国在数字贸易问题上的国际谈判行动表明,国际社会成员已在很大程度上从将数字贸易视为传统贸易问题转变为承认其独特的数字性质并相应地调整规则。[⑥] 同样地,数字贸易的争端解决程序的可持续发展应建立于其规则的适应性之上,规则与程序的设计者应有充分的心理预期和心理建设以应对规则的变化。

从横向来看,数字贸易争端解决的规则和程序应具有全球适应性的战略目

---

① 参见何其生:《美国自由贸易协定中数字产品贸易的规制研究》,载《河南财经政法大学学报》2012年第5期。

② See Peter-Tobias Stoll, *The WTO Dispute Settlement System and Regional Trade Tribunals: The Potential for Conflict and Solutions*, in Albertodo Amaral Júniorel(ed.), The WTO Dispute Settlement Mechanism, Springer Nature Switzerland, 2019, p. 232.

③ See Orna Rabinovich-Einy and Ethan Katsh, *Digital Justice: Reshaping Boundaries in an Online Dispute Resolution Environment*, 1 International Journal of Online Dispute Resolution 5, 30 – 31 (2014).

④ See R. Ellickson, *Order Without Law*, Harvard University Press, 1991, p. 286.

⑤ See United States International Trade Commission, Digital Trade in the U. S. and Global Economies, Part 2, 2014, p. 29 – 31.

⑥ See Henry Gao, *Regulation of Digital Trade in US Free Trade Agreements: From Trade Regulation to Digital Regulation*, 45 Legal Issues of Economic Integration 47, 48(2018).

标。经济越是现代化,越需要全球准则。国际经济交往中存在两种"内在矛盾"——理论上的国家主权独立与事实上的相互依赖以及政治的属地性和经济的跨境性。① 概言之,制定并推行全球贸易规则的主要阻碍之一是,"贸易的无国界属性"与"规则设计的当地利益考虑"之间的矛盾。这一矛盾在数字贸易领域尤为明显,也是 WTO 多边体制迄今难以达成统一的数字贸易规则的重要原因。提升数字贸易争端解决规则与程序的适应性,既符合数字贸易交易的效率要求,又能提升跨境经济互动的红利。在数字贸易实体规则暂缺的情况下,先行设计程序性规则,可以尝试调和或可暂时回避各主权地域下的数字贸易的立场分歧,为全球数字贸易持续发展积蓄力量。

第二,确保争端解决规则的较强司法性以提升其适应性。数字贸易当事方追逐的目标是贸易活动本身及其带来的利益。在这一以利益为导向的交易活动中,当事方对参与争端解决程序、遵守程序规则的成本预算偏低。这一成本大体分为时间、费用两方面。就时间成本而言,以数据流动为要素的数字贸易周期已实现了变革性的缩减,数字贸易争端解决的目标是获取透明、效率和公平的结果。就争端解决程序的运行费用而言,数字贸易突破了时空界限,贸易中间环节急剧减少,数字贸易从生产者到终端消费者的整体贸易成本变低。基于"理性经济人"的立场,争端当事方难以或者不愿意支付明显占有较高比例的争端解决程序的费用。

数字贸易的交易具有虚拟性,交易内容、交易方式甚至交易对象都具有极强的不确定性,规范化处理、标准化运行的争端解决程序则更具生命力,更能促使数字贸易争端解决规则得到纵向和横向的可持续适用。对于数字贸易争端解决,司法性强的程序显然会优于政治或外交方法,因而应通过保证此类规则的司法性以提升适应性。

第三,当前贸易争端解决规则的适应性不强。"当前数字贸易发展的核心矛盾是数字贸易实践兴盛与规则缺位之间的不协调。"②以 WTO、CPTPP、NAFTA 甚或欧盟—加拿大 CETA 等的有关规定为例,可以探见当前国际贸易争端解决规则之于数字贸易争端的较低程度适应性。此类规则的低度适应性又突出表现为它们被弱化的司法性和标准性,在推广应用于全球范围内的数字

---

① 参见陈卫国:《世界贸易组织的逻辑》,对外经济贸易大学出版社 2013 年版,第 18 页。

② 李墨丝:《超大型自由贸易协定中数字贸易规则及谈判的新趋势》,载《上海师范大学学报(哲学社会科学版)》2017 年第 1 期。

贸易争端解决上还有欠缺或不足。

作为 20 多年前多边谈判形成的法律体系，WTO 不可能全面而详细地涵盖电子商务或者数字贸易议题，WTO《关于争端解决规则与程序的谅解》也不可能专为数字贸易争端设定规则和程序。[①] 但不可否认的是，与《关税与贸易总协定》(General Agreement on Tariffs and Trade, GATT) 时期相比，WTO 争端解决机制通过增设常设上诉机构、确立和适用"反向协商一致"的决策方法以及授权贸易报复等，增强了其司法性质。这里"暂且不表"当前超负荷的工作量及国际政治力量的巨大影响，仅就数字贸易本身包含的诸多内容及其未能形成有约束力的多边规则的事实，如隐私和个人信息保护、数据跨境流动等，WTO 争端解决机制就面临前所未有的挑战。这就意味着，数字贸易争端解决的多边化规范性安排，目前还难以完全实现。

为了应对数字贸易的快速发展，解决数字贸易争端的问题转向区域贸易协定，CPTPP 争端解决采用"开放"的专家组成员遴选机制和"公开"的审理程序，并实行"半开放"式的选择性管辖机制。在争端解决的程序安排上，CPTPP 通过正面列举排除对其他事项的管辖，并与多种争端解决渠道相联系。[②] 有学者曾总结 CPTPP 争端解决机制的优越性，认为其具备更透明的程序、私人纠纷的救济渠道、适当的程序性保障，并且注重公法和私法方面的衔接和融合。[③] 具体而言，CPTPP 的争端解决机制除公众参与的透明度之外，更具有包容性，它允许缔约方援用 WTO 争端解决机制，但在解决争端时不仅要考虑自身的程序规则，而且也要考虑《维也纳条约法公约》第 31 条、第 32 条规定的条约解释原理，以及 WTO 既成案例中的司法解释。这种力促解决国际贸易争端的法律融合技术，充分表明了国际社会成员具备更加成熟的国际法律体系的规划能力和建设能力。

然而，CPTPP 对于符合数字贸易争端解决的诉求仍有诸多不适应之处。从整体上看，CPTPP 争端解决程序虽具有一定灵活性，但其电子商务章节做出的适用争端解决的承诺范围有限且约束力不强。CPTPP 争端解决专家组仅履行

---

① 迄今为止，与电子商务有关的多边规则见于 WTO《服务贸易总协定》及其附件、《贸易便利化协定》等。

② 包括各方另外缔结的双边和多边协议所涉的争端解决机制及协商、商事仲裁等。

③ 参见贾林、付尧：《刍议 TPP 视角下的国际投资争端解决方式》，载《经济研究导刊》2016 年第 26 期；龚红柳：《TPP 协定下的常规争端解决机制：文本评析与启示》，载《国家行政学院学报》2016 年第 1 期。

“依据本协议,直接澄清事实、做出决定、提出建议,并说明理由”的职责。[①] 除此之外,CPTPP 争端解决机制的支持不充分,不仅没有常设机构与相对稳定的专家组名单,在程序设计上也多表现为临时性措施而非制度性安排。与 WTO 相比,CPTPP 的组织机构安排显得比较薄弱,主要是设立分议题的工作组和委员会,并向部长级委员会报告有关事宜;没有固定的总部地点,各成员轮流主办会议;争端解决没有固定的场所,而是以接受争端主张的国家为标准提供人员。因此说,CPTPP 是没有构建起系统性组织机构的区域一体化安排,因而也不可能完全满足数字贸易争端解决的需求。[②]

NAFTA 争端解决的一般性程序有三步:当事方磋商、北美自由贸易委员会(the Commission)干预及专家组仲裁。其优势主要表现在:其一,兼顾统一性和分散性;其二,建立由磋商和调解构成的双重前置程序;其三,强调裁决结果的协议履行。与 WTO 法定化的争端解决“流程”相比,NAFTA 没有常设的争端解决机构,案件裁决主要依靠北美自由贸易委员会以及临时成立的仲裁专家组。但是,北美自由贸易委员会这一本应以监督缔约方履行 NAFTA 为主要职责的政治性机构被赋予了参与贸易争端解决的权力,而由争端当事方“反向协商一致”选择产生的仲裁专家组成员也在一定程度上受制于争端当事方。[③] 在 NAFTA 争端解决机制下,由政治性权威机构推动争端解决程序的进展,显然不能完全适用于包含诸多技术和法律因素的数字贸易争端。

非常值得一提的是,有的区域贸易协定将电子商务或数字贸易全部或部分地排除在争端解决的一般性规定之外。[④] 即便大多数区域贸易协定的电子商务或数字贸易章节允许适用其关于争端解决的一般条款,但其承诺力度和可执行性仍有待提升。有国外学者对现有区域贸易协定关于数字贸易争端解决的安排情况进行统计研究后发现,它们对应的专门章节中,大约有 20% 采用的是倡

---

① Article 28. 8, CPTPP.

② 参见何志鹏:《国家利益维护:国际法的力量》,法律出版社 2018 年版,第 199 页。

③ NAFTC 可以采取的措施包括:召集技术顾问或成立其认为必要的工作组或专家组,求助于斡旋、调解或其他争端解决程序,提出建议,以及帮助咨询方达成双方满意的争端解决方案等。

④ See Article 12. 11, Australia-China Free Trade Agreement; Article 10. 10, ASEAN-Australia-New Zealand Free Trade Agreement; and Article 13. 9, China-Korea Free Trade Agreement; Article 11. 9, Australia-Thailand Free Trade Agreement; Article 10. 8, New Zealand-Thailand Economic Partnership Agreement.

议式表达方法。[①]

### (二)争端主体的范围相对于传统贸易进一步扩大

第一,数字贸易争端的主体拓展至个人(企业和自然人)。在传统国际贸易关系和数字贸易关系中,国家都是重要的主体。一方面,国家充当管理者角色,吸引投资、增加经济活动、规范企业运营,并管理数字贸易中的税收。另一方面,国家充当参与者的角色,利用数字技术推行数字政府服务、实施公共政策、实现公共目标。在扮演这两个角色的过程中,国家不可避免地会成为争端当事方。除此之外,基于互联网和数字技术及商务平台,个人(企业和自然人)当然也会成为数字贸易争端的主体。

数字平台和贸易数据共同驱动了数字经济的发展。[②] 以亚马逊、eBay 和阿里巴巴为代表的数字平台联结供求,降低了中小企业、消费者参与市场的门槛。数字平台是数字技术变革传统国际贸易模式的前沿阵地,激励中小企业参与数字贸易。[③] 另外,贸易数据发挥强大的信息传输与互动功能,为交易双方基于信息的决策与行动提供了充分的预判依据,有效地降低了风险,提升了中小企业在数字贸易国际市场中的活跃力度。

对于消费者而言,数字贸易信息的广泛性与可选性可以保证其消费的自主性,由此刺激消费需求。在与国际经济交往有关的国际法规则中,个体参与的因素尤其明显且重要,这将直接影响传统国际贸易以企业为主体的商业模式,主要发生于企业之间或者企业与政府之间的大额贸易模式也将发生改变。[④] 随着线下的"商业对商业"(Business to Business,B2B)交易模式转变为线上"商业对商业"、"商业对消费者"(Business to Consumer,B2C),国际贸易规则的谈判与制定也从以政府和企业为出发点到以企业和消费者为基础的取向发展。[⑤]

---

① See Marc D. Froese, *Digital Trade and Dispute Settlement in RTAs: An Evolving Standard?*, 53 Journal of World Trade 783, 806(2019).

② See UNCTAD, Digital Economy Report 2019, UNCTAD/DER/2019(Overview), p. 2.

③ 对美国、英国和德国的企业净增长地理分布的研究发现,传统经济领域表现不佳的地区的业务在数字平台的支持下仍能实现增长。See World Economic Forum, *How Online Commerce Can Help Fight Inequality*, https://www.weforum.org/agenda/2018/01/ebay-ecommerce-fight-inequality-hanne-melin/, visited on 19 March 2020.

④ See Articles 1101 and 1116, NAFTA.

⑤ 参见沈玉良等:《全球数字贸易规则研究》,复旦大学出版社 2018 年版,第 9 页。

第二，传统贸易争端解决机制中企业的参与渠道闭塞。WTO 争端解决机制下，只有国家和单独关税区具有主体资格，企业成为争端解决主体的可能性被排除（此类争端不能直接援用 DSU，除非得到 WTO 有关成员的支持并提交 WTO 争端解决机制）。[①] 这与数字贸易争端主体向私人主体拓展的时代特征不相符，企业主体的利益冲突化解必将受阻。

NAFTA 的争端解决机制虽允许不限于主权国家的申诉主体，但实际上私人主体的程序参与仍然受到很大限制。NAFTA 鼓励采用仲裁和其他替代性争端解决手段解决自由贸易区私人主体当事人之间的国际商业争端，但又对当事人资格做出限制性规定。如要求当事方是 1958 年联合国《承认及执行外国仲裁裁决公约》（Convention on the Recognition and Enforcement of Foreign Arbitral Awards，又称《纽约公约》）或 1975 年《美洲国际商事仲裁公约》（Inter-American Convention on International Commercial Arbitration，又称《巴拿马公约》）的缔约国。因此，私人主体不具有完全的程序参与自由。除此之外，NAFTA 并未预先声明其他替代性争端解决结果的效力，仅规定设立私人商业争端咨询委员会，就仲裁和其他程序的可用性、效力等一般性问题向委员会提出报告和建议。[②]

**（三）数字贸易争端解决的效率要求更高**

传统国际贸易争端解决机制流程烦琐、耗时长，司法程序显得不那么“经济”，也就不能适应数字贸易快速周转并因之而需要建立高效的争端处理机制的要求。[③] WTO 争端解决机制的理念源自西方的对抗式法庭诉讼，这一方式存在成本高、耗时长，难以解决矛盾根源等固有劣势，已受到诸多诟病。具体而言，DSU 中的磋商程序为必经步骤，而在专家组程序启动后，仍然可以开展斡旋、调解等其他外交程序，这显然增加了程序的烦琐程度及时间成本。DSU 机制虽具有较强的司法性，但又缺乏一定的灵活性，通过法律规定而显得僵化的流程难以应付数字贸易争端解决的复杂情况。

除此之外，WTO 争端解决机构（Dispute Settlement Body，DSB）也未能严守

---

① 参见赵云：《电子商务中的争端解决问题研究》，厦门大学出版社 2008 年版，第 54 页。

② Article 2022.4，NAFTA.

③ 中国国际经济交流中心课题组：《E 国际贸易——下一代贸易方式的理论内涵与基础框架》，中国经济出版社 2018 年版，第 276 页。

"规则导向"的法治原则,这尤其体现在 2019 年上诉机构"停摆"事件上。[①] 并且,WTO 审理案件的专家组的临时性质,决定了其运作的支持力量比较薄弱,难以为数字贸易争端解决提供充足的法律和技术资源供给及体制保障。如前所述,数字贸易有大量私人主体参与,标的物范围超出传统国际货物与服务,数字贸易争端的事实认定更加庞杂,对技术知识也会提出更高要求。在此情况下,WTO 争端解决专家组调查职能的履行需要大量资源,但在实践中,专家组的成员多为时常处理紧急事务的外交官员。[②]

NAFTA 争端解决中的仲裁小组程序与商事仲裁极其相似,不仅没有常设的超国家机构,在个案中也要依据特别规则设立仲裁庭或仲裁小组。不能忽视的是,NAFTA 具有与 DSU 类似的"二审"(上诉程序)制度,不同之处在于:NAFTA 争端解决的仲裁专家组做出初始报告后,还应在争端当事方的请求下主动审议该报告,适当展开进一步审查,再做出最终报告;[③]最终报告也并不直接涉及争端裁决结果,仅对申诉事项的性质进行评定,最终方案由双方协议达成。因此,虽然 NAFTA 关于北美自由贸易委员会干预争端解决进程的安排实现了一定程度的程序合并以缩短时限,但在两次报告、当事方协商最终解决方案的模式下,争端解决程序历时可长达 255 天。[④] NAFTA 争端解决机制有明显的区域贸易协定特征,为顾及地区性综合利益,其争端解决的效率必将受到影响。

除了上述分析的区域贸易协定争端解决机制降阻效率以外,实践中,数字贸易争端解决的效力也可能缺乏强制性保障,争端解决的实效性不佳。例如,美国与约旦缔结的自由贸易协定中,"当联合委员会在专家组不具有约束力的报告出具后 30 日内仍无法解决争端时,缔约方应被授权采取'任何相适当和相

---

① WTO 争端解决专家组的运作方式与上诉机构的任期安排均反映出"权力导向"特点。仅当争端各方不能达成一致时,才由行政决策决定专家组的设立,其审议工作也受 WTO 常设机构秘书处的影响较大。上诉机构成员不合理的"弹性"任期制度也对司法独立构成威胁。参见何志鹏:《国家利益维护:国际法的力量》,法律出版社 2018 年版,第 102 页。

② See David Unter Halter, *Panel I: What Makes the WTO Dispute Settlement Procedure Particular: Lessons to be Learned for the Settlement of International Disputes in General?*, in Rüdiger Wolfrum and Ina Gätzschmann (ed.), International Dispute Settlement: Room for Innovations? Springer, 2013, p. 8.

③ Article 2016.5, NAFTA.

④ See United Nations Conference on Trade and Development, Dispute Settlement: Regional Approaches, 2003, p. 16.

称的措施'"的规定就较为模糊。[①] 与此形成鲜明对比的是,美国与哥伦比亚、美国与韩国、美国与秘鲁等国缔结自由贸易协定以及 CPTPP,均采用了争端解决程序中不执行条款之利益中止,增强了执行争端裁决结果的明确性与严厉性。[②]

## 本章小结

数字贸易是数字经济发展的产物,是电子商务发展的高级阶段,虽然目前有些区域贸易协定尚在使用"电子商务"的表述,但其本质上就是数字贸易。数字贸易促进全球价值链高度融合,各种类型与多种规模的资本涌入全球市场,生产各环节的时空联系被打破,分工更加细化,与传统国际贸易有关的劳动力成本也逐渐降低。

数字技术冲击了货物与服务二分的传统贸易分类模式,使新型数字产品成为全球贸易的客体。数字贸易从贸易主体、客体和贸易方式等方面实现对传统贸易模式的深刻变革,而数字贸易的兴起挑战传统国际贸易规则,"任何试图在多边层面对数字经济与社会实践的融合进行规范的努力都必然会遇到与社会包容、发展、自由、隐私等有关的问题"。[③] 数字贸易规则牵涉诸多议题,不仅涉及企业的商业利益,还涉及复杂的科学技术问题、公共道德问题,而且涉及政府对网络安全、数据跨境流动等方面的监管措施。数字贸易多边规则的形成必定是一个异常复杂的过程,势必面临更加激烈的国家间博弈。[④]

国际法为国际经济交往提供了基本的法律框架,但现实的国际司法机制远未达到足够的普遍、稳定,包括数字贸易在内的一些领域尚未确立有效的争端解决方式。[⑤] 当前,传统贸易争端解决制度与数字贸易争端解决之间存在诸多

---

① See Article 17.2.b, US-Jordan Free Trade Agreement.

② See Article 22.13, US-S. Korea Free Trade Agreement; Article 21.16, US-Peru Free Trade Agreement; Article 21.16, US-Columbia Free Trade Agreement; and Article 28.19, CPTPP.

③ Martin Muhleisen, *The Long and Short of the Digital Revolution*, 55 Finance & Development 4, 7(2018).

④ 参见陆燕:《全球数字贸易治理趋势与中国应对》,载《海外投资与出口信贷》2019 年第 3 期。

⑤ See John H. Jackson et al., *Legal Problems of International Economic Relations: Cases, Materials and Text (6th edition)*, West Group, 2013, p.3.

分歧,但不能否认的是,既存的较为成熟的争端解决规则植根于丰富的国际贸易实践,其存在意义和发展价值都值得肯定。同时,为保证数字贸易争端解决程序的全球适应性,设计新规则应注重与现有规则之间的协调。

传统贸易争端解决程序在规则的适应性、效率、规则的适用主体等方面已难以应对数字贸易争端解决的需要。WTO 的争端解决机制虽取得骄人成绩,但其上诉机构当前仍陷于困境,作为其临时替代方法的多方临时上诉仲裁(Multi-Party Interim Arbitration,MPIA)的多边适应性还有待"开发"(develop)。CPTPP 和 USMCA 争端解决机制的司法属性均有不足,其裁决结果的公允和保证执行情况恐怕难以达到乐观境况。除此之外,此类协定下的争端解决机制还存在耗时长、程序烦琐等棘手问题,不能适应数字贸易即时、快捷的交易方式所要求的高效率、更公正的争端解决程序。

总之,具有可持续发展能力的数字贸易争端解决机制应当具有灵活性、适应性以及高效率的特征。其程序设计应当满足包括企业和自然人在内的新兴国际贸易主体的需求,适应各国迥异的数字贸易立场与监管政策。基于此,研究和设计数字贸易争端解决的规则和程序,应着眼于其与当前贸易争端解决规则的分歧,即多元主体解决争端的诉求与主权国家为主的单一主体参与的分歧,高效推动争端解决进程的诉求与程序规定僵化的分歧,以及规则适用的时空范围广泛的诉求与数字贸易争端解决规则尚未达成全球共识的分歧。

# 第二章　数字贸易争端解决规则与程序设计的法理基础

在设计数字贸易争端解决程序规则之前，应确定其法理基础，它们关系到数字贸易争端解决机制的层次定位、主体分类、管辖范围、方法选择、司法解释、裁决效力等。

## 第一节　数字贸易争端解决的价值立场

如果不考虑政治因素，那么争端解决往往充满司法性色彩，而司法活动本身则充满了价值评判与价值选择。设计数字贸易争端解决的规则与程序，也应以明确价值立场为首要任务。哲学范畴的价值主要是指客体对于主体的意义，包括客体对主体的需要的满足和主体关于客体的超越绝对指向两个方面。其中，第二个方面的内容是以其第一个方面的内容作为基础的，并且是第一个方面的延伸与发展，其实质仍是客体对于主体的意义。[①] 这就意味着，法的价值目标是法的价值的方向、终点和归宿，设立数字贸易争端解决的基本价值目标则必然涉及对其需求的深入探查。

---

① 参见卓泽渊：《法的价值论》，法律出版社 2005 年版，第 11 页。

## 一、数字贸易争端解决的基本价值目标

法的价值目标十分丰富，包括秩序、自由、平等、正义、人权等。作为贸易的一种新兴模式，数字贸易以效益、自由为首要价值目标，而规范数字贸易争端解决程序，需要结合法的价值与数字贸易本身的价值追求，将贸易自由、贸易公平作为其基本价值目标。

### （一）保障数字贸易自由

国际贸易法的目标之一是在调整国家间贸易关系过程中促进国际贸易自由化。① 它的最终目的是使国际贸易当事人在不违反一国强行性法律和公共秩序的前提下，自由决定参与国际贸易活动，自由确定交易的内容。

自由是法的重要价值。法的自由是指一定社会中人们受到法保障或得到法认可的按照自己的意志进行活动的人的权利。② 而法对自由的作用主要包括三方面：其一，法确认自由的存在；其二，法律限制自由的边界；其三，法保障自由的存在，包括正向倡导以及负向规诫。换言之，法是自由得以实现的工具。

在当今国际法“碎片化”的发展趋势下，数字贸易规则的零散化与不成体系表现得尤为明显，由此引发一系列开展数字贸易的法律问题。例如，数字贸易的参与者行为的自由边界何在、参与者能否在某些领域里享有当然的自由、能否在争端解决程序中得以继续享有自由实现的空间、对于妨碍和破坏自由行为的惩戒措施是否到位，等等。

法律的生命在于实践，司法过程本身即为法律适用、法律解释和法律推理的实践过程（在第六章“数字贸易争端解决中的司法解释”中会详细论述）。而在多边实体规则尚有欠缺的情况下，数字贸易活动的展开更需要有关的司法实践来填补对数字贸易自由的确认、界定以及保护的规则漏洞。因此，数字贸易争端解决的价值目标包括对数字贸易自由的保障。但就争端当事方而言，最直接的贸易自由实质上是指贸易争端能高效解决，在这一意义上，数字贸易的自由价值与争端解决的效率价值紧密相关。

### （二）维护数字贸易公平

国际贸易倡导平等互利，数字贸易争端解决规则的适用则是对于国际贸易平等互利局面的维护，实质上是维护公平的贸易情势。在国际法上，“公平作为

---

① 参见杨树明、邓瑞平主编：《国际贸易法学》，法律出版社 2003 年版，第 15 页。

② 参见卓泽渊：《法的价值论》，法律出版社 2005 年版，第 267 页。

一个法律概念,乃是正义观念的直接反映”①。

维护数字贸易公平主要有两方面的内涵:其一,实现公平的结果是在数字贸易争端解决过程中强调明晰争端当事方的权利义务界限,使权利受损方能回到其应享有的权利状态,并促使不当得利方承担应尽的义务。通俗地讲,公平的数字贸易争端解决结果应是“物归原主、各得其所”。其二,实现公平的途径是指居中裁判,以定分止争。当涉及第三方参与的数字贸易争端解决时,理想的解决途径则要求裁判方公平地发挥作用。经济合作与发展组织和欧盟都强调国际贸易争端解决程序公平原则的重要性,并纳入了透明度和公正的概念。②

与数字贸易争端解决相联系,程序公正的重要性不言而喻,其依据有三:首先,当事方往往将公平程序视为获得公平结果的方式;③其次,给予个人程序公正的程度与其社会地位相关联;④最后,程序公正传达了与减少不确定性有关的信息。⑤ 这些依据除了证明程序公正的重要性以外,还证实了争端当事方对于程序公平性的关心与其利益诉求或期望是可以分离的。可以说,程序公正是人们选择纠纷解决机制的重要因素,而争端当事方之所以遵守程序规则,是因为他(们)相信裁决权威及其合法性,并通过体验程序公正,产生对于裁决行为本身的合法性的信赖。⑥

程序公正的衡量标准是多样的,而具有代表性的有四个标准学说和六个标准理论。四个标准学说包括:中立性、人际尊重、话语权(参与度)和可信度。⑦ 六个标准理论包括:话语权、一致性、准确性、抑制偏见、可纠正性和道

---

① North Sea Continental Shelf (Federal Republic of Germany v. Netherlands), Judgement, I. C. J. Reports 1969, para. 71.

② See Soo Hye Cho, *International Commercial Online Dispute Resolution: Just Procedure through the Internet*, Umi Dissertation Publishing, 2011, p. 63 -64.

③ See John Thibaut and Laurens Walker, *A Theory of Procedure*, 66 California Law Review 541, 559(1978).

④ See Tom R. Tyler and E. Allan Lind, *A Relational Model of Authority in Groups*, 25 Advanced Experimental Social Psychology 115, 115 and 140(1992).

⑤ See E. Allan Lind, *Fairness Judgments as Cognitions*, in Michael Ross and Dale T. Miller (eds.), The Justice Motive in Everyday Life, Cambridge University Press, 2002, p. 416, 427.

⑥ See Margaret Levi et al., *Conceptualizing Legitimacy, Measuring Legitimating Beliefs*, 53 American Behavioral Scientist 354, 354 and 360(2009).

⑦ See Tom R. Tyler, *Citizen Discontent with Legal Procedures: A Social Science Perspective on Civil Procedure Reform*, 45 American Journal of Comparative Law 871, 871 and 887(1997).

德规则。[1] 对比两者的内涵可知,衡量程序公正的要素包括尊重、话语权、一致性、中立、可纠正性。[2] 具体而言,尊重是要求争端解决程序的参与者尊重彼此的权利,以增加公平感。[3] 话语权或者参与度标准是指程序在多大程度上为个人提供表达其证据、论点和观点的机会。[4] 一般来说,话语权包括两个部分:一是过程控制,即争端当事方有机会提出他们的证据、观点、立场或境遇;二是决策控制,即争端当事方应当能够对于决策施加影响力。"一致性标准的重要性在实践中被证实高于话语权,它包含时间一致性和对象一致性两个维度。"[5]其中,对象一致性是指立场相对立的争端当事方在程序流程中是否受到相等的对待,并享有同样的权利。时间的一致性意味着每次程序运行都遵循相同的规则。中立规则要求决策者和程序保持中立,以保护参与者,并由此衍生出抑制偏见的要求。根据这一要求,需要防范影响程序公正的偏见有两个来源:一是决策者对结果拥有既得利益;二是决策者的决定受到自身信仰或教条主义的影响,导致并未完整、平等地考虑所有观点。只有符合这一要求的中立者的自由裁量权才具有可信度。[6] 最后一个容易被程序设计者忽视的要求是可纠正性,它要求程序包含对错误决策或结果的纠正机制或途径,为程序公正保驾护航。

**(三)关于数字贸易自由与公平价值目标之间冲突的协调**

法的价值是多元的。作为价值的实现对象,数字贸易的参与者的构成也是多元的,而多元的背景来源以及立场分歧必然会引发价值冲突。因此,正视、理解并处理法的价值冲突是实现数字贸易争端解决的基本价值的必然要求。

"法的价值冲突的经典解决方式包括主体认同和外在统一、民主方式和专

---

① See Gerald S. Leventhal, *What Should Be Done with Equity Theory? New Approaches to the Study of Fairness in Social Relationships*, in Gergen K. J., Greenberg, M. S., Willis, R. H. eds., Social Exchange Theory, Springer, 1980, p. 27.

② See Fahimeh Abedi et. al., *Universal Standards for the Concept of Fairness in Online Dispute Resolution in B2c E-Disputes*, 34 Ohio State Journal on Dispute Resolution 357, 358(2019).

③ See E. Allan Lind et al., *In the Eye of the Beholder: Tort Litigants' Evaluations of Their Experiences in the Civil Justice System*, 24 Law and Society Review 953, 953 – 958(1990).

④ See John Thibaut and Laurens Walker, *Procedural Justice: A Psychological Analysis*, Lawrence Erlbaum Associates, 1975, p. 9.

⑤ Jerald Greenberg, *Determinants of Perceived Fairness of Performance Evaluations*, 71 Journal of Applied Psychology 340, 340 – 341(1986).

⑥ See Gabrielle Kaufmann-Kohler and Thomas Schultz, *Online Dispute Resolution: Challenges for Contemporary Justice*, Kluer Law International, 2004, p. 190.

制方式、不违法方式与违法方式等。”[1]显而易见地，主体认同、民主方式、不违法方式是值得提倡的，而专制方式和违法方式应坚决杜绝。为促成以合理、合法的方式解决数字贸易争端，在处理有关的价值目标冲突时，应明晰并能把握如下几个基本方向：

其一，本位价值优先。“任何值得被称为法律制度的制度，必须关注某些超越社会结构和经济结构相对性的基本价值。”[2]并且，“在立法者和法官对具体的问题进行法律价值判断时，通常总要注意到该具体的价值判断不应该与基本的法律价值相矛盾……每一个具体的价值判断若不与体系保持整合性，那么，具体的价值判断的最终结果就会导致否定根本的、比较重要的法律价值”。[3]而法的基本价值应当包含秩序、人权和公平。其中，秩序即是法律存在的意义之一以及捍卫的目标对象，人权是法律制定、演变的终极目的以及避免逾越的最低准则，而公平是法律的应有之义，并使法律具有权威性以及获得人的自觉服从性的关键要素。在此意义上，当自由与公平产生冲突时，可以考虑优先维护公平价值。

其二，恪守法定价值。对于数字贸易争端解决而言，法定价值是指维护国际法的强行价值规范。在数字贸易领域有明确的价值准则时，遵守既定的价值准则是最为妥帖的做法。虽然目前全球数字贸易参与者对于保障和促进的数字贸易自由程度有差异，但均承认数字贸易自由化这一基本价值准则。

其三，促进最优效益。司法经济的理论和实践已然得到世界各国的认可，它是指在做出司法相关行为之前应考虑付出的成本、潜在的和必然遭受的损失以及预估可能收获的效益。类比收支明细表在三者之间进行的效益衡量可知，司法经济实际上也与功利主义所倡导的准则相契合。贸易活动本身旨在全球范围内寻利，而数字贸易活动更是通过优化资本配置、升级全球价值链等方式满足消费所需，追求利润的最大化。因此，解决数字贸易争端应当将衡量价值遵行的成本与效益作为其必须考虑的范畴。在促进效益方面，可以灵活采纳“平衡”和“比例”的适当关系，因为它们均是在同一位阶的法的价值之间进行价值选择的路径安排。平衡强调在遇到具体案件时不能一概而定，需要综合考

---

① 卓泽渊：《法的价值论》（第2版），法律出版社2005年版，第613页。

② ［美］E. 博登海默：《法理学：法律哲学与法律方法》，邓正来译，中国政法大学出版社1999年版，“作者致中文版前言”部分。

③ ［日］川岛武宜：《现代化与法》，王志安等译，中国政法大学出版社1994年版，第249页。

虑主体之间的特殊需求和利益，兼顾双方甚或全球市场的利益；比例则提醒规则的设计者和司法适用者在牺牲某一利益或价值以实现优位的价值时，应考虑比例原则，将可能被损害的价值或利益降到最低程度。①

## 二、数字贸易争端解决模式设计的价值选择

超越争端解决规则与程序设计的范畴，从法律制定维度观察价值选择，将为程序方案规划奠定基调，以避免内部立场混乱。“法律的价值选择是贯穿法哲学的经典问题之一，对于这个问题的回答揭示了法律在社会、政治、道德以及经济生活中的核心作用。法的价值选择、评价等，既是法的价值的实现过程中的构成单元，又具有相对的独立性质。”②

从自然法学派到实在法学派以及从超越两者立场的综合法学派的演变，反映了对法的实质的追问。这包含一连串相关的问题，例如，道德与法的关系为何，权力是否凌驾于法律，法律是否即为权力的产物，以及法与正义的关系，法律与社会的互动如何。对这些问题的回答，可以概括成立法者有关法律价值选择的立场，包括权力、权利或利益。

由于国际关系日益取决于经济关系，从权力导向的外交方式向规则导向的司法方式的转变，被看作国际法发展的新阶段。③ 由于价值选择是程序设计的先行步骤，将争端归结为权力斗争、权利主张或利益满足对争端解决过程和结果无疑会产生极大影响。

### （一）权力导向与政治型争端解决机制

“法的实质价值是权力”，是实在法学派的核心主张。与“法律是从自然推衍，并经过一系列命题论证形成的合集”的自然法学派不同，实在法学派否认道德与法律之间存在必然的关联，即必须在“应当”（道德上可取的）与“是”（实际存在的）二者之间划分清楚。④ 这一学派的代表人物包括主张“法律即命令”的边沁和奥斯汀、认为“法律即社会规则”的哈特、认为“法律即规范”的汉斯·凯尔森以及“法律即社会事实”的约瑟夫·拉兹等。

---

① 参见苏晓宏：《法理学原理》，法律出版社2013年版，第147页。

② 卓泽渊：《法的价值论》，法律出版社2005年版，第484页。

③ See Ernst-Ulrich Petersmann, *The Dispute System of WTO and The Evolution of GATT Dispute Settlement System Since 1948*, 31 Common Market Law Review 1157, 1157 - 1244(1994).

④ 参见［英］雷蒙德·瓦克斯：《法哲学：价值与事实》，谭宇生译，译林出版社2013年版，第19页。

在实在法学派看来,权力指实现己方意志、违背他方意愿的能力。采用权力理念,就意味着运用政治型争端解决的模式,以谈判、磋商等具有充分政治色彩的方式化解争端,以综合贸易实力为筹码达成争端解决方案。但是,当前全球数字贸易发展极不平衡,政治型争端解决模式容易造成"强者恒强,弱者恒弱"的局面,实质上将促成数字贸易大国完全掌握实体规则制定与推广适用的话语权。这种模式将减损争端解决程序的适用性,对于数字贸易新兴国家或地区而言十分不利,因此不应单独采用。

**(二)权利导向和保障与司法型争端解决机制**

法律的实质是宣扬个人至高无上的权利,这一认识或主张在司法实践中得以肯定和提升。罗纳德·德沃金将法律理解成解释的过程,在这一过程中,个人权利的重要性最为凸显。这种权利认识以自由主义为基础,通过对实证主义理论进行改良,演变出综合性的法律理论,并强调正义、公平和程序性正当程序。① 在权利立场之下,法律是为个人权利进行解释性辩护的工具,其实质内核就是公民的权利。具体又表现为:其一,"意志自由"理论,即权利的保护范围包括正向和负向两面,法律既保护个人行事的自由意志,又保护个人不行该事的自由意志。这实质上是对个人选择权的保护。其二"利益主张"理论,直接揭示享有某种权利的后果,并将个人利益等同于权利。

在争端解决中,以权利为导向必然意味着运用司法型争端解决的模式,依据既定标准和程序规则,由第三方司法机构中立裁决,最终达成争端当事方满意的解决方案。权利导向下的争端解决机制一般包含定名(naming)、追责(blaming)和索赔(claiming)三个步骤。定名是确定权利受侵犯的事实与行为者的过程,追责是权利侵犯行为人与损害之间建立因果联系的过程,索赔发生于定名和追责之后,对损害提出救济要求。② 在当前数字贸易实体多边规则欠缺的情况下,实施定名步骤缺乏法律或协议依据,难以为后续步骤提供权威标准。另外,在权利导向模式下,当被诉方(或被告)拒绝承认其造成的损害时,就会存在引发更多冲突的可能性。20 世纪下半叶替代性纠纷解决(Alternative

---

① 参见[英]雷蒙德·瓦克斯:《法哲学:价值与事实》,谭宇生译,译林出版社 2013 年版,第 48 页。

② See Douglas E. Noll, *Power, Rights and Interests: The "Big Three" of Conflict Resolution*, http://legalpronegotiator.com/power-rights-and-interests-the-big-three-of-conflict-resolution/, visited on 4 December 2019.

Dispute Resolution,ADR)模式兴起的背景下,已日渐出现对司法型争端解决模式的代表——诉讼模式——的负面评价,批评它具有鲜明的立场主义特征,忽视争端当事方的实际需求和利益。[①] 批评者还认为,将争端当事方的注意力从权利和立场的分歧转移到对需求的满足上,才能共同设计出“双赢”的解决方案。[②]

**(三)利益维护与混合型争端解决机制**

对争端当事各方利益的识别与确认,更能触发创造性的解决方案,因此,争端当事方应该被鼓励追求合作而非竞争或对抗。利益理念以争端当事方的期望为起点,力图实现利益调和与需求满足。

利益维护与权利导向对争端案件处理的侧重点不同,前者注重具体争端的解决,结合个案审慎评估各方利益盈亏,并达成利益最大化的解决方案;后者则注重厘清实际损害、责任以及两者之间的因果关系,有助于修复受损的贸易关系。利益维护与混合型争端解决模式相对应,以弥补利益损失、修正不正当利益获取为核心,以达成符合双方合法利益的争端解决方案为目标。混合型争端解决模式具有以结果为导向的特征,这一模式不拘于政治型或司法型手段,而是按照某种比例混合采用两种手段,以求维护争端当事各方的利益。

现有的国际贸易协定,基本上都建立或形成了某种比例的混合型争端解决机制。仅从程序规则设计目标看,WTO 争端解决机制的司法性质大于政治性质,而诸如 CPTPP、NAFTA 及其继承者 USMCA 等区域贸易协定的争端解决机制的政治性质则大于司法性质,由此表明了国家间贸易关系不能回避国际政治的影响,更不能忽视国际贸易规则的作用。

## 第二节 数字贸易争端解决规则与程序设计的模式选择

### 一、采用与利益导向对应的混合型争端解决模式

对于数字贸易争端解决而言,原则上倡导采用混合式的争端解决模式。一方面,可以发挥司法的价值引导功能,为数字贸易争端解决创设标准化方案,为潜在的争端解决提供先行示范,助力全球数字贸易的良性持久发展。另一方

---

① See Carrie Menkel-Meadow, *Introduction: What Will We Do When Adjudication Ends? A Brief Intellectual History of ADR*, 44 UCLA Law Review 1613, 1614 - 1616(1996).

② See L. L. Riskin, *Mediation and Lawyers*, 43 Ohio State Law Journal 29, 34(1982).

面,可以回应数字贸易争端解决的协调性、适应性需求,以协调利益冲突的方式弥补实体规则的缺位,吸引争端各方参与到利益协调的程序规则中来,最大限度地化解争端。

## 二、采用先对抗后审问的争端解决模式

从争端解决的价值选择来看,权利导向可对应司法型争端解决模式,利益导向可对应混合型争端解决模式。就争端解决的具体程序设计而言,权利导向和利益导向又分别与审问式程序设计和对抗式程序设计相契合。具体而言,对抗式程序设计以双方的利益评估为依据,这一设计方案鼓励争端当事方提供事实证据,并论证自有利益的合理性与对方所得利益的不当性。审问式程序设计强调责任论证与证据佐证,第三方裁判者积极参与争端解决,并投入更多司法精力。对抗式模式虽简明快捷,却具有一定风险,即某一争端当事方因缺乏资源而处于弱势地位时,对抗具有初始的不平等,争端解决的公正性将受到影响,而审问式模式可以最大限度地弥补这一缺陷。

以上对审问式和对抗式模式的讨论揭示了争端解决模式选择的难题,即如何在效率与公平这两个不可或缺的目标间取得平衡。抽象分析争端解决的基本流程,可以为利益导向与权利导向在数字贸易争端解决程序安排中的应用提供思路。

争端解决包括以下核心流程:会面、交流、决定和确认。[①] 基于此,数字贸易争端解决以“会面、交流”的方式开始,采用对抗式模式迅速明晰个案中争端当事方的利益需求,尝试进行利益和解,争取双赢局面的高效达成。随后,在取得一定争端解决成果的基础上,转向审问式的争端解决模式,采用“决定、确认”这些包含权利判定因素的方法作为最后手段,巩固争端解决成果,力求化解争端背后的权利冲突,保证争端解决的公正性。总之,数字贸易争端解决程序设计应当采用“利益先行,权利辅助”的理念,并对应选择先对抗后审问的争端解决模式。

---

① See in detail Maurits Barendrecht, *In Search of Microjustice: Five Basic Elements of a Dispute System*, Tilburg University Legal Studies Working Paper No. 002/2009, http://papers.ssrn.com/sol3/papers.cfm?abstract_id=1334644, visited on 18 November 2019.

## 第三节 解决数字贸易争端的国家间机制

### 一、以区域力量促进多边争端解决机制的形成

采用国家间机制解决数字贸易争端主要有两方面考虑:其一,国家是数字贸易政策制定、实施与维护的主体,相较于私人主体,国家对数字贸易争端更能"自负其责"。传统贸易向数字贸易发展的过程中,各国贸易政策从规范市场准入的单一贸易政策向贸易壁垒与贸易便利化等议题并重的综合性贸易政策转变。然而,各国在数字贸易问题上立场各异,使数字贸易活动的自由化发展面临诸多制度性障碍,数字贸易摩擦或争端相继产生。① 因此,从根本上讲,国家及其差异化的数字贸易治理模式是数字贸易争端的初始来源。其二,采用国家间机制解决数字贸易争端有利于取得良好的实际效果。国家有充分的实力承担参与数字贸易争端解决程序的必要成本,并能更有效地实施裁决结果。国际法需要国家法才能完成其任务,大部分数字贸易争端源于各国有关法律和政策的分歧,其裁决结果必然涉及国内有关法律和政策的调整,而执行这一裁决结果的任务只有主权国家才能胜任。② 除此之外,主权国家是国际社会最基本的成员,受到"善意履行国际义务"的国际法基本原则的约束,对数字贸易争端解决规则的遵守程度更高。

国家间机制包括双边、区域、多边三种模式。数字贸易争端解决的具体模式选择应在其争端解决需求的基础上,比较三种模式的功能差异。首先,数字贸易争端解决应当具有全球性,而双边或区域机制的辐射范围有限,难以承载数字贸易蓬勃的发展趋势带来的需求期待。其次,双边或区域争端解决规则之间存在诸多差异,为次生争端的产生埋下隐患。例如,当某一争端当事方为两个不同的争端解决机制的成员时,可能面临一系列复杂的难题。这些难题包括但不限于如何协调对不同规则的选择适用、如何重建因规则分歧而受到削弱的争端解决程序的公信力以及如何处理履行裁决遭遇的现实难题,它们都可能使争端当事方陷入针对争端所涉相同事项采取相异措施的尴尬境地。

---

① 这既包括针对电子产品的关税壁垒,又包括跨境数据流动、数据本地化、知识产权保护、准入门槛等非关税壁垒。参见宗良:《全球数字贸易崛起:时代价值与前景展望》,载《国际贸易》2019年第10期。

② 参见李雪平:《企业社会责任问题给国际法带来的挑战》,载《法学评论》2007年第5期。

基于此，笔者认为，数字贸易争端解决的首选模式应为多边争端解决机制。然而，目前全球数字贸易发展不平衡，不同的国家主体的参与程度有明显差异。一般而言，国内市场需求旺盛、经济发展的贸易依存度高的国家更关注数字贸易。另外，数字技术水平、物流基础设施建设情况等条件也影响政府对数字贸易的参与度。创设全新的程序规则以应对数字贸易争端解决，在多边范围内形成程序机制面临一定阻力，可以暂以国家间机制的区域模式为基础，并且，在适当情况下尝试将其与现有的机制相兼容，最终探索推动数字贸易争端解决多边机制的形成。

## 二、将企业纳入数字贸易争端解决的主体范围

数字贸易争端解决的国家间机制理应将自然人排除在程序主体的范围之外，但作为数字贸易活动中越发重要的参与者，企业能否作为争端解决程序的主体是应当被优先考虑的问题。

### （一）企业作为有限主体的必要性

将企业纳入数字贸易争端解决程序的主体有其必要性。这又具体表现为：

其一，企业在国际贸易中的影响力与日俱增，并成为数字贸易的重要参与者。企业是现代市场经济中最重要的"细胞"，是数字经济高速运转的助推器，在数字贸易中发挥着难以忽视的影响力。"作为自由贸易的直接参与者和受益者，追求经济利益是企业尝试建立并谋求发展的最根本动机。"①另外，广大中小企业借助数字技术，对数字贸易价值链的延展与升级发挥着不可替代的作用。从某种意义上而言，企业是促进国际贸易向第三阶段——数字贸易发展变革的主力军。

其二，可供企业直接适用的国际贸易争端解决机制相对匮乏，企业在国际贸易争端解决中争取合法权益的渠道受到阻塞。企业参与数字贸易实现其经济功能的过程，难以避免地伴随大量贸易摩擦甚至贸易争端。然而，企业虽然在国内法上具有独立人格地位，但并不是国际（公）法主体。在国际争端解决诸多机制中，企业的参与极为有限，往往通过与政府相连结参与其中，提供相关证据材料等支持程序开展。作为受案范围和受案数量位居世界前列的争端解决机制，企业不是 WTO 法所承认的主体，难以直接参与 DSU 机制下的程序步骤，

---

① 李雪平：《企业社会责任问题给国际法带来的挑战》，载《法学评论》2007 年第 5 期。

只能依赖某种形式的政府行动。然而,若僵硬地将私人主体间的数字贸易争端上升为成员国间争端,从而诉诸 DSU 条款,将增加 WTO 争端解决机制运行的负担,也与其纠正其成员偏差行为的一贯逻辑相悖。

其三,相对于传统贸易争端,各国政策立场分歧引发的数字贸易争端的比重上升。各国处于数字贸易发展的不同阶段,对数字贸易的定义、类型划分、市场准入以及监管的理念与具体措施均有差异。当数字贸易争端解决本身与政治因素、国内政策密切关联时,"不应将涉及私人企业的商业争端政治化"论断的根基正逐渐缺失,并难以与新贸易模式相融。然而,如前所述,直接将"有关私权的争端转化为 WTO 中的政府间争端"也与 DSU 机制相悖。[①] 因此,不应排斥企业作为参与数字贸易争端解决的主体,相反,应将此类争端纳入数字贸易争端解决的范畴统一开展程序设计,并诉诸非歧视基础上的程序规则。

企业积极参与数字贸易活动,并应在数字贸易争端解决中扮演重要角色。然而,以 DSU 为代表的传统贸易争端解决机制在应对以企业为主体的贸易争端方面具有较低兼容性。并且,数字贸易中涉及企业的经贸争端日益与政治因素交织,完全将此类争端划归纯粹的国际商事仲裁,恐难以解决引发争端的实质矛盾,也无法应对由此大量产生的数字贸易争端。综上所述,允许企业成为数字贸易争端解决程序的主体是现实的紧迫需要,扩大传统的国家间贸易争端解决的主体范围,将企业纳为数字贸易争端解决的有限主体具有必要性。

**(二)企业作为有限主体的可行性**

法律主体的确认涉及法律上的权利和义务问题。在任何法律体系中,各法律主体在其性质或权利范围上不一定相同,但它们的性质都是取决于社会的需要。作为国际经济关系的参与者,企业尤其是平台企业有必要参与到数字贸易争端解决的过程中,以保障其参与数字贸易活动的稳定性和可持续性。

将企业纳为数字贸易争端解决主体有一定的理论铺垫与实践先例支撑。纵观历史,国际法的发展受国际生活需要影响,某些非国家实体已经在国际层面上采取行动。[②] 国际法院认为,国际法主体"有能力享有国际权利和义务,并

---

① 参见王丽华:《国际司法机构的扩散与国际贸易争端解决方式的协调》,载《前沿》2010 年第 14 期。

② See Reparation for Injuries Suffered in the Service of the United Nations, Advisory Opinion, I. C. J. Reports 1949, p. 8.

可以通过提出国际诉求来维护自己的权利"①。"在参与引领构建国际标准、固定自身在国际层面的权利义务这一意义上，企业可以被视为国际法的主体。"②随着全球企业社会责任运动的开展，企业应当承担起环境、劳工、消费者保护方面相应责任的观点逐渐被认可。增进和保护人权小组委员会曾提出，"注意到跨国公司和其他企业……通过其就业实践、环境政策产生人权影响……其常与新出现的国际人权问题和关切密切相关，因此目前和将来都需要进一步制定和执行标准"③。从发展趋势看，既有区域贸易协定已经更新了贸易争端解决的参与主体的范围，允许企业参与争端解决。例如，NAFTA 规定代表企业利益和自身利益的一方投资者均可以就另一方违反义务的情况提出申诉，相当于将企业和某些特定的人一并纳入争端解决程序的主体范围。④

前已述及，采用国家间的多边机制解决数字贸易争端，国家是重要参与主体，而将企业作为新增主体，应当明确其程序参与的权利义务，处理好企业与主权国家这两个主体间的关系。原则上，允许企业以独立主体的身份，按照提出或接收申诉—与另一当事方、政治机构、司法机构互动完成—执行裁决结果的基本步骤参与数字贸易争端解决程序。然而，当争端事项涉及国家重大政策时，为了保证争端当事方立场的权威性、代表性以及争端解决的实效性，应当在国际法和国内法上允许企业主体被国家主体所代位的合理转化，进而使国家承接企业主体资格继续参与争端解决程序。

## 本章小结

本章着重回答的是数字贸易争端解决的价值立场。法的价值丰富多元，其中，自由和公平又分别与数字贸易的贸易本质以及争端解决的利益恢复的功能本身对应，因此，数字贸易争端解决应当以贸易自由与贸易公平作为价值目标。诚然，价值冲突在复杂的贸易实践中在所难免，而应对价值冲突，应以本位价值

---

① Reparation for Injuries Suffered in the Service of the United Nations, Advisory Opinion, I.C.J. Reports 1949, p. 9.

② José E. Alvarez, *Are Corporations "Subjects" of International Law?*, 9 Santa Clara Journal of International Law 1, 3(2011).

③ UN Sub-Commission on the Promotion and Protection of Human Rights, Responsibilities of Transnational Corporations and Other Business Enterprises, August 14, 2002.

④ See Articles 1116 and 1117, NAFTA.

优先,遵守法定价值,并在平衡、比例的关系中灵活应对,实现争端解决的效益最优化。

通过分析争端解决的价值选择,笔者认为,权力导向、权利导向和利益满足可分别对应政治型争端解决模式、司法型争端解决模式、混合型争端解决模式。为应对数字贸易规则的碎片化甚或重要部分缺失的现状,并实现数字贸易争端解决的民主化,应将其争端视为利益之冲突,采取混合型争端解决模式是最佳选择。根据自由与公平的价值指向,先赋予争端当事方最大限度的自由,自由沟通各自的最低利益需求与核心立场,寻求民主的解决结果的达成。继而随着争端进程的客观需要或是争端当事方的主观要求,递增性地补充第三方调和的作用,直至其居中裁判,发挥司法型争端解决模式的裁定作用。

数字贸易争端解决的另一重要问题是,这一国家间的规则的拟定和适用层面为何。结合 WTO 当前电子商务谈判的进程以及全球主要数字贸易大国之间在各领域的分歧,推行多边层面的争端解决机制困难重重,以区域方法促多边规则的形成是一种折中且切实可行的方案。数字贸易企业(尤其是中小企业)作为数字贸易的主力军,因而应特别注意企业相互之间以及企业与主权国家之间的争端解决需求能否在同一机制下得到满足。从必要性和可行性看,企业应作为有限的国际法主体,允许其具有有限的代表自身利益的争端解决地位,同时畅通主体资格代位转变的制度机制,当争端解决涉及国家重大立场与政策调整时,应当实现从企业主体向主权国家主体的转变,以求争端当事方的真实代表性以及裁决结果的有效执行。

总之,笔者建议采用国家间争端解决机制以及与利益导向对应的混合型争端解决模式,将企业作为数字贸易争端解决的有限主体。在程序规则设计上,应遵循"利益先行,权利辅助"的理念,采用先对抗后审问的程序设计,并由此确立包括协商、调解、仲裁专家组等方法或步骤在内的标准程序。另外,为提升争端解决效率、缓解争端当事方的不平衡地位、便利争端解决的数据收集,需要着力研究平行式与辅助性的线上争端解决程序。

# 第三章　数字贸易争端解决的“标准事项”范围

国家间贸易争端发生的主要原因之一是一缔约方违反双边、区域或多边贸易协定，造成另一缔约方应享有的直接或间接权利和利益丧失或减损，也就是权利和义务关系失衡。按照起因，国际贸易争端大致有四种类型：其一，国家实行保护性贸易政策或措施；其二，在贸易领域制造争端以实施政治目标；其三，基于价值观念、意识形态的对立，导致诸如自由主义、保守主义、保护主义等主导价值体系之间的分歧；其四，破坏生态环境引发的贸易争端。[①] 在此探讨的数字贸易争端解决的“标准事项”特指第一项和第三项，概括而言是指数字贸易发展水平参差不齐的主权国家基于各自的国家和产业利益并结合其遵循的价值观念而制定的不同的数字贸易法律或政策而引发的贸易争端。

数字贸易的中心是对关键互联网资源的协调和管理，而信息通信技术中的基础设施、技术水平等条件的

---

① See Tamara Gordeeva, *International Trade Disputes in Modern Regulatory Paradigm*, 19 International Economic Policy 96, 106 – 107 (2013).

差异,客观上阻碍了贸易资源流动。[①] 除此之外,传统贸易争端部分源于关税等贸易管制措施。[②] 但在贸易自由化进程中,传统贸易保护手段逐步升级,一些隐蔽性更强的非关税壁垒不断涌现。[③] 具体而言,按照与数字贸易活动的关联程度,数字贸易争端可分为两种类别:一类是包括网络攻击、隐私与知识产权侵犯等的"原生风险"引发的数字贸易争端;另一类是包括政府为控制"原生风险"而采取的措施,并因缺乏实体或程序合法性而引发的"次生风险"的贸易争端。[④]

鉴于第一类型所具有的显性特质,这里着重于数字贸易的"次生风险",以各主要数字经济大国的数字贸易政策定位、对数字贸易市场准入的政策拟定以及对数字贸易的边境后监管政策为主要切入点,通过比较研究,厘清数字贸易争端解决的"标准事项"范围。

## 第一节 对数字贸易分类的分歧

当前多边贸易体制仍然保留着货物与服务两分法的方式处理产品流动的问题,但鉴于数字贸易的特殊属性,它与货物或服务的规则标准均难以完全自洽。对数字贸易的分类立场不仅反映各国对待数字贸易市场准入以及市场监管问题的主要基调,而且事关对数字产品这一贸易标的的关税和国内税征收。

各国数字贸易的发展程度不同,由此形成对数字贸易的不同分类。美国和欧盟作为全球数字贸易强劲的国家和地区,在推动各层次贸易协定形成的过程中,各自发展出具有鲜明特色的数字贸易模式,更新了传统国际贸易体系中"服务与货物"的分类模式。

---

① See Ricardo Meléndez-Ortiz et al., *New Industrial Revolution: Upgrading Trade and Investment Frameworks for Digitalization*, 2018, http://www. t20argentina. org/wp-content/uploads/2018/08/rDigital-Policy-Brief-for-distribution-at-event. pdf, visited 19 March 2019.

② See Robert M. Stern, *Tariffs and Other Measures of Trade Control: A Survey of Recent Development*, 11 Journal of Economic Literature 857, 857 - 888(1973).

③ 例如,保护性技术标准、卫生检疫检验措施、反倾销保护等。参见尹翔硕等:《国际贸易摩擦的成因及化解途径》,复旦大学出版社 2009 年版,第 11 页。

④ 参见彭德雷:《数字贸易的"风险二重性"与规制合作》,载《比较法研究》2019 年第 1 期。

## 一、美国模式下的数字贸易分类

“美国模式”拒绝按照传统方式将数字贸易归入货物贸易。“数字产品”及“数字产品贸易”的概念屡次出现在美国参加的贸易协定中，而早期的电子商务规则已采用独立于货物和服务的单独章节的做法。① USMCA 对 NAFTA 的有关规定进行了升级，开辟了数字贸易专章，明确数字产品是指经过数字编码，生产用于商业销售或发行并可以电子传输的产品，②并据此作出了禁止对数字产品征收关税和国内税、确保跨境数据自由流通等强有力的承诺。③

美国和日本在构建规则方面有深厚的共同利益。④ 2019 年 10 月，美国和日本达成了独立的专门协议——《美日数字贸易协定》。这一协定“符合 USMCA 设定的数字贸易规则的黄金标准”，是有史以来应对数字贸易壁垒的最全面、最高标准的贸易协定。⑤

除承认数字贸易的独特属性之外，美国模式以跨境服务贸易章节为基础，注重数字贸易与传统服务贸易规则的联结。美国参加的贸易协定采用跨境服务贸易和投资的负面清单形式，因之使此类贸易规则可以适用于数字服务贸易，凡以电子方式提供的服务贸易将受到跨境服务贸易规则的约束。

美国虽然总体上认为数字贸易壁垒不利于数字贸易自由化，在国际层面上通过各区域贸易协定推广其主张和立场。然而，由于国家总体战略、对外贸易关系以及国内职能部门的关注重点等多重因素的限制，美国事实上仍然通过国内立法和行政措施加强数字贸易保护。美国强化数字贸易壁垒通常考虑的因素包括保护国内数字产业发展以维持美国企业或产业竞争优势、维护国家安全和网络信息安全、实施“美国优先”对外贸易政策、应对新兴工业化国家的挑战、掌握关键数字资源等。由此出发，美国主要通过立法和行政命令以加强数字贸易保护，对外国投资、科技合作、人员交流以及市场准入等方面实行不同程度的

---

① See Article 7, U. S. – Jordan Free Trade Agreement.

② See Article 19.1, USMCA.

③ USTR, 2020 Trade Policy Agenda and 2019 Annual Report, March 2020, p.7.

④ See USTR, Fact Sheet on U. S. – Japan Digital Trade Agreement, https://ustr.gov/about-us/policy-offices/press-office/fact-sheets/2019/october/fact-sheet-us-japan-digital-trade-agreement, visited on 15 April 2020.

⑤ USTR, Fact Sheet: U. S. – Japan Trade Agreement, https://ustr.gov/about-us/policy-offices/press-office/fact-sheets/2019/september/fact-sheet-us-japan-trade-agreement, visited on 17 April 2020.

限制。[①]

美国在世界范围内依然倡导数字贸易自由化,号召削减数字贸易壁垒。在美国的参与和推动下,贸易协定中的有关高标准条文陆续订立,使数字贸易新兴国家产生技术和政策焦虑。因此,正是美国自相矛盾的做法——对外推行数字贸易自由化,对内加强数字贸易保护,为全球数字贸易摩擦创造了条件。

当前,美国与日本、南非、加拿大、墨西哥、法国和摩洛哥等国家订立的贸易协定中均有涉及"数字"议题,涉及内容也相当广泛,包含数字经济互动、投资形式数字化、数字技术双向发展、双边数字产品免征税、减少数字贸易壁垒等。尽管各个贸易协定的涉及"数字"程度不一,但它已成为美国发展对外经贸关系的重心之一。[②]

## 二、欧盟模式下的数字贸易分类

欧盟以"数字单一市场"(The Digital Single Market)战略为基础发展数字贸易(电子商务),旨在构建"确保货物、人员、服务和资本自由流动的市场,个人和企业可以在公平竞争的条件下无障碍地访问和开展在线活动,并提供高水平的消费者和个人数据保护"[③]。欧盟实行依托实现数字单一市场的政策,以期消除欧盟内部的数字经济管理的碎片化和数字经济壁垒,促使欧洲充分发挥其数字经济管理水平,扩大市场、创造新的就业来源,并确保欧洲保持其作为数字经济世界领导者的地位。欧盟依据该战略还制定了16项有针对性的行动,以更好地为整个欧洲的消费者提供数字产品和服务,为数字网络和创新服务的蓬勃发展创造合适的条件和公平的竞争环境,以及最大限度地发挥数字经济的增长潜力。[④] 在欧盟的整体规划之中,"数字单一市场"项下又包含若干一般规

---

① 参见汪晓风、周骁:《数字贸易壁垒:美国的认知与政策》,载《复旦国际关系评论》2019年第1期。

② See U. S. Department of State, https://findit.state.gov/search? query = digital + trade & affiliate = dos_stategov/, visited on 15 March 2021.

③ Communication from the Commission to the European Parliament and the Council, Time to Establish a Modern, Fair and Efficient Taxation Standard for the Digital Economy, COM (2018) 146 Final, Brussels, March 21, 2018; see also EU, The Digital Services Act Package, https://ec.europa.eu/digital-single-market/en/policies/shaping-digital-single-market, visited on March 12, 2021.

④ 数字单一市场战略涵盖消除不合理的跨境壁垒、促进更低廉的跨境交付、保护在线客户权益、促进跨境访问在线内容等方面。See European Commission, A Digital Single Market Strategy for Europe, COM (2015) 192 final, Brussels, 5 June 2015.

则、监管框架和促进竞争三大领域。[①] 并且,欧盟“数字单一市场”计划主要的规范对象集中于电子通信,这一方面是由于电子通信构成数字贸易(电子商务)发展的基础——数据、资源借此得以交流、分享,另一方面也是为了统筹欧盟成员的电子通信政策,以推动“数字单一市场”建设。

2022 年 7 月初,欧洲议会以压倒性多数通过了《数字市场法案》(Digital Markets Act);7 月中下旬,该法案获得欧盟 27 个成员国的一致批准;11 月 1 日,《数字市场法案》正式生效。根据该法案,在其生效后的 6 个月内,所有自认为应被归为“守门人”(gatekeeper)的大型互联网企业应主动向欧盟委员会申报,欧盟委员会将在 45 个工作日内确认这些企业是否符合相关标准。[②] 大型互联网企业大多都是具有系统性影响的平台企业,且连接了广泛的个人和企业用户,具有强大的经济地位,对所处市场具有重要影响。《数字市场法案》的生效实施将终结科技巨头企业日益增长的主导地位,以期在欧盟数字单一市场上促进实现公平竞争,确保数字市场的公平、开放、创新。

欧盟对于数字经济的立法注重保障公民在数字环境下的各项权利与福祉。在数字贸易规则的制定中,欧盟最为关注的是隐私保护和跨境数据自由流动、知识产权保护以及视听例外这三个领域。[③] 早在 2002 年,欧盟通过的《关于隐私和电子通信的指令》,就规定了确保处理个人数据、通知个人数据泄露和通信保密的规则,禁止未经用户同意的未经请求的通信。[④] 这一指令主要从电信服务提供商、政府部门以及欧盟公民三方主体规定隐私保护的要求。与此相对应,2018 年欧盟《非个人数据的自由流动条例》旨在确保除个人数据之外的电

① 一般规则主要涵盖单一市场战略、政府的数字化方案、电信市场和高新技术企业的改革、数字经济转型以及有关数据的流动与监管规定等,监管框架主要包含电子通信、电信服务和电子商务三个领域,规范竞争的对象主要指向电子通信。See EUR-Lex, Digital Single Market, https://eur-lex.europa.eu/summary/chapter/3101.html, visited on 12 March 2021.

② See in detail Regulation (EU) 2022/1925 of the European Parliament and of the Council of 14 September 2022 on Contestable and Fair Markets in the Digital Sector and Amending Directives (EU) 2019/1937 and (EU) 2020/1828 (Digital Markets Act), Official Journal of the European Union, L265/1, https://eur-lex.europa.eu/legal-content/EN/TXT/PDF/?uri=CELEX:32022R1925&qid=1679836623570&from=EN, visited on December 12, 2022.

③ 参见周念利、陈寰琦:《数字贸易规则“欧式模板”的典型特征及发展趋向》,载《国际经贸探索》2018 年第 3 期。

④ See Directive on Privacy and Electronic Communications, Directive 2002/58/EC of the European Parliament and of the Council, 12 July 2002.

子数据可以在欧盟境内自由处理；除非基于公共安全的因素，禁止采取“本地化要求”的措施——限制数据处理于欧盟的某一特定地区。[①] 这两个法律文件分别关注个人隐私权保护和数据自由流动的基础价值，在某种程度上形成了数据价值间的调和。

与美国模式的数字贸易规则试图独立于跨境服务贸易和投资相比，欧盟在其缔结或参加的区域贸易协定中则强调电子商务的合作和监管。[②] 比较而言，欧盟参加的贸易协定中，仅有少部分包含“电子商务”专门条款或章节，而规则本身也不够成熟完整，更未形成独立体系。[③] 涉及数字贸易的条款大多相当零碎地散落在各个不同章节，如“电信章节”“金融章节”“投资章节”“知识产权章节”等。在实践中，难以细致分割同一数字贸易活动中的电信、广播和视听服务等部分，因此将不同服务进行多部门划分的欧盟模式并不能完全适应数字贸易的发展趋势。

欧盟认为，全球贸易政策可以最有效地应对数字贸易带来的机遇和挑战。[④] 2018 年 7 月，欧盟在其公开发布的 WTO 改革方案中认为：“数字贸易或通过电子手段进行的贸易，如今已遍及整个经济领域，既包括服务贸易，也包括商品贸易，使完全的线上交易和线下实物交易均成为可能。因此，建立涵盖数字贸易的规则，对于通过电子手段消除不合理的贸易壁垒，为企业营造合法经营的环境，确保消费者拥有安全的网络环境，都非常重要。而至关重要的是，在解决强制技术转让（如披露源代码的要求）方面存在重要的交叉联系。此外，新的规则不仅要包括服务贸易，而且要适用于所有经济部门。”[⑤]2019 年 4 月，欧盟就 WTO 电子商务谈判提出了初始提案，呼吁为电子商务创造良好环境、保障消费者权益、消除全球电子商务壁垒以及更新 WTO 电信规则，并在未来将承诺通过新的《数字服务法案》以升级其对数字平台、服务和产品的责任和安全规则。具

---

① See Regulation (EU) 2018/1807 on a Framework for the Free Flow of Non-Personal Data in the European Union, 14 November 2018.

② 参见沈玉良等：《全球数字贸易规则研究》，复旦大学出版社 2018 年版，第 105 页。

③ 参见中国信息通信研究院互联网法律研究中心：《数字贸易的国际规则》，法律出版社 2019 年版，第 60 页。

④ See European Commission, Trade Policy Review – An Open, Sustainable and Assertive Trade Policy, com(2021) 66 final, 18.2.2021.

⑤ The European Council, WTO Modernization: Introduction to Future EU Proposal (Concept Paper), June 28, 2018, http://trade.ec.europa.eu/doclib/docs/2018/september/tradoc_157331.pdf.

体包括保证电子合同和电子签名的有效性、增强消费者对在线环境的信任、解决数据本地化强制要求、禁止强制性公开源代码、永久禁止电子传输的关税、坚持开放互联网的原则、升级现有的 WTO 关于电信服务的规则等。①

## 三、中国模式下的数字贸易分类

2019 年 1 月 1 日开始施行的《电子商务法》，是政府调整、企业和个人以数据电文为交易手段，通过信息网络所产生的因交易形式所引起的各种商事交易关系以及与这种商事交易关系密切相关的社会关系、政府管理关系的法律规范的总体。该法第 2 条将电子商务界定为，通过互联网等信息网络销售商品或者提供服务的经营活动。但同时也规定，“法律、行政法规对销售商品或者提供服务有规定的，适用其规定。金融类产品和服务，利用信息网络提供新闻信息、音视频节目、出版以及文化产品等内容方面的服务，不适用本法”。

中国信息通信研究院已先后发布了两份名为“数字贸易发展与影响”的白皮书。2019 年的白皮书认为，“数字贸易是指信息通信技术发挥重要作用的贸易形式，数字贸易有两大重要内涵——通过信息通信技术促成的实物商品贸易以及通过信息通信网络传输的数字服务贸易”②。2020 年报告在其基础上更进一步，明确了数字技术在数字贸易发展中的核心作用，并澄清数字贸易与传统贸易最大的区别在于贸易方式数字化和贸易对象数字化。其中，贸易方式数字化是指数字技术与国际贸易开发过程深度融合，带来贸易中的数字对接、数字订购、数字交付、数字结算等变化；贸易对象数字化是指以数据形式存在的要素、产品和服务成为重要的贸易标的，导致国际分工从可触摸的物理世界延伸至数字世界。③ 由此可见，中国对数字贸易概念认知的关键在于“数字技术”的定位以及“数据”作为一种要素在这一新贸易形式中的参与度。至此，中国基本采取广义标准，承认数字贸易的特殊属性，而并非简单地将其概念建构于电子商务之上。

中国参加的贸易协定中，电子商务规则多以 WTO 电子商务谈判内容为基

---

① See WTO, EU Proposal for WTO Disciplines and Commitments Relating to Electronic Commerce, INF/ECOM/22, 26 April 2019.

② 中国信息通信研究院：《数字贸易发展与影响白皮书》，2019 年 12 月，第 3 页。

③ 参见中国信息通信研究院：《数字贸易发展白皮书——驱动变革的数字服务贸易》，2020 年 12 月，第 1 页。

础,涉及货物关税、电子签名、消费者保护等基础性条款。作为当前中国签订的唯一设置电子商务专章的双边贸易协定,《中韩自由贸易协定》仍采取以货物与服务贸易为基础框架,将电子商务作为例外的安排。① 《中国—东盟全面经济合作框架协议》将促进电子商务纳入加强合作的领域,与"推动和便利货物贸易、服务贸易及投资"等并列,凸显了电子商务这一新兴贸易模式的特殊地位。② 近年来,中国参与的双边自由贸易协定的谈判中已普遍将电子商务作为一项重要的议题。③

中国的数字贸易治理与网络安全维护、交易方的权利保障紧密结合。在国内治理方面,中国注重对数据的监管,应用全国电子商务信息管理分析系统开展电子商务统计监测工作,重点对电子商务平台企业实施统计监测。这符合中国以电商平台为电子商务的发展起源与主要依托的现实情况。并且,中国在国内信息产业发展、数字经济管理以及网络安全建设等多个维度上,均表达了要求互联网设施本地化、重要数据境内存储的立场。④

## 四、其他国家对数字贸易的分类

与发达国家单独制定数字贸易战略不同,如欧盟制定的迈向数字单一市场战略、日本制定的《I-Japan 战略 2015》等,新兴数字贸易国家采用将贸易纳入数字经济发展规划这一做法,将数字贸易划归为货物贸易体系之下予以规范性约束。其他发展中国家或数字贸易新兴国家的数字贸易发展水平有限,重点依托实体产品并将产品的数字化结果嵌入全球价值链。例如,印度以成为计算机技术领导者为目标,注重保护其国内产业,一方面积极促进技术服务出口,并在贸易谈判中优先为特定类型的服务打开进入外国市场的通道;另一方面采用较为严格的数据与平台管理机制,限制国际电子商务平台运营,并管控其对供应链

---

① 《中韩自由贸易协定》第 13.2 条还规定:"若本章与其他章节有不一致之处,该处以其他章节为准。"

② 参见《中国—东盟全面经济合作框架协议》第 7 条第 3 款。

③ 截至 2018 年 12 月 5 日,中国和新西兰的自由贸易协定已举行六轮升级谈判;2019 年 5 月与 7 月,中国分别与以色列、挪威展开第 6 轮、第 15 轮自由贸易协定谈判。这些谈判中均就电子商务议题进行了磋商。参见中国自由贸易区服务网,http://fta. mofcom. gov. cn/channel/keySearchRes. shtml? q = % E7% 94% B5% E5% AD% 90% E5% 95% 86% E5% 8A% A1&sid = 53d894af4d930a40014f25105d4e0077&sort = &ses = 53d894af4d930a40014f25105d4e0077,2020 年 4 月 22 日访问。

④ 参见《网络安全法》(2016 年)第 37 条以及国家互联网信息办公室《个人信息出境安全评估办法(征求意见稿)》(2019 年)。

的调整。

新西兰于2001年颁布《电信法》后,陆续出台了有关的修正案。除此之外,新西兰《有害数字通信法案》,重在规定权益受损后在法院中的求偿程序和程序性义务;①2017年通过的《合同和商法法》第四部分“电子交易”虽初步涉及电子商务,但其规范对象为国内的电子产品买卖。总体而言,新西兰对于数字贸易(电子商务)的国内立法较少,主要通过参加贸易协定的方式订立数字贸易国际往来的规则与标准。

澳大利亚颁布的有关数字法案中,有数十个都与借助数字通信的广播服务相关。② 除此之外,2020年关于竞争与消费者(价格查询——数字平台)文件,通过列举的方式,清晰地界定了数字平台服务的范围,包括互联网搜索引擎服务(包括一般搜索服务和专业搜索服务)、社交媒体服务、在线私人短信服务(包括短信、音频消息和视觉消息)、数字内容聚合平台服务、此前一项或多项服务的过程中提供的媒体转介服务、电子市场服务等。③ 由此可见,澳大利亚倾向于从广义的角度解读数字贸易内涵:既包括数字产品贸易,又包括数据流本身产生的贸易。其中,前者是有形的,大体上属于货物贸易范畴;而后者是无形的,大体上属于服务贸易范畴。澳大利亚的国内立法关注数字技术的公共通信服务以及与消费相关的信息互通,反映出其从三个方面肯定数据流的价值定位:其一,将数据视为要素,数字经济、价值转换和效率提升都是基于数据要素;其二,认同数据的价值,而数据要素的价值仅在交易中才能体现,进而促进工业化升级;其三,理解数据要素本身已构成市场,而这一市场需要服务。总而言之,数字催生了新技术并转化成商品,需要搭建新平台,并跨越传统服务方式,在这一数字发展形势下,推进政府数据和社会资源的开放共享,确保服务增值和运营效率提升就成为政府的主要政策目标。

---

① See New Zealand Harmful Digital Communications Act 2015, Reprint on 1 December 2020.

② See Federal Register of Legislation, https://www.legislation.gov.au/Search/digital, visited on 16 March 2021.

③ See Competition and Consumer (Price Inquiry—Digital Platforms) Instrument 2020, 25 February 2020.

## 第二节　与数字贸易的市场准入有关的争端

### 一、对于数字服务贸易市场准入的分歧

点对点(over-the-top,OTT)视频流服务(video streaming services,VSS),(以下简称 OTT 服务)可被视为视频服务、互联网服务或电子检索数据服务,是数字技术在媒体领域交融普及的新型服务。长久以来,音像视听部门不仅被排除在 WTO《服务贸易总协定》的谈判之外,也往往被排除在区域贸易协定谈判的范围之外。实际上,WTO 成员在乌拉圭回合谈判中已经对每个部门做出了市场准入承诺,即视听服务、计算机和有关服务以及 GATS 时间表中的电信服务。如果根据 GATS 对 OTT 服务进行法律分类,那么它将被自动确定为在 WTO 体制内享有强制性的市场准入和国民待遇水平。① 由于 OTT 服务基于计算机技术、电信和视听内容之间的技术融合,一个棘手问题就是要在现有 GATS 框架中找到其相关部门。由于 GATS 服务贸易谈判框架是根据《服务部门分类清单》(W/120)制定的,该分类又是 20 世纪 90 年代初互联网起步时制定的,目前显然难以为新兴的数字媒体部门提供适当的谈判框架。鉴于服务行业过时的监管结构与数字技术和服务的混合程度不断扩大之间的差异,以美国和欧盟为主的谈判代表建议改革 GATS 的时间表,以纳入包括 OTT 服务在内的数字化服务的最新发展。然而在改革方案上,美欧对其分类产生了重大分歧。通过审视双方提案,可以揭示服务贸易谈判的政治动态和 WTO 成员的具体贸易利益。② 因此,分析美欧目前对 OTT 服务三个最相关部门——计算机和相关服务、电信服务、视听服务等的改革建议,可以探知两方在 OTT 服务分类方面可能产生的争端事由。

其一,就计算机和相关服务部门而言,美国在乌拉圭回合中承诺全面开放,欧盟在这一问题上的立场与美国基本一致,但同时也存在一些明显差异。欧盟不打算对“与媒体内容或与广播有关的服务”进行分类,尽管它们可以作为计算机和相关服务类别的一部分。

---

① See Dongchul Kwak and Minjung Kim, *Trade Negotiations in the Digital Era: The Case of OTT Video Streaming Services*, 11 Global Policy 14, 14 - 22(2020).

② See S. Peng, *Trade in Telecommunications Services: Doha and Beyond*, 41 Journal of World Trade 293, 293 - 317(2007).

其二,在电信服务谈判中,美国也寻求最高级别的承诺。乌拉圭回合期间美国关于电信服务的谈判战略基于"基本"和"增值"服务的二分法;而欧盟时间表最显著的特点之一是将广播排除在电信服务类别下的自由化承诺之外。① 欧盟谈判者努力在电信部门创造更大的法律确定性,并防止国家监管机构在提供服务时区别对待不同技术;而美国一方则担心欧盟的分类计划可能不包括增值服务,因为它一直认为增值服务是电信服务的重要组成部分。②

其三,就视听服务部门而言,美国提出"融合传输服务",将从生产商传输到最终用户的其他有关数据、语音或通信服务等都融合在一起,以证明其服务于视听或服务于与视听相关的活动。③ 在2001年开启的多哈回合中,美国提议对分类计划进行改革,其中一项是将GATS原计划中"电影和录像带制作和发行服务"的子类别分为四个子部门:促销或广告服务、电影或录像带制作服务、电影或录像带分销服务以及与电影和录像带制作和发行相关的其他服务。④ "自1947年GATT缔结以来,欧共体(欧盟)一直坚持文化豁免,从未承诺在W/120方面对视听服务做出任何承诺,目的是在其成员的文化政策中保持最大的自由裁量权。"⑤

在内容监管方面,欧盟不愿放弃对数字媒体产业的保护主义做法,在数字转型时代也支持政府参与这一行业。欧盟的这种保护主义或"全有或全无"的做法在国际贸易谈判中难以从根本上发生改变。而且,欧盟有关OTT服务的监管框架难以解决新型媒体是否必须像电视广播等传统媒体服务一样受到监管的问题。⑥ 但美国国内通信监管框架倾向于分别处理各类通信媒体,例

---

① See WTO, European Communities and Their Member States-Schedule of Specific Commitments, GATS/SC/31/Suppl. 3, and The United States of America-Schedule of Specific Commitments-Supplement 2, GATS/SC/90/Suppl. 2, adopted 11 April 1997.

② See WTO, Communication from the United States-Classification in the Telecommunications Sector under the WTO-GATS Framework, TN/S/W/35, S/CSC/W/45, adopted 22 February 2005.

③ See WTO, Communication from the United States-Audiovisual and Related Services, S/CSS/W/21, adopted 18 December 2000.

④ WTO, United States-Revised Services Offer, TN/S/O/USA/Rev. 1, adopted 2005.

⑤ In detail Tania Voon, *Cultural Products and the World Trade Organization*, Cambridge University Press, 2007, p. 122.

⑥ See Rolf H. Weber and Mira Burri, *Classification of Services in the Digital Economy*, Springer, 2013, p. 22.

如,根据技术特征定义并对通信服务进行界定,并以特定法规约束不同的通信媒体。①

欧盟对文化产品和媒体行业始终保持高度敏感性,其谈判战略是在电信和视听服务之间划清界限,因而倾向于将 OTT 服务归类为视听服务,并排除在谈判范围之外,以维护政策空间,实施歧视性或保护主义措施,以利好国内 OTT 提供商。与欧盟的"全有或全无"战略相反,美国在服务谈判中试图采取分割式战略,以开放与数字技术相融合的视听服务贸易,即将数字化视听服务分解为多个子部门,逐一为每个子部门市场开放的贸易谈判策略。作为分割视听服务部门战略的一部分,美国主张 OTT 服务不属于视听服务,而属于计算机或相关服务、增值电信服务或其他通信服务,且后者在 GATS 范围内须遵守更为自由的承诺,由此可以推动实现包括欧盟在内的贸易伙伴在贸易谈判中对 OTT 服务的每个要素做出市场开放承诺。

WTO 规范的现有服务部门分类,未能为数字传输服务和数字内容的供应提供适当框架,而欧盟和美国将保持各自对数字化视听部门的传统立场。从本质上讲,在数字世界开放文化市场问题上的冲突不可避免,并且冲突很可能集中于数字技术问题,而贸易谈判的一些优先事项也包括技术问题。例如,如何根据现有服务时间表对日益增多的跨境 OTT 服务进行分类、对此该采取何种方式和框架以及如何在新的数字贸易规则下有效讨论其相关的市场准入和限制等。欧盟很可能继续寻求维持视听服务不受贸易谈判的豁免,也就是说有理由预期欧盟将坚持将 OTT 服务列为视听服务的一部分。相反,拥有全球主要的 OTT 服务供应商,美国将推动修改目前的分类方案,以便在 WTO 的监管层面上区分 OTT 服务与其传输的视听内容,并对 OTT 服务展开市场准入谈判。此外,美国甚至可能试图将非在线服务与在线服务分开并展开谈判,以赢得其他贸易伙伴至少能承诺在非在线服务领域开放市场。

除美欧之外,其他国家迄今尚未表明立场。决定或实现跨境 OTT 服务监管之前,是权衡商业利益和消费者福利等非经济因素的净收益的关键时期。除了关于音像市场自由化的经典争议之外,还要做出关于其分类的决策,还必须

---

① See Pierre Larouche, *Dealing with Convergence at the International Level*, in Damien Geradin and David Luff(eds.), The WTO and Global Convergence in Telecommunications and Audio-Visual Services, Cambridge University Press, 2004, p. 390 – 422.

认真考虑不可抗拒的数字化浪潮，以及在网络空间中建造“领土壁垒”的荒谬性。

数字产品的非歧视待遇原则实质上等同于数字产品的最惠国待遇和国民待遇。这一条款最先在2004年美国与智利缔结的自由贸易协定中出现，后在美国签署的所有自由贸易协定中均予以采用。① 大多数要求对数字产品给予非歧视待遇的贸易协定澄清了这一义务的范围，即不适用于与知识产权章节规定不一致的情况和广播，②也不适用“一方提供的补贴或赠款，包括政府支持的贷款、担保和保险”③。

尽管美国支持数字产品的非歧视待遇原则，但必须认识到，这一原则将使主权国家对数字产品和服务的管理具有不确定性，同时也会给本国市场带来不可忽略的威胁。但以本土企业的市场准入要求为准，通过数字传输方式向境外提供的教育、医疗、法律等服务，显然对发展中国家的市场极不友好，极易在数字贸易过程中产生摩擦或争端。

## 二、对“电子传输”免征关税的分歧

自1998年WTO通过全球电子商务宣言宣称免征电子传输的关税后，④2017年WTO第十一届部长级会议又同意延长对电子传输暂停征收关税（关税暂停）的要求。⑤ 此外，有些区域贸易协定的电子商务专章也将规定电子传输/数字产品不征收关税的义务作为其重要内容，其中最常见的做法是禁止征收通过电子传输进口或出口的数字产品的关税与费用。⑥ WTO电子传输免征关税的倡议通过时，仅有少量产品以数字方式开展贸易，也仅有几个国家有能力对无形的进口商品征收关税，表明了数字革命的浪潮尚未到来。然而，随着产品数字化程度的持续提高，发展中国家作为数字化产品的净进口国，由于实施暂

① 参见中国信息通信研究院互联网法律研究中心：《数字贸易的国际规则》，法律出版社2019年版，第78页。

② See Article 14.4.4, CPTPP; Article 5.2 and 5.4, Australia-Singapore FTA.

③ Article 14.4.3, CPTPP; Article 5.3, Australia-Singapore FTA.

④ See WTO, Declaration on Global Electronic Commerce, WT/MIN(98)/DEC/2, adopted 25 May 1998.

⑤ See WTO, New Initiatives on Electronic Commerce, Investment Facilitation and MSMEs, https://www.wto.org/english/news_e/news17_e/minis_13dec17_e.htm, visited 20 December 2019.

⑥ See Article 3.1, Canada-Jordan FTA; Article 201, EU-Central America Association Agreement; and Article 10.4, India-Singapore Comprehensive Economic Cooperation Agreement.

停进口关税的措施，其关税收入随之减少。联合国贸易与发展会议（United Nations Conference on Trade and Development，UNCTAD）于2019年发表的一份研究成果评估认为，2017年因暂停征收关税而给发展中国家造成的潜在关税收入损失为100亿美元。[①] 2020年3月，印度和南非向WTO提交了概述暂停关税征收对于发展中国家的不利影响的报告，包括政策空间的丧失、潜在关税收入下降以及数字技术（如3D打印）对制造业的可能影响等，并且表明其将在2021年WTO第12届部长级会议上做出关于是否继续暂停征收关税的决定。[②] 鉴于全球肆虐的COVID－19疫情，WTO第12届部长级会议被推迟到2022年6月召开，并通过了一个新的《电子商务工作计划》：WTO成员同意加强关于暂停征收电子传输关税的讨论，并指示总理事会根据WTO相关机构可能提交的报告，包括关于暂停征收电子传输关税的应对措施、定义和影响的报告，定期进行审议，并同意维持在第13届部长级会议之前不对电子传输征收关税的现行做法。[③]

这里值得一提的是，为了应对COVID－19疫情引发的各国运输及有关产品的贸易禁令，电影、音乐、视频游戏和印刷品等数字化奢侈品的进口成倍增长。虽然这场危机可能迫使发展中国家的数百万人陷入贫困，但宝贵的国内财政资源却被用于进口数字奢侈品。

WTO将数字化产品分为五大类：录音、音像制品、电子游戏、计算机软件和文学作品。[④] 自2000年以来，这些产品的实物贸易数额持续递减。由于暂停进口关税征收而造成的关税收入损失并不是很大，而实际进口的下降与关税收入的减少有直接关系。然而，UNCTAD的一份研究报告强调，暂停关税征收适用于网上进口，而不是实物进口。这份首次对91个国家的可数字化产品的在线进口进行的评估研究报告还发现，2017年确定的49种数字化产品的全球实物进口实际价值为1160亿美元，而估计实物进口价值则为2550亿美元。因此，通

① See Rashmi Banga, Growing Trade in Electronic Transmissions: Implications for the South, UNCTAD/SER. RP/2019/1/Rev. 1, February 2019.

② See WTO, Work Program on Electronic Commerce, The E-Commerce Moratorium: Scope and Impact, Communication from India and South Africa, WT/GC/W/798, adopted 10 March 2020.

③ See WTO, Work Programme on Electronic Commerce, Ministerial Decision, WT/MIN (22)/32, adopted 17 June 2022.

④ See WTO, Council for Trade-Related Aspects of Intellectual Property Rights, The Work Program on Electronic Commerce, IP/C/W/128/Add. 1, adopted 15 May 2003.

过电子传输在全球进口数字化产品的总值估计为 1390 亿美元。该报告通过评估认为,如果 WTO 暂停其功能和作用,2017 年发展中国家潜在的关税收入损失为 100 亿美元,最不发达国家的潜在关税收入损失估计为 15 亿美元,撒哈拉以南非洲国家损失约 26 亿美元。由于平均关税为 0.2%,高收入国家的关税收入损失仅为 2.89 亿美元。因此,如果发展中国家对电子传输产品征收关税,那么每年就可产生比发达国家多 40 倍的关税收入。①

欧洲国际政治经济中心(European Centre for International Political Economy, ECIPE)在 2019 年进行的一项研究,评估了暂停关税征收对潜在关税收入的影响,并将在线服务列入暂停范围。② 而 OECD 的研究进一步扩大了暂停关税征收的范围,强调电子传输产品是“数字交付”,包括所有电子交易的外国商业服务。③ 为了解决关税暂停范围扩大的问题,联合国贸发会议还发布了题为“暂停电子传输:财政影响和前进道路”的研究成果,为“无形”与“服务”之间的差异提供了有力的证据。该研究认为,无形资产贸易应被视为货物贸易,这与服务贸易不同。文件估计,“暂停贸易范围为 800 亿美元(可数字化产品的进口)扩大后可以增加到 7050 亿美元(包括数字化服务进口,即通过模式一的进口)”。④ 这些数据估算了如果扩大关税征收暂停的测量范围,倡议允许不受管制的数字化产品的进口。

COVID-19 疫情揭示了在贸易协定中保留政策空间的重要性。在危机时期,发展中国家对电影、音乐和视频游戏等奢侈品进口进行监管是极其重要的。但是,“取消禁令将为各国政府提供这一政策空间”。⑤ UNCTAD 公开的一项研

① See Rashmi Banga, Growing Trade in Electronic Transmissions: Implications for the South, UNCTAD Research Paper No. 29, UNCTAD/SER. RP/2019/1/Rev. 1, February 2019.

② See ECIPE, Hosuk Lee-Makiyama Badri Narayanan Gopalakrishnan: The Economic Losses from Ending the WTO Moratorium on Electronic Transmissions, https://ecipe.org/publications/moratorium/, visited on 5 March 2021.

③ See A. Andrenelli and J. López González, Electronic Transmissions and International Trade: Shedding New Light on the Moratorium Debate, OECD Trade Policy Papers, No. 233, OECD Publishing, 2019.

④ Richard Kozul-Wright and Rashmi Banga, Moratorium on Electronic Transmissions: Fiscal Implications and Way Forward, UNCTAD Research Paper No. 47, UNCTAD/SER. RP/2020/6, p. 17.

⑤ See Rashmi Bange, *Should Digital Delivered Products be Exempted From Customs Duties?*, UNCTAD (16 July 2020), https://unctad.org/news/should-digitally-delivered-products-be-exempted-customs-duties, visited on 15 March 2021.

究成果指出:对电子传输产品免征关税,将使发展中国家因之而损失大量财政税收收入。例如,基于3D打印技术的运用,数字产业从2017年至2019年扩展到62%,关税收入必定相应增加。但是,在数字产品贸易中,劳动力富余国家的出口竞争力受到不利影响,资本富余国家拥有竞争优势。发展中国家大多急切支持废除关税暂停,以此保障其规制数字奢侈品进口的政策空间,并且在新冠疫情的全球经济大萧条中仍然可以保障其关税收入。除此之外,暂停免征电子传输产品关税也能帮助其利用数字产业的发展提升数字贸易水平。① 电子传输产品免征关税的规定让利于电子产品和服务生产商,是全球价值链增长的工具,但各国在关税征收要求与具体举措上存在的分歧,很容易成为数字贸易争端及解决的一个“标准事项”。②

首先,全球对于暂停电子传输产品关税征收的共识呈现减弱的趋势。③美国始终主张对数字产品免征关税,而对于作为数字产品净输入国的发展中国家而言,将不成比例地承担维持暂停关税的费用。④ 由于发展中国家和最不发达国家面临着与电子商务相关的各种挑战,如互联互通、基础设施和执行电子商务相关政策的能力,免征关税这一立场便遭到了以印度为代表的部分发展中国家的抵制,并明确声称不支持延长将于2020年到期的WTO电子传输产品关税征收的禁令。这一反对意见无疑会增加正在进行的WTO电子商务谈判的压力。在2021年WTO通过的一份建议中,印度、印度尼西亚和南非等都希望“关注困扰发展中国家和最不发达国家的巨大数字和技术鸿沟,认识到全球电子商务发展的不平衡以及数字经济带来的收益不公平”问题。⑤

其次,在某些区域贸易协定中,对电子传输产品免征关税的义务只适用于

---

① See Richard Kozul-Wright, Rashmi Banga, Moratorium on Electronic Transmissions: Fiscal Implications and Way Forward, UNCTAD Research Paper No. 47, UNCTAD/SER. RP/2020/6, p. 17.

② See B. Mahadevan, *Business Models for Internet-Based E-Commerce: An Anatomy*, 42 California Management Review 55, 55 - 69(2000).

③ See WTO, Moratorium on Customs Duties on Electronic Transmissions: Need for a Re-think, WT/GC/W/747, adopted July 2018, p. 1 - 2.

④ See WTO, The E-Commerce Moratorium and Implications for Developing Countries, WT/GC/W/774, June 4, 2019, p. 2.

⑤ WTO, Work Programme on Electronic Commerce: Communication from India, Indonesia and South Africa, General Council, WT/GC/W/838/Rev. 2, adopted November 25, 2021.

缔约国，对非缔约国并不适用最惠国待遇。① 这一差别性做法，势必产生或增加数字贸易摩擦或争端。

最后，即使在国际层面达成了禁止对电子传输产品征收关税的原则性共识，但在具体规则的制定与实践应用中，关税免征的范围仅限于载体价值，而不包含电子内容的价值。② 例如，《韩国—新加坡自由贸易协定》规定，“应根据海关估价协议确定载有数字产品的进口运输媒介的完税价格”。而欧盟参加的某些贸易协定中免征关税的对象并非电子传输产品，而是“以电子方式交货”。③ 这种法律上的规定，虽然遵守了“免征关税”的要求，但在实践中难以完全奏效。

## 第三节　与数字贸易监管措施有关的争端

从各国实践来看，至少有六大核心事项被纳入数字贸易监管的范围：一是互联网基础设施及网络通信服务；二是云计算服务；三是数字产品；四是电子商务；五是数字技术在具体行业中的应用；六是消费者应用互联设备进行的通信服务。④ 对于数字贸易争端而言，主要辐射对象为数字产品、电子商务以及数字技术在具体行业中的应用及其监管。

目前，各国对数字贸易的监管陷入了促进发展和保障安全的两难价值选择的矛盾之中。允许数据跨境自由流动、禁止计算设施本地化有利于降低企业成本，但同时加剧了网络信息安全的风险。基于此，各国政府对于数字贸易自由化的立场与态度不一，在数字贸易监管政策上的差异必将产生摩擦或冲突，继而形成新的争端事项。

### 一、数字贸易中知识产权保护不力

较之传统国际贸易，数字贸易的生产与交易活动更加分散，对知识产权的监管难度也有所提升。知识产权的滥用随着互联网访问的可行性和便捷性不

---

① See Article 14.4.1, Korea-Singapore FTA.

② See Articles 15.3.1 and 15.3.2, the U.S. - Columbia Trade Promotion Agreement; Articles 14.3.1 and 14.3.2, the U.S. - Morocco FTA; Article 12.3, Chile-Colombia FTA; Article 7.4, Gulf Cooperation Council-Singapore FTA; Article 14.4.2, Colombia-Northern Triangle FTA.

③ See Article 162.3, EU-Columbia FTA.

④ 参见汤婧：《国际数字贸易监管新发展与新特点》，载《国际经济合作》2019 年第 1 期。

断增加，而 WTO《与贸易有关的知识产权协定》中涉及的版权、商标等知识产权信息将以数据化的形式出现，代码、程序、电子著作等数据知识产品大量流通。若缺乏完整的知识产权保护立法和执法机制，数字内容提供方将很难从合法渠道获利，从而产生与侵犯数字知识产权相关的贸易争端。

具备数字知识产权（Digital Intellectual Property，DIP）的产业在国际经济贸易中占相当大部分，且还处在不断增长中。几乎所有的企业和个人都会存储、创建或以其他方式处理某种数字化信息。数字信息的处理现状，给信息的使用和再利用以及权利人和消费者依照现行法律享有的权利和利益带来挑战。数字知识产权代表了全球经济中相当可观并快速增长的部分，因而保护数字知识产权可以促进创新，进而加速数字技术的进步。虽然 DIP 鼓励创新、创造力和经济增长，但保护它却是一项具有挑战性的任务。首先，数字产品不是有形的，可以以非常低的成本对其进行复制，并可以通过互联网在几乎无限的地理市场予以立即交付。其次，数字贸易中的知识产权具有多方且广泛的利益关涉性特征，而澄清该知识产权的内容以及确定影响利益攸关方的难度较高。根据美国“灰色市场与减少仿冒品联盟”（the Alliance for Gray Market and Counterfeit Abatement，AGMA）的观点，与非数字贸易中“作者创作以获取投资回报”的传统逻辑模式不同，数字贸易中知识产权享有者对什么是投资回报有不同的概念，对处理知识产权的策略往往也有不同的概念，他们不再仅仅依靠知识产权法获取内容（通常是音乐、视频和文学等）的专属权利；另有一些人可能为了获得其他利益而放弃知识产权（例如，分发免费限时试用软件，以期建立商业版本市场），并共享数字知识产权以增强开发人员社区的凝聚力，如提供开源软件（如 Linux 和 Apache Web 服务器）等；还有一些人则打算将数字知识产权保密（如通过许可建立商业机密或商业化）。即使立法、执法甚或对知识产权的文化态度因国家而异，但数字网络具有全球影响力，因而对于数字知识产权侵权行为人的法律规制有多种选择，甚至在实践中可能发生数字知识产权被动地转移到立法和执法更宽松的国家的情况。①

## 二、对跨境数据流动的立场分歧

2019 年 1 月 25 日，在瑞士达沃斯举行的电子商务非正式部长级会议上，中

① See AGMA, Developing Expertise in Protecting Intellectual Property in Digital Form, https://agmaglobal.org/About-AGMA/what-we-do/Digital-IP-Protection, visited on 16 March 2021.

国和澳大利亚、日本、新加坡、美国等共 76 个 WTO 成员签署了《关于电子商务的联合声明》，确认有意在 WTO 现有协定和框架基础上，启动与贸易有关的电子商务议题的谈判。在 2019 年 6 月 27～29 日举行的二十国集团（G20）领导人大阪峰会期间的数字经济特别会议上，中国、美国、日本等国领导人共同见证了《大阪数字经济宣言》的诞生。该宣言正式启动了“大阪轨道”，以示各国在促进数字经济，尤其是数据流动和电子商务国际规则制定方面的努力。《大阪数字经济宣言》启动的“大阪轨道”，将为 WTO 的电子商务谈判提供政治动力，以便以更加成熟的方式向前继续推进，并确认在尽可能多的 WTO 成员参与的情况下，致力于实现一个高标准协议的目标，尤其是对数据跨境流动和电子商务国际规则的制定。

近年来，以“西班牙诉谷歌案”（Spain v. Google，2013 年、2022 年）以及欧美《安全港协议》（Safe Harbor Agreement，2015 年）破裂等一系列事件为标志，在数据跨境流动问题上出现了越来越多的国际争端，因此形成的数据本地化、数据审查等政策趋势，有可能进一步加剧全球数据流动的破碎化程度。在此背景下，有必要反思导致数据跨境流动冲突的根源及其在当前情势下的变化与发展。在数据流动问题上，欧盟更加关注数据存储本地化和隐私保护，美国则更关心是否能获得无歧视的市场准入和实现数据自由流动。实际上，印度和印度尼西亚等国对全球电子商务谈判持反对意见——主要集中于跨境数据流问题上。特别地，印度通过国内立法，明确认同数据存储本地化，并在其境内建立更多的数据中心和服务器场地。①

“本地化”这一概念被提出来之后，其内涵发展经历了三个阶段：服务本地化、设施本地化和数据本地化。② 数据和信息能够跨境自由流动是互联网在全球市场的传输能力的基础。跨境数据流动虽然极大地便利了数字贸易发展，但与隐私和个人信息保护、国家安全等政策目标的实现存在矛盾，大部分主权国家仍对此持保守或保留态度。③ “跨境数据自由流动”是目前最能体现美国意志的数字贸易规则之一，《美日数字贸易协定》更是对跨境数据流动的安全例外

① See in detail The Personal Data Protection Bill of the Republic of India, 2018.

② 参见郑淑伟：《国际数字贸易壁垒的现状和我国的应对策略》，载《对外经贸实务》2019 年第 7 期。

③ 印度电子商务政策草案提出了有关本地数据存储和国家标准的要求。See Indian Draft National E-Commerce Policy, February 2019, p. 27.

的适用制定了严格的排除情形。① 作为这一规则的积极倡导者,美国有可能会与以发展中国家为代表的"保守派"发生数字贸易摩擦或冲突。

WTO 现有规则聚焦于国际贸易中的货物和服务的实际交付,并未对跨境数据流动进行直接规定。尽管 2012 年生效的《美韩自由贸易协定》被认为是首个包含该条款的国际协定,但也并未能明确规定对数据流动的构成限制的内容。② 目前,大多数区域贸易协定仅倡导在跨境信息流动问题上促进监管合作。例如,CPTPP 尝试在确保合理监管和保障安全之间取得平衡,提出了基本的协调准则——允许各国有各自监管要求以及为达成合法的公共目标而采取和维持的措施。③

另外,区域贸易协定大多对数据跨境流动实行限制性许可,如 CPTPP 规定每一缔约方"应允许以电子方式跨境转移信息……前提是该活动是为受保护者开展业务"④。其中"受保护者"包括投资章节中缔约方的投资者,但不包括金融机构或服务章节中缔约方的服务供应商。⑤ 因此,金融服务提供商被排除在数据跨境流动的允许范围之外,在线交易所需的数字支付服务也将因之受到阻碍。

越南在某些政策领域正在借鉴中国互联网监管方法的一些要素。2018 年 6 月,越南通过了《网络安全法》,规定数据本地化和越南政府以国家安全为由获取信息的要求。⑥ 越南是 2019 年 1 月生效的 CPTPP 的缔约方,但部分电子商务章节的争端解决主体资格应在两年的过渡期满后才能享有(包括有关跨境数据流和禁止本地化的条款)。⑦ 由此,越南将面临调和 CPTPP 承诺开放数据流动和网络限制的问题:一方面可以放宽其网络安全法规的要求,另一方面可

---

① 参见李杨等:《数字贸易规则"美式模板"对中国的挑战及应对》,载《国际贸易》2016 年第 10 期。不得以构成任意或不合理歧视或变相限制贸易的方式适用,并且不会对信息传递施加超过实现目标所需的限制。See Article 11.2, U.S. – Japan Digital Trade Agreement.

② Article 15.8, U.S. – Korea FTA.

③ See Article 1507, Canada – Colombia FTA; Article 16.5, Canada – Honduras FTA; Article 13.7, Canada – Korea FTA; Article 1508, Canada – Peru FTA; Article 13.4, Panama – Singapore FTA; Article 14.9, Peru – Korea FTA; and Article 15.5, U.S. – Chile FTA.

④ Article 14.11.2, CPTPP.

⑤ See Article 14.1, CPTPP.

⑥ Stephen Le, Vietnam Cybersecurity Law – Legal Regulations Overview, Letranlaw.com (December 15, 2021), https://letranlaw.com/insights/vietnam-cybersecurity-law-2022-legal-regulations/.

⑦ See Article 14.18.2, CPTPP.

以维持原规则并声称国家安全属于 CPTPP 中的合法公共政策目标和豁免事项。

由于担心印度对美国出口商品的市场准入限制,美国于 2019 年终止了印度享有美国"普惠制"(General System of Preferences, GSP)待遇的资格。根据这一制度,美国对来自符合有关条件(如劳工权益保护、人权保护、知识产权保护等)的发展中国家的某些输美进口产品给予减免关税的待遇,以支持其国内经济社会的发展。为了解决贸易关系中的摩擦,美印两国开始双边磋商或讨论,并尝试解决美国对印度市场准入条件的重要关切。

2021 年 11 月,美印重启了自 2017 年起停摆的贸易政策论坛(Trade Policy Forum,TPF),声明将深化双边接触,以促进数字经济,并探讨通过联合原则,确保互联网继续为思想、商品和服务的自由交流开放。几乎与此同时,美印共同宣布在全面实施经济合作与发展组织(OECD)协议第一支柱之前的过渡期内,就数字服务税(Digital Service Taxes, DSTs)达成了政治协议。2022 年 4 月第四届印美 2 +2 部长级对话会议上,双方决定建立一个推动先进通信技术、人工智能、量子科学、科技教育、半导体和生物技术等新兴技术领域的合作框架。同年 5 月 23 日,美国拜登总统在访问日本期间宣布启动"印太经济框架"(Indo-Pacific Economic Framework, IPEF)谈判,并宣布了印度等 12 个其他初始成员名单。

2022 年 9 月,IPEF 协议首轮会谈后发布的联合声明称,14 个成员共同通过了框架内贸易、供应链、清洁经济和公平经济四大支柱合作的主要目标,并将就此启动正式谈判。在环境、劳工、数字贸易和公共采购方面所需的任何承诺,是各国尚未达成更广泛共识的领域。但 IPEF 协议在数字贸易方面要求成员做出的承诺对印度而言较为敏感,因为印度政府刚从印度议会撤回了一项个人数据保护法案,以引入一个"更全面的法律框架"。

尽管近年来美印数字技术合作取得了一定成果,但在数字贸易上仍受限于数据跨境流动问题。如前所论,美国主张的数据跨境自由流动与印度主张的数据本地化已在 WTO 数字贸易谈判中一览无余,这一"南辕北辙"的分歧也在很大程度上表明了 IPEF 在数字贸易议题上必然存在的谈判困境。

谈判正在进行中,目前尚不清楚它们是否会解决数字贸易的非关税壁垒,如数据本地化要求及其与他互联网规则的关系等。

跨境数据流动现象必然涉及域(境)外监管的问题。跨境数据的境外监管能力,体现了一个国家的综合实力。在美欧规则博弈中,欧盟实际上将其最为严苛的“跨境数据流动”标准推行至有关的贸易协定中,这也算小有建树。[①] 欧盟的数据管控经历了从 1981 年《欧洲第 108 号公约》到 1995 年《个人数据保护指令》再到 2018 年《一般数据保护条例》(General Data Protection Regulation, GDPR)[Regulation(EU)2016/679]三个阶段。这是顺应数字科技发展而与时俱进的立法实践,既反映了欧洲对于以隐私权为核心的人权的高强度保护,又表明了欧盟为统一区域数字市场而促进数据管理标准一致化及促进欧盟经济繁荣的重要战略选择。[②]

### 三、对于源代码披露的要求模糊不清

源代码披露实际上是各国对于数字贸易的透明度要求。CPTPP 规定,缔约方不得将强制他国商业软件提供商交出源代码作为进入本国市场进口、分销、销售和使用的条件。[③] 这一对源代码披露的限制性规定旨在防止非法技术转让和侵犯知识产权,鼓励数字贸易企业或服务技术开发商跨境经营。但实际上,基于保护国家安全和公民隐私,一些政府已经颁布或正在考虑出台相关政策,要求公司披露其源代码以供审查,并作为在其境内开展业务的条件。各国在源代码披露问题上的分歧,反映了主权利益维护与全球数字贸易自由化的矛盾。

CPTPP 限制源代码披露之条款的适用对象为“大众市场软件或含有此类软件的产品”,不适用于“用于关键基础设施的软件”。然而,协定并未对两个概念进行阐释,为引发相关争端埋下了伏笔。大众市场和基础设施两者之间具有难以割裂的联系,少有软件只用于大众市场而与关键基础设施无关。当一个软件或产品同时包含大众市场和基础设施两个类别时,应该以何种标准为主是协定尚未明确的问题。同样地,其他双边贸易协定也存在未详细说明限制源代码披露的范围的问题。[④]

除了对适用对象界定不清外,限制源代码披露原则的适用范围也受到限制。CPTPP 规定了这一原则性要求的调整空间,实际上赋予了数字贸易参与方

---

① See Abraham Newman, *Protectors of Privacy, Regulating Personal Data in the Global Economy*, Cornell University Press, 2008, p. 56.

② 参见方芳:《欧盟个人数据跨境流动政策的演变:市场统一与贸易规范》,载《复旦国际关系评论》2019 年第 1 期。

③ See Article 14. 17, CPTPP.

④ See Article 19, Australia – Singapore FTA; and Article 9. 11, Japan – Mongolia EPA.

在源代码披露程度和范围方面有较大的自由权限,但客观上又削减了这一条款的约束力。[①] USMCA 第19.16条设立数字贸易禁止源代码披露的原则,但同时也保有政策空间,即“本条不妨碍一缔约方的管理机构或司法部门要求另一缔约方的个人保存和提供软件的源代码,或提供该源代码表达的算法……将该源代码中表达的算法提交给管理机构,以便进行特定的调查、检查、审查、执法行动或司法程序”。值得注意的是,该条款仍然未对管理机构或司法部门的职责范围、权限、要求披露的内容和程度做出专门而清晰的界定,仅笼统表述为“须有防止未经授权披露的保障措施”。而有关这一权利保障的具体做法迄今并未在全球范围内达成广泛共识,成为数字贸易管理标准上的模糊地带之一,在实践中极易引发关于源代码披露问题的分歧与争端。

### 四、数据隐私和个人信息保护标准的冲突

在数字贸易背景下,包括社交信息、第三方访问的在线数据、个人位置信息等在内的个人数据大量产生,这将引发诸多有关数据隐私问题的合理性探讨,如个人信息能否在合理限度内被公众访问以及分析个人偏好的正当性等。[②]“互联网为部分参与者提供了从事侵犯隐私、欺诈用户等非法活动的机会。”[③]而在数字贸易模式下,数据流动速度远远高于货物和服务的传输速度,若不能对跨境数据进行有效的监管,会导致严重后果。[④]

各国政府普遍注重保护数据隐私,但是在个人信息的收集、披露、保护等方面仍有较大差别,其中尤以美欧的立场与治理分歧为典型代表。2018年5月25日,欧盟 GDPR 生效,它比原有的数据保护指令具有更广的范围和更强的执行力,旨在保护欧洲公民的在线数据,涵盖了一系列严格复杂的要求与严厉的处罚措施。例如,对相关企业提出了盘点用户数据、分类和评估数据的敏感性、建

---

① 反对源代码披露的要求应当不影响商业谈判合同的条款和条件、修改软件以符合与本协议一致的法律法规的要求以及与专利有关的要求。

② See Rolf. H. Weber, *The Digital Future: A Challenge for Privacy?*, 31 Computer Law and Security Review 234, 234 – 242(2015).

③ Isabell Koske et al., *The Internet Economy: Regulatory Challenges and Practices*, Economics Department Working Papers, No. 1171, 2014.

④ See Merit E. Janow and Petros C. Mavroidis, *Digital Trade, E-Commerce, the WTO and Regional Frameworks*, 18 World Trade Review 1, 1 – 7(2019).

立数据保障机制等要求。① 与美国隐私保护模式相比，GDPR 对个人数据以及数据泄露的定义更宽泛，保护范围更广，并且具有更广的采取安全措施的安全港范围。关于隐私泄露的通知时限，相较于美国 5～30 天的时间表，欧盟规定为“察觉后的 72 小时内”，并增加了允许“分阶段提供”的规定。另外，GDPR 采用信息通知的双轨制，隐私泄露的通知对象不仅包含受影响的个人，还包括数据保护机构。

为了确保欧盟公民的个人数据不被滥用，GDPR 规定须满足严格的特定条件才能允许数据从欧盟传输出境，即该成员通过并实行与欧盟标准相当的国家隐私法，符合 GDPR 的“国家充分性”（national adequacy）要求。根据该标准，GDPR 生效时，只有安道尔、阿根廷、加拿大（商业组织）、法罗群岛、根西岛、以色列、马恩岛、泽西岛、新西兰、瑞士、乌拉圭和美国（使用隐私保护盾）才能被确认为符合这一要求。②

无论是否处理欧盟境内的数据，国内立法都应当对所有企业规定相同或类似的标准。这可能对较为贫穷的国家产生不利影响，因为过于严格的隐私法律可能会阻碍信息流动，从而损害数字市场的发展。例如，个人信用记录的报告对消费者信用至关重要，隐私法可能会造成信息的严重不对称，从而影响市场的效率。加强隐私立法也会增加商业成本。有调查显示，为避免违反欧盟隐私保护的新法规，“财富 500 强”成员平均需要花费 1600 万美元。③ 例如，菲律宾拟起草国家隐私保护法以确保其企业能继续进入欧盟数据处理市场，然而由于运营成本将增加，设在该国的美国公司决定暂停其原有的投资计划，从而导致菲律宾政府不得不重新评估其做法。

如果一个国家的相关隐私保护法律未能通过欧盟的充分性测试，企业则必须使用为跨国公司在全球范围内转移数据而设计的 BCRs，或者对每笔交易业务使用 SCC。这两项文书都要求对欧盟提供的个人数据提供一定程度的保护、

---

① See European Union, General Data Protection Regulation on the Protection of Natural Persons with regard to the Processing of Personal Data and on the Free Movement of Such Data, and Repealing Directive 95/46/EC (General Data Protection Regulation), 2016/679.

② See European Commission, Adequacy decisions: How the EU Determines If a Non-EU Country Has an Adequate Level of Data Protection, https://ec.europa.eu/info/law/law-topic/data-protection/international-dimension-data-protection/adequacy-decisions_en, visited on 15 February 2021.

③ See Financial Times, Companies Face High Cost to Meet New EU Data Protection Rules, https://www.ft.com/content/0d47ffe4-ccb6-11e7-b781-794ce08b24dc, visited on 17 March 2021.

监督和准入，都要求在欧盟成员建立数据控制器或处理器。这两种途径既昂贵又耗时，而要求数据处理装备在欧盟境内实体存在的要求必定增加贸易成本，尤其是对于中小企业。印度进行的一项关于欧盟数据保护指令影响的调查显示，BCRs 程序需要 6 个月以上的时间，因此 90% 的受访者使用 SCC，然而 SCC 也涉及复杂的流程，平均耗时超过 3 个月。① 2/3 接受调查的服务出口商声称，由于这些要求，他们丧失了大量的商业机会。

GDPR 虽然可以有效阻止与美国社交媒体如脸书（Facebook）等相关的数据泄露，或规范监管跨大西洋的数据流动，但是它对发展中国家的影响也不可小觑。发展中国家出口数字交付的数据处理服务都需要国际数据流，从财务账户和纳税申报表到健康记录和诊断等服务，共同促成了发展中国家较高的数字产品和服务的出口量。据统计，2015 年发展中国家对欧盟的出口额超过 500 亿美元，其中 1/5 来自非洲，而加强监管必然使数据传输更加困难，并对有些数字产品的出口构成障碍甚或威胁。②

## 本章小结

当前，各国对数字贸易的看法大体趋向成熟，表现为对数字技术的核心作用以及数据作为数字贸易中关键要素的共识。尽管全球范围内的区域贸易协定仍然以“电子商务”的表述为主，但究其实质，它与各国共识的“数字贸易”相差无几。美国、欧盟、中国以及其他国家关于数字贸易的立场表明，数字贸易大国在数字贸易议题谈判上的核心分歧聚焦于对数字贸易的分类、数字贸易的市场准入以及监管模式等方面。它们不仅成为数字贸易规则在多边层面推进的桎梏，更可能是数字贸易争端解决的“标准事项”范围。数字贸易争端解决的“标准事项”大多源于横亘于全球贸易市场中的数字贸易壁垒，而这些壁垒的形成和发展又源于现行国际贸易体系落后于发展迅速的跨国数字贸易活动，因而消除数字贸易壁垒、探索相关争端解决机制是未来国际贸易规则谈判的重要

① See DSCI News, Quarterly Newsletter of Data Security Council of India, Vol. 4(1), 2013.

② See US Chamber of Commerce, *The Economic Importance of Getting Data Protection Right: Protecting Privacy, Transmitting Data, Moving Commerce*, European Center for International Political Economy, 2013.

领域。①

笔者认为,数字贸易的市场准入是数字贸易争端的首要原因。有关数字产品免征关税和国内税、知识产权保护门槛、隐私和个人信息保护要求、跨境数据流动与本地化要求、源代码披露等国内规则都是各国开展数字贸易活动的重要障碍,而其间的差异肯定与各国数字技术发展水平有关,若要对其进行有效协调,必须经历多轮高级别的广泛的区域乃至多边谈判。当前,WTO 已设立包括促进电子商务、开放和电子商务、信任和电子商务、交叉问题、电信以及市场准入等 6 个专题,就电子商务或数字贸易展开积极谈判。其中,数字贸易的市场准入是当前各国分歧较多的领域,而该专题的谈判进度在很大程度上可以反映与数字贸易市场准入相关的争端事项及其协调难度。

① 参见汪晓风、周骁:《数字贸易壁垒:美国的认知与政策》,载《复旦国际关系评论》2019 年第 1 期。

# 第四章　数字贸易争端解决中的管辖权冲突*

在传统的跨国贸易争端中，往往通过当事人国籍、惯常居所地、被告财产所在地、诉讼标的所在地、法律事实所在地等确定管辖权，国际社会也普遍认可此种通过地域划分管辖权的方式。① 然而这种以国家主权为基本特征的划分方式，是以我们所生活的现实物理空间为基础的。随着经济全球化、贸易自由化的发展，基于国家间缔结的区域或多边贸易协定的作用，跨国贸易争端往往会转变为国际贸易争端。

在广义上，数字贸易争端属于国际贸易争端的范围。国际贸易争端一般都根据国家间达成的多边、区域或双边协议的规则和程序予以解决。而最突出的当然是 WTO 争端解决机构。此外，随着诸如 CPTPP、USMCA 和《区域全面经济伙伴关系协定》（Regional Comprehensive Economic Partnership，RCEP）等大型区域贸易协定的达成和生效，它们也有其自身的贸易争端解决的规则和程序。但基于互联网和数字技术等兴起的数字贸易，其所有环节几乎都依托于、依附于电子传输。这不仅使传统的国界概念变得模糊，而且对传统的

---

* 这里特别感谢武汉大学法学院 2016 级本科生曹越同学对本章研究所作的贡献。

① 参见丁为群：《网络发展对国际民事管辖权的挑战及其对策》，载《政法学刊》2005 年第 2 期。

国际贸易争端所包含的一些物理概念带来挑战,并因之使数字贸易争端解决中的管辖权冲突问题一时凸显。

## 第一节　数字贸易争端解决管辖权的理论基础

### 一、网络主权理论

早在1996年,美国学者巴洛(John Perry Barlow)就发布了"网络独立宣言",并提出了网络主权(cyber sovereignty)理论,又称网络自治理论。网络主权理论认为,国家权力的介入会使得网络社会的独立自由发展受到阻碍。① 它强调,网络空间具备新颖性和独立性,并对国家权力的现实性持怀疑态度,目标是试图将互联网视作一个独立的法律管辖领域去对待,并通过网络的自律管理取代传统的争端解决机构的管辖权。后来,以大卫·约翰逊(David R. Johnson)、大卫·波斯特(David G. Post)等美国学者为代表的网络主权理论的支持者更进一步提出,在网络空间出现了一个新的社会,它在组织方式、价值判断等方面有自己独特之处,并拥有自己的权力结构,否定网络之外的管辖权,因而主张制定专门针对网络空间的"网络空间法",建立专门用于规范和处理网络空间中发生的纠纷和争议的"网络法院",并由网络社区自身来设立此类机构并执行争端解决结果。换言之,网络成员之间的冲突由网络社区通过制定相关法律,并作为仲裁者来解决,裁决也由网络社区来执行,整个过程不涉及国家和政府的参与。

但是,网络主权理论在实践层面并非一个实际的选择,它试图建立起一个独立于各国政府的管辖权是无法实现的。主要原因在于:

其一,虽然网络空间具有虚拟性,地理上的边界相对模糊,但网络空间中包括数字贸易在内的种种行为,当然与现实世界中各个国家的利益紧密联系。各个国家不但不会让渡自己的利益与管辖权,甚至希望在技术层面允许的情况下扩大自己在网络空间的管辖范围。网络主权理论构想的完全自治,在此前提下是难以实现的。即便各个国家在面临矛盾与冲突时可能选择部分妥协,但实际情况还是与该理论的设想相去甚远。

其二,从争端解决角度看,发展在线调解及仲裁或其他方法,确实有利于解

---

① 参见朱萍:《虚拟空间管辖权的确定——美国和欧盟实践的启示》,载《法商研究》2002年第4期。

决网络空间中的争议,但这样的争端解决规则或程序必定是在传统机制的基础上发展而来的。网络主权理论将传统的争端解决机制抛却不用,试图建立全新的自治性管理规范,这势必衍生出一些背离实际或现实的执行标准。可以说,独立于现实世界的立法、司法约束而存在的网络主权治理,无论从可行性还是规范的角度都存在较大缺陷。对于解决数字贸易对传统管辖权的冲击,它只能被视作一个理想化的解决策略,并不具有太大的实际意义。

其三,网络主权理论片面地强调网络空间的独立性,虽然看似可以使传统的国家管辖权制度面临的难题得到一定程度的解决,但却因为忽视了它对现实空间的依赖性,难以彻底并有效地解决以数字性质呈现出来的贸易争端背后的现实利益冲突。因此,网络主权理论通过否定现实中国内或国际司法机构的管辖来解决管辖权问题,显然是不成熟也难以被接受的。

综上,网络主权也被称为信息主权,可以被定义为禁止对一个国家的信息空间施加不必要的影响,因而将互联网治理从多方利益相关者论坛转移至政府间国际机构,如联合国。实际上,在 TPP 谈判中,尽管其他国家在早些时候有关跨境信息流动的辩论中引入了这一概念,但鉴于中国作为第二大经济体和互联网用户最多的国家的影响力,美国官方尤其担心中国,因而期望通过 TPP 协定,允许美国及其盟友而不是中国,制定有关的数据流动和数字贸易的规则。①

## 二、第四国际空间理论

第四国际空间理论认为,即便网络空间具备虚拟性,也应当如同南北极、公海、外太空三个公认的国际空间一样成为一个全新的、独立的国际领域。这三个国际空间与网络空间存在共性,即国际性和无主权性。② 没有一个国家可以对网络空间拥有完全的主权,就像没有一个国家可以对南北极、公海、外太空拥有完全的主权一样。因此,网络空间也应当是国际空间的一种,应当在此领域中建立适用于第四国际空间的且不同于传统规则的新管辖权制度。

美国斯坦福大学学者达雷尔·门特(Darrel Menthe)最早提出第四国际空

---

① See Susan Ariel Aaronson, *What Might Have Been and Could Still Be: the Trans-Pacific Partnership's Potential to Encourage an Open Internet and Digital Rights*, 2 Journal of Cyber Policy 232, 234(2017).

② 参见罗艺方、赖紫宁:《网络空间司法管辖理论的比较研究》,载《政治与法律》2003 年第 6 期。

间理论。按其观点,网络空间应当被视作完全独立的国际空间——与南北极、公海、外太空类似的网络空间,应当被视作与之等同的第四国际空间。[①] 按照他的观点,既存的三大国际空间管辖权的基础是国籍,那么在第四国际空间即网络空间中,也应当适用国籍标准。用户通过终端设备连接互联网时,无论是上传信息的用户还是下载信息的用户,都具有特定的国籍,维护数据和网络的服务商也同样具有特定的国籍。他们都将自己的国籍带入了网络空间中,根据国籍或者属人原则,他们都应当受到彼此国籍国法院的管辖。

第四国际空间理论相较于网络主权理论,具备更强的实际意义。它提出各国对本国国民及公司行为实行管辖权,是一个在实践中具有较大可行性的观点。但第四国际空间理论,同样具备较大的缺陷。其一,南北极、公海和外太空这三个既存的国际空间,是以物理形式真实存在的国际空间,受制于人类的现有技术条件以及这三个国际空间极为特殊的环境因素,各个国家在这三个领域都没有成规模地开发利用,在这些空间中的作为并不突出。但网络空间相较之,虽然无形但却存在于我们的生活当中,且对现实世界的生产生活发挥着巨大作用。可以说,在 21 世纪的今天,几乎每个人的工作和生活都与互联网有关。其二,由于国籍原则象征着国家主权和司法主权,它已成为各国在现代国际社会中行使管辖权的基础。但在互联网空间,如果仅仅以国籍作为管辖权的确定依据,势必因其对传统管辖权制度的颠覆以及对一国司法主权的挑战而不被接受。其三,第四国际空间理论忽视了网络空间中存在的各种复杂技术对国籍问题的影响。在信息传递者的实际位置有时都难以确定的网络空间中,单纯运用国籍原则依旧难以解决管辖权的归属问题。

总而言之,如果仅仅因为既存的三大国际空间与网络空间有特性上的共通之处,就推导出三大国际空间适用的管辖权制度也能在网络空间中推广,显然忽略了网络空间与现实世界已经紧密交融的这一事实背景,也忽视了网络空间的复杂性对国籍管辖原则的冲击。

### 三、管辖权相对论

管辖权相对论介于传统的管辖权理论与网络主权理论之间,认为网络空间有着无边界性、虚拟性以及不确定性的特点,因此,网络空间里争端解决过程中

---

① See Darrel C. Menthe, *Jurisdiction in Cyberspace: A Theory of International Spaces*, 4 Michigan Telecommunication & Technology Law 69, 73 – 76(1998).

的种种联系难以预见。[①] 在网络空间中,主体间的交流具有任意性,因而当事人的行为的发生、过程和争端解决也具有不可预测性。这种不可预测性给原本可以实施救济、做出裁判的国家权力带来了巨大的挑战。因此,结合数字技术的特点,管辖权相对论者提出,任何国家都可以管辖且将其法律适用于网络空间的任何人和任何活动,其程度和方式与该人或活动进入该主权国家可以控制的网络空间的程度和方式相适应。[②] 换言之,每个国家都对一定范围的网络空间享有控制权,该国对这一范围内的网络空间的掌控程度以及管控方法,与该国的网络空间技术水平有关。一旦某个人或活动落入了该国所管控的网络空间的范围当中,该国就有权对这个人或这项活动行使管辖权,对其适用本国法。[③]

管辖权相对论的支持者主张,技术带来的司法困境就应当借由技术来解决。诚然,数字技术的进步冲击了传统的管辖权制度,但单纯依靠技术作为突破口未必就能解决技术带来的司法困境。首先,管辖权相对论实质上主张通过一国对网络空间的接触范围及控制能力来决定其在网络空间中的管辖权。那么,哪个国家的技术本身越发达,其所对应获得的网络空间的控制范围就越大,它所具备的管控能力就越强,这就产生了因技术发展不平衡而来的不公平性。其次,在最终确定争端管辖权归哪国所有时,仍旧需要法官根据各国的数字技术水平做出综合的分析判断,这一方面要求法官具备较高的技术认识,另一方面也不可避免地让管辖权的判断增加了主观性。而现实世界中,法官的认识水平必然不完全一致,这就会导致司法判断上的任意性,使本就具有复杂性、不确定性的基于数字技术的贸易争端更加具有不稳定性。最后,各国的数字技术发展状况极不平衡,但是网络空间和各国国民生活的交互交融却同等的重要,因此大多数国家基于本国利益考虑,难以接受这种本质上根据技术优劣决定管辖权大小的权力分配方式。

管辖权相对论当然具备合理性,它提出利用技术解决技术带来的司法困境是可取的思路,且不反对国家对网络空间行使管辖权,仅希望改变传统的管辖权规则,相较于网络主权理论依旧是较为温和的解决路径。但其弊端也不言而

---

① See David R. Johnson, *Jurisdictional Quid Pro Quo and the Law of Cyberspace*, https://www.eff.org/pub/Publications/David. Johnson, visited on 30 March 2020.

② 参见陈亚飞:《网络环境下国际私法的传统管辖权规则所面临的困境与挑战》,载《时代法学》2007 年第 5 期。

③ 参见齐爱民、刘颖主编:《网络法研究》,法律出版社 2003 年版,第 396～397 页。

喻,甚至有学者认为,这无疑是从美国角度解决问题。[①] 鉴于世界范围内数字技术发展不平衡的现状,这一理论的主观性较强且脱离实际,导致现阶段难以实际运用,但管辖权相对论仍然为我们提供了一种可以借鉴的思路,即利用技术解决技术带来的数字贸易争端。

## 四、网址管辖理论

当我们查找、选取并确定争端当事方的相关因素成为法院行使管辖权的根据时,主要遵循两项原则:其一,某个因素自身在时间及空间上具有相对稳定性;其二,这一因素与管辖区域之间存在一定的关联度。[②] 而以网址作为确定管辖权的基础恰好符合上述标准。网址的相对稳定性使得其在网络空间中所占据的虚拟位置是确定的,而网址与现实空间的管辖区域存在一定程度的关联。因此,网址的特性使其可以成为确定争端管辖依据的基础。

然而,网址管辖理论也有其不足之处。其一,从可行性上看,网址的场所虽然便于确定,但是访问者的确切位置却无从确定。许多用户在网络空间中并不用真实身份,甚至通过代理服务器等网络技术将访问者的地理位置完全隐藏。美国佐治亚大学曾做过调查,涉及超过 2 万人,结果显示超过 60% 的人在访问网站时,会在注册过程中提供伪造的姓名、电话等个人信息。[③] 这种情况无疑会进一步冲淡以网址为基础进行管辖的确定性。其二,从网址运营者的角度来看,由于网络空间是一个开放的全球性系统,网址会被哪些管辖区域内的用户访问,网址的运营者无从知晓也无法控制。如果将网址作为确定管辖的依据,可能使运营者陷入无从预测的纠纷之中。这样的标准对于网址运营者要求过高,但保护不足。在互联网等现代信息技术迅猛发展的今天,过分加重网址运营者的负担,必然阻碍数字贸易的成长,更不利于社会经济的发展。其三,网址与管辖区域之间的关联,是否达到管辖法院有权受理的程度需要分情况讨论。虽然网址往往是作为管辖权根据的重要连结点,但在某些情况下网址并非与管辖权关联的相关因素中最密切的因素,甚至在某些情况下与管辖区域的关联并不大,因而不应当将网址视为决定性因素。基于此,单独将网址视作构成网络空间下确定管辖权的标准是不实际的,但仍然可以将网址作为确定数字贸易争

① 参见王德全:《试论 Internet 案件的司法管辖权》,载《中外法学》1998 年第 2 期。

② 参见汪印:《网络侵权地域管辖问题研究》,复旦大学 2009 年硕士学位论文,第 17~18 页。

③ 参见张海燕:《计算机网络上数字传输的司法管辖权》,载《湖南社会科学》2000 年第 3 期。

端解决管辖权的一项基础依据或参考思路。

## 五、服务器所在地论

服务器所在地是指硬件服务器设备所在地，它和现实空间具有对应性，在一段时间内其固定位于现实世界中的特定地点，具有唯一性和稳定性。① 与网址管辖基础论相比，服务器所在地更容易确定，稳定性也更高。相比于网址而言，服务器的稳定性来自其较少的变更。随着商业运作的变化，网址常常会进行相应的调整，虽然网址的调整和服务器的调整都需要通过服务器提供商进行，但网址的调整次数显然多于服务器的变更次数。即便商业上发生了较大的调整导致原有网址不再运营，转由新网站开展服务，服务器也不必随着上述调整进行变更。②

作为一种有体物的工具，服务器具有网址所没有的稳定性。除了稳定性更高外，由于服务器是一种物理上的实体，且在一定时间段内位置不会随意变换，服务器与管辖权区域的联系也会更为固定。如果以网址作为确定管辖权的依据，由于网址是网络空间中的虚拟地址，就需要先从网址进行考察，确定与该网址相关的现实地理地址，再依据其联系的密切程度决定该地理地址的法院是否具有管辖权。显然，服务器由于已经具备现实的地理地址，在考察与管辖区域的联系中，就比通过网址进行考察已更进一步。因此，将服务器所在地作为确定管辖权依据有其合理性，也能更妥当地与传统的国家管辖原则相结合。

当然，服务器所在地论同样具有明显的缺点。首先，服务器所在地难以为普通公众获知。尽管每台服务器主机都有对应的互联网议定地址（Internet Protocol Address，IP 地址），但由于 IP 地址并非公开，且具有一定的技术性，普通用户很难通过网址查询到对应的 IP 地址，更难以进一步找到对应的服务器。并且，一个本地网站的服务器可能位于世界上的任何一处，许多网站甚至拥有多个分散在不同国家和地区的服务器，这无疑又将让数字贸易争端的解决以及管辖权的确定复杂化。其次，服务器在网络空间的活动中，仅仅起到一个提供硬件支持的媒介作用，数字领域的争端常常和服务器所在地并没有太大的联系。例如，中国深圳的一家公司与美国洛杉矶的一个用户进行线上交易，而深圳公司的网站服务器放置在英国，那么对于洛杉矶的用户而言，除非被主动告

---

① 参见王锡锌：《网络交易监管的管辖权配置研究》，载《东方法学》2018 年第 1 期。

② 参见刘润泽：《网络犯罪刑事管辖权的困境与探索》，载《法制与社会》2018 年第 27 期。

知,否则作为用户无从知道深圳公司的服务器放置在何地。若争端发生,服务器所在地的法院与他们之间的交易行为其实并不存在实质性的联系。在此类案件中,如果单纯以服务器所在地来确定法院管辖权显然是不合理的。因此,在考察服务器所在地的同时,还需结合其他实质性的因素判断管辖的联系程度,否则法院行使管辖权就缺乏确定性和稳定性。

在信息和数字技术的监管处于不稳定状态且主要司法管辖区域处于紧张状态的世界里,可以预见的是,相互之间最信任、经验最多或贸易量最大的司法管辖区之间会通过谈判达成有关的国际框架,CPTPP、USMCA 以及《美日数字贸易协定》就是例证。但不能否认的是,多边法律框架可以为最多的国家和利益攸关方提供最大的透明度和可预见性。“这个充满信息技术的智能世界给人们带来了诸多便利,但也将给国际贸易法带来巨大压力,因为人们会动用争端解决机制来评估有关政府采取的某项监管措施是合法的还是变相的保护主义。”①

## 第二节　数字贸易争端解决中管辖权冲突的实有依据

在国际法上,管辖权是国家主权的重要表现,它是指国家对其领土内的一切人、物和所发生的事件,以及对在其领域外的本国人行使管辖的权利;国家的管辖权包括属人管辖权、属地管辖权、保护性管辖权和普遍性管辖权。由于保护性管辖权和普遍性管辖权均具有“刑事”性质,特别是普遍性管辖权事关最严重的国际罪行,因而在传统的国际贸易争端解决中,一般都适用属人管辖权和属地管辖权。②

网络空间的特点是无边无形,它不同于我们生活的任何一种空间形式。现代科技革命的推动使我们不得不将网络空间视为人类生活的一种新的空间形式,即陆地、海洋、空气空间、外层空间之外的“第五空间”。③ 即使我们都需要通过具体的方式来接触到网络,如我们的手机、个人电脑等终端设备以及为我

---

① Merit E. Janow and Petros C. Mavroidis, *Digital Trade*, *E-Commerce*, *the WTO and Regional Frameworks*, 18 World Trade Review 1, 1(2019).

② 参见李雪平:《数字贸易及其自由化对国家管辖原则的内涵革新诉求》,载《中国国际法学会 2021 年学术年会论文集》2021 年 5 月。

③ 参见黄志雄:《网络空间国际法治:中国的立场、主张和对策》,载《云南民族大学学报(哲学社会科学版)》2015 年第 4 期。

们的终端设备提供网络服务的光缆、基站等，但通过这些外部设备来界定这一无形空间的有形界限显然不合适，因为这些设备只是为这一无形空间提供基础服务，使人类在网络空间中的活动成为可能，而非网络空间的地理范围与表现形式。因此，难以通过网络空间中根据属地原则划定边界，从而确定管辖权属于哪一法院或哪一国，以及对数字贸易全链条的活动中的哪一部分活动享有管辖权。地域管辖要求的明定地点，在互联网这一无边界的空间中无法实现。光缆和基站辐射到的地区，便是网络空间中的一部分，这让互联网成了一个实际意义上的全球性系统，其与物理世界地点的关系是复杂交织而非一一确定的。在数字贸易国际争端中，有可能一被告并非该国公民，在该国也没有财产，甚至从未出现在该国，而仅仅是借助了设在该国的服务器完成了信息的传送。在这样的争端中，以物理的边界地域为基础的传统管辖权就难以发挥作用。因此，数字贸易争端解决中管辖权冲突的本质应该是国家对数据的管辖权引起的冲突问题。

大数据和云计算等的融合推动了互联网的迅速发展，实现了人与人、人与物、物与物的互联互通，导致数据计量呈现爆发式增长。全球数据增速符合“数据摩尔定律”，大约每两年翻一番。庞大的数据量及其处理和应用需求使数据日益成为重要的战略资产，并成为“未来的新石油”，是“陆权、海权、空权之外的另一种国家核心资产”。数据甚至被认为已经超过石油的价值，成为数字经济中最为核心的要素，已经引起国家对数据管辖权的高度重视。

## 一、国家对数据的属地管辖权

网络属地原则源自国家的属地管辖权，也是数据本地化主张或原则的根源。网络属地原则是当网络活动发生在国家领土内、涉及有形物体并且是由个人或实体实施的时，国家可以对此行使主权权利。2016 年 12 月 27 日，中国国家互联网信息办公室发布的《国家网络空间安全战略》就直接确认了网络空间为“国家主权的新疆域”。“网络空间已经成为与陆地、海洋、天空、太空同等重要的人类活动新领域，国家主权拓展延伸到网络空间，网络空间主权成为国家主权的重要组成部分。尊重网络空间主权，维护网络安全，谋求共治，实现共赢，正在成为国际社会共识。”①

① 《国家网络空间安全战略》，载中华人民共和国国家互联网信息办公室，http://www.cac.gov.cn/2016-12/27/c_1120195926.htm。

属地管辖权是司法、执法资源空间分配的一项基础性规范，在属地管辖权的基础之上建立起来的网络内容治理制度还包括网络实名制、属地网警管辖。网络内容属地管理的现实性以正当性和可行性为基础。在网络侵权中，侵权行为地、被告侵权设备所在地、原告发现侵权信息的计算机终端设备所在地等都是基于属地管辖原则衍生出来的与侵权最密切联系的物理空间，以其作为管辖地的理论都是以属地管辖原则作为基础。“属地管理原则的原理在于被监管的行为与某个特定的地理位置产生勾连。属地管理原则的判断标准是‘最密切联系原则’、‘权利义务相一致原则’、‘关键问题区分原则’以及在此基础上制定的新的归因标准。”①

确立数据属地管辖权所依据的两个基本前提条件是国家属地管辖权与数据本地化要求。属地管辖是一国在其境内行使主权的应有之义，而网络并不能脱离现实空间而存在，因而一国对其境内的数据网络行使属地管辖，在法理上具有正当性。基于维护国家安全、维护社会公共道德和公共秩序、保护个人隐私、防止消费欺诈、便利执法以及促进产业发展之需要，各国纷纷采取数据本地化措施，限制数据跨境流动。此类国内措施是否构成贸易壁垒、是否受制于国际贸易协定，已成为各方关注的焦点问题。

鉴于数据跨境流动会削弱数字经济规制的效果，各国更愿意采用数据本地化措施，确保本国法律的施行。② 由于数据具有较强的流动性，因此一国若要依据属地原则行使数据管辖权，仅仅确立“存储地标准”是不足够的，只有当数据借助境内的某一介质相对固定下来，也即数据实现了“本地化”，才是属地原则下的可管辖对象；否则，流动数据“境外法律规避”现象将难以遏制。实际上，2001 年《网络犯罪公约》（Convention on Cybercrime）在确立“存储地标准”时，恰恰也强调了只有对那些存储于本国境内计算机系统的数据，该国才享有当然的管辖权。这种方式又叫数据本地化存储，是指主权国家通过制定法律或规则限制本国数据向境外流动。对关键信息基础设施，对重要数据的储存、利用、控制和管辖，都是国家主权框架下对“数据主权”的行使，其基本要求是任何本国或者外国公司在采集和存储与个人信息和关键领域有关的数据时，必须使用主权国家境内的服务器。

从国家安全和人权保护角度看，“数据本地化”似应成为发展数字经济的一

---

① 李佳伦：《属地管理：作为一种网络内容治理制度的逻辑》，载《法律适用》2020 年第 1 期。

② 参见彭岳：《数据本地化措施的贸易规制问题研究》，载《环球法律评论》2018 年第 2 期。

项基本原则。在主权“林立”的国际社会,“国家安全”依然是很重要的概念和课题,它关涉国家政权、主权、统一和领土完整、人民福祉、经济社会可持续发展及国家其他重大利益,更包含诸多具体内容。这些更为具体的内容在网络信息时代都联系得更为密切,对国家安全利益甚至会构成“牵一发而动全身”的态势。在信息化时代,人权保护尤其是隐私权保护敏感而复杂,但国际人权法上无论如何规定,都需要主权国家通过国内措施来促进和实现对人权的保护。与信息技术有关的国际人权保护,首先是 1966 年《公民权利和政治权利国际公约》中对言论自由的规定。根据该公约,言论自由可包括口头、书面、印刷或艺术形式以外的“其他媒介”(other media),从而将信息的电子传播也包括在内。[①]因而,在很大程度上可以理解某些国家通过数据本地化措施对个人数据或个人信息的保护规定,也就是对公民权利、政治权利以及消费者权利的保护。

以消费者为例,在数字贸易中,他们通常都默示接受免费服务,作为回报,消费者也默许服务供应商(包括搜索引擎和互联网营销行业)从他们那里收集数据,其中一些数据还可以匿名化,并可作为营销产品出售。但消费者越来越关心数字贸易企业如何聚合其消费数据来建立其独特的个人资料、服务提供者放置客户的营销池(marketing pools)以及其他企业或个人可能获得他们这些数据的范围。这里实际上存在矛盾的认识或观点:一方面,隐私和消费者权益保护人士认为,即使是匿名信息也可能非常全面地为营销人员提供太多信息,这会构成对隐私的侵犯;另一方面,数字营销人员则认为,无论是匿名的还是聚合的个体消费者(individual consumer)的丰富细节,都有效地将营销人员与那些可能购买他们产品的消费者联系起来,进而可消除搜索摩擦。[②] 但无论如何,2019 年联合国大会第 74 届会议的临时议程中,秘书长所做的题为“宏观经济政策问题:国际贸易与发展”的报告指出:WTO 电子商务谈判需要确保消费者能得到有效保护,包括消费者数据保护和隐私保护,这是讨论和制定成果的一部分;由于跨境合作对惠及消费者的电子商务生态系统至关重要,因此必须包括强有力的条款,使消费者保护机构之间能够有效合作,处理消费者对电子商务交易的

---

① See Despina Anagnostopoulou, *The Digital Agenda of the European Union and the Digital Policies of the USA*, in L. W. Zacher(ed.), Technology, Society and Sustainability, Springer, 2017, p. 52.

② See United States International Trade Commission, Digital Trade in the U. S. and Global Economies, Part 2, Investigation Number: 332 – 540, August 2014, p. 176 – 177.

投诉。[①]

但是,数字贸易毕竟是与贸易有关的数据的跨境流动,而数据本地化原则或者措施必然为数字贸易争端解决带来管辖权冲突问题,这尤其通过国家间在数据本地化原则上的分歧表现出来。在很大程度上,数据本地化的分歧实际上就是对数据本地化的反对或者否定。如前所述,数据本地化原则的坚定支持者和实践者是欧盟,它于 2018 年 5 月开始适用的 GDPR 的适用范围包括:其一,在欧盟境内设有业务机构(establishment)的组织,只要这些组织的业务机构在欧盟境内的活动中处理个人数据(而不论此类处理行为是否实际发生在欧盟境内);其二,如某一组织虽未在欧盟境内设立业务机构,但却处理欧盟境内的个人数据,并且此类处理行为与向欧盟境内个人提供商品或服务相关,无论该商品或服务是否收费,也应当适用 GDPR;其三,非欧盟组织处理欧盟境内个人的个人数据,只要此类处理行为涉及对这些个人的行为进行监控,且该处理行为发生在欧盟。[②]

在很大程度上,印度也采取同样的立场和原则,且于 2018 年 9 月也出台了相应的措施,要求保护用户数据隐私和数据安全,要求所有互联网平台明确同意处理敏感的个人数据,促使全球互联网巨头在印度建立服务器,并将印度用户的数据迁移到本地服务器上,以实现数据本地化。据此,包括微软、亚马逊、谷歌、Paytm、小米等一贯抵制"数据本地化"的互联网巨头,均不得不同意将现有的印度用户数据迁移到印度本地服务器上。在 2019 年 7 月二十国集团峰会发布的《大阪数字经济宣言》上,印度(和印度尼西亚、南非等发展中国一起)拒绝签字,也是因为印度认同将数据存储在本地,并在印度境内建立更多的数据中心和服务器场地,也因之对 WTO 电子商务谈判持反对意见,特别是在数据跨境流动问题上。

联合国贸易和发展会议的报告显示,因 WTO 电子商务关税禁令而产生的关税收入损失的 95% 都是由发展中成员承担。这一事实,可在一定程度上解释为何 WTO 发展中成员普遍对电子商务关税禁令持怀疑甚或反对立场;同样地,也不难理解为何报告中列出的受损最为严重的 5 个成员至今未表态支持禁令永久化。其原因就在于:按 WTO 最惠国税率计算,5 个受损最严重的成员是中

---

① 参见秘书长的报告:《宏观经济政策问题:国际贸易与发展》,第 74 届联合国大会临时议程,项目 17(a),A/74/221,2019 年 7 月 25 日,第 12 页。

② See Articles 2 and 3, GDPR.

国、印度、泰国、墨西哥、巴拉圭，而数字贸易的发展会不断侵蚀传统国际贸易，也因之将导致传统国际贸易的关税收入持续下降。①

不可否认的是，数据本地化必然构成数字贸易壁垒，尤其是将服务贸易“圈存”于地方层面。数据本地化要求是指要求互联网企业在其提供服务的东道国内定位数据服务器，或要求在该领土内存储或处理原始数据或副本，或者要求一般性阻碍数据向其他国家流动的措施，但这些要求很有可能与市场准入要求及国民待遇义务不一致。数据本地化要求有许多不同的形式，但所有这些形式都限制了数字服务贸易的效率并增加了服务的成本，而这些成本通常由消费者来承担。

仅从市场准入看，数据本地化要求有效地阻止了外国数据处理服务供应商跨境提供服务，就像在“美国—影响博彩服务跨境提供措施案”中美国在其领土内阻碍在线博彩服务一样。该案中，WTO 争端解决机构发现，事实上禁止跨境提供赌博服务违反了 WTO《服务贸易总协定》第 16 条“市场准入”的有关规定，即在作出市场准入承诺的部门，除非在其减让表中另有列明，否则一成员不得在其一地域内或在其全部领土内维持或采取按如下各项定义的措施：无论以配额、垄断、专营服务提供者的形式，还是以经济需求测试要求的形式，限制服务提供者的数量；以及以配额或经济需求测试要求的形式，限制服务业务总数或以指定数量单位表示的服务产出总量（第 16 条第 2 款第 1 项和第 3 项）。根据该案所呈现的事实依据，数据本地化要求中必然会存在类似的违法情形，即在数据处理服务部门即使没有承诺市场准入的义务，但依然可以发现其违反市场准入义务的情形。②

数字化可以在一定程度上改变服务业增长不佳的模式，对许多国家来说，它代表着尚未开发的贸易和增长潜力，但数字贸易限制措施常常冻结服务业的非生产性行为，并将工人和专业人员置于旧有技术之中。数字贸易壁垒与实物贸易的标准壁垒具有同样效果——它们以消费者的利益为代价保护现有企业的利益，长期发展下去将会削弱工业化浪潮中的国家竞争力。数字贸易壁垒的崛起是全球数字经济发展面临的最大挑战，包括最新技术垄断、数据本地化、隐私保护、国内数据规章、数字平台措施等，在实践中极易形成数字贸易保护主

---

① 参见柯静：《WTO 电子商务谈判与全球数字贸易规则走向》，载《国际展望》2020 年第 3 期。

② See Ines Willemyns, *Addressing Digital Services in PTAs: Only Convergence in the 11th Hour?*, European Yearbook of International Economic Law, 2020, p. 122.

义,进而增加数字贸易争端案件的复杂性。①

从前文分析看,欧盟、印度等更加关注数据本地化和隐私保护,而美国则更关心是否能获得无歧视的市场准入和实现数据自由流动。美国对电子商务或数字贸易的主张主要是通过对“自由的全球电子商务”的定义表现出来。根据这一定义,美国认为,全球电子商务是一个不征收任何新税的免税环境,且拥有自由市场准入和“尽可能广泛的信息跨境自由流动”。早在1998年,美国就通过了《互联网免税法案》,授权美国总统通过各种国际机构谈判双边和多边协议,以消除全球电子商务的税收障碍,并据此成立了“电子商务咨询委员会”。美国2004年《互联网税收非歧视法案》将美国互联网税收禁令延长两年,2007年《互联网税收自由法案》将对电子商务征收多种歧视性税收的禁令延长至2014年11月1日,而2015年《贸易便利化和贸易执行法案》(Trade Facilitation and Trade Enforcement Act)再一次延长了对互联网接入永久征税的禁令。② 实际上,美国的这种主张和做法已经对WTO电子商务工作方案和WTO电子传输免税中止都产生了重要的影响。同时,美国的这种主张也已通过其与其他国家订立的区域贸易协定的具体条款表现出来。例如,USMCA第19.3条规定:“任何一方不得在一方的个人与另一方的个人之间对以电子方式传输的数字产品的进口或出口征收关税、费用或与此有关的费用。”更确切地说,这里并不排除一方对通过电子方式传输的数字产品征收国内税和有关费用,只要其征收方式与本协议的规定相一致。但是,USMCA要求每一缔约方应维持一个与联合国国际贸易法委员会于1996年通过的《电子商务示范法》原则相一致的管理电子交易的法律框架,并由此努力避免对电子交易造成不必要的监管负担,便利有兴趣人士就发展电子交易的法律框架提供意见。在很大程度上,美国通过区域贸易协定表现出来的数据跨境自由流动的主张,也潜在地表明它主张国家对数据本身的属人管辖权。

---

① 数字贸易限制措施的数量正在迅速增加。经研究发现,2018年已经有1500多项数字贸易限制措施,但到2019年,这一趋势又增加了3%,包括从针对数字商品的传统壁垒到针对新数字技术的21世纪新型贸易限制。See Erik van der Marel, *Old Wine in New Bottles: How Protectionism Takes Hold of Digital Trade*, 10 Global Policy 737, 738 – 739(2019).

② See Despina Anagnostopoulou, *The Digital Agenda of the European Union and the Digital Policies of the USA*, in L. W. Zacher(ed.), Technology, Society and Sustainability, Springer, 2017, p. 72.

## 二、国家对数据的属人管辖权

属人管辖又称国籍管辖权，是指国家对于具有其本国国籍的国民，无论是在国内还是在国外，都有行使管辖的权力。属人管辖权以属人优越权为依据，但这种管辖权也会受到一定的限制：第一，不得以国际法禁止的方式行使属人管辖权，如实行奴隶制；第二，受国家参加的国际条约的限制，如引渡条约；第三，受其他国家属地优越权的限制，如在外国境内原则上不得行使管辖权。

国家对数据的属人管辖权，意味着国家对那些拥有数据资源的具有本国国籍的国民的管辖权。美国在数字经济和信息技术领域具有全球领先优势，这是其推崇全球数据自由流动政策的客观基础和前提。但是，自 2016 年以来，美国严格限制涉及重大科学技术及基础领域的技术数据和敏感数据的跨境转移，并通过"长臂管辖权"和庞大的情报网络加以执行。美国于 2018 年 3 月发布的《澄清数据境外合法使用法案》（Clarifying Lawful Overseas Use of Data Act, CLOUD Act，以下简称《云法案》），秉承"谁拥有数据谁就拥有数据控制权"原则，打破了以往"服务器标准"，而是实施"数据控制者"标准，允许政府跨境调取数据。《云法案》出台之前，政府是否有权要求本国企业提交受其控制且存储于海外的数据，一直是美国国内法上争议的问题，并在 2014 年引发了轰动一时的"美国诉微软案"。该案中，美国司法部为调查一起毒品走私犯罪，指令微软公司向其提供相关电子邮件信息，但微软公司以数据存储于爱尔兰境内为由拒绝提交。争议双方僵持不下，诉至美国联邦最高法院，但还未等作出判决，美国政府就紧急通过了《云法案》，确立了美国政府对其国民在境外数据持有或拥有数据的管辖权，从而合法地解决了这一案件争议的核心问题。①

美国《云法案》的核心主张，显然与数据本地化原则不同。例如，《网络犯罪公约》第 29 条明确规定，一国欲调取存储于境外的数据，须向存储地国请求司法协助。随后，《网络犯罪公约》委员会发布的指南说明（Guidance Notes）中，关于该公约第 32 条的注释明确表达了数据的属地管辖权："属地管辖是本公约划分数据管辖权所遵循的原则，因而跨境获取数据原则上须得到存储地国的同意；只有当数据是可公开获取的或者私人跨境披露数据的行为是符合存储地国法律时，才无须获得存储地国的同意。"通过比较可知，美国《云法案》真正确立

---

① 参见周梦迪：《美国 CLOUD 法案：全球数据管辖新"铁幕"》，载《国际经济法学刊》2021 年第 1 期。

了其对数据的属人管辖原则。

除此之外,美国还通过限制重要技术数据出口以及特定数据领域的外国投资进行数据跨境流动管制。例如,2018 年《美国出口管制改革法案》就特别规定,出口管制不仅限于硬件出口,还包括软件,如科学技术数据传输到美国境外的服务器或数据出境,必须获得商务部产业与安全局(Bureau of Industry and Security, BIS)的出口许可。在外国投资审查方面,2018 年 8 月生效的《外国投资风险审查现代化法》的一项关键内容就是要扩大管辖权,对于涉及"关键技术""关键基础设施""关键或敏感数据"的美国企业做出的特定非控股外国投资,都会被纳入安全审查的范围。①

## 三、国家对数字贸易争端解决的管辖权

国家对数据的本地化主张(属地管辖)和属人管辖权主张之间存在的冲突或分歧,真切地反映了数字贸易争端解决中的管辖权冲突的复杂性。换言之,国家对数据的管辖权,并不当然地能够完全确立其对当前数字贸易争端案件的管辖权。

在传统国际争端中,国家对案件管辖权的争议,往往可以通过协商一致提交有关的国际司法机构得以解决。这是因为,国际司法机构通常根据既定的争端解决规则来确认自己对当前争端案件是否拥有管辖权,从而可以消除争端当事方关于案件管辖权的冲突。或言之,争端当事方通过"合意"订立的协议,将争端案件的管辖权转移至国际司法机构。《国际法院规约》第 36 条规定:"法院之管辖包括各当事国提交之一切案件,及联合国宪章或现行条约及协约中所特定之一切事件";"本规约各当事国得随时声明关于具有下列性质之一切法律争端,对于接受同样义务之任何其他国家,承认法院之管辖为当然而具有强制性,不须另订特别协定:(子)条约之解释;(丑)国际法之任何问题;(寅)任何事实之存在,如经确定即属违反国际义务者;(卯)因违反国际义务而应予赔偿之性质及其范围"。但对于如何确立国际法院对当前案件的管辖权,在其所受理的所有案件中,首先要解决的问题就是根据该第 36 条澄清其对当前案件的管辖权。

在国际贸易中,WTO 争端解决机制对成员间贸易争端案件拥有充分的管

---

① 参见董静然:《美国外资并购安全审查制度的新发展及其启示——以〈外国投资风险审查现代化法案〉为中心》,载《国际经贸探索》2019 年第 3 期。

辖权。但 WTO 主要成员在数据管辖权上的分歧给数字贸易带来的复杂情势，必然预示着 WTO 争端解决机制在数字贸易争端案件管辖权问题上面临的复杂性挑战。值得肯定的是，如果说在争端当事方之间存在贸易协定，其中的争端解决条款适用于数字贸易的规定，那么在某种程度上，数字贸易争端案件本身的管辖权就不存在冲突问题，如 USMCA 和 CPTPP。

然而，确立数字贸易争端解决中的管辖权远比现有的多边或区域贸易协定的规定复杂得多。贸易协定是谈判的产物，而在谈判结束时，几乎没有哪一方不觉得谈判桌上的其他人都得到了比自己更好的待遇。不能否认的是，贸易协定与信息技术密切相关，1865 年《国际电报公约》早已证明了这一点，它允许欧洲电报服务跨国界合作及传递消息。从本质上看，只要争端涉及的人、事、物与某一管辖地域有联系，管辖权就得以确定。但在网络空间，何等程度联系才足够使某一司法机构具有管辖权？例如，一家中国公司在美国一家平台的门户网站上发布了商业广告，这是否能被视为与所有看到广告的对象所在的国家或地区发生了联系？从法律角度看，这里可能存在如下几个难题：

其一，协议管辖问题。即便通过协议管辖的方式，基于意思自治原则解决了各国之间的管辖权冲突问题，这种争端解决方式仍具有自身的局限性。协议管辖是指争端当事方协议将其间可能或已经发生的纠纷交付某一国法院或某一国际司法机构管辖和审理。在协议管辖中，无论是在虚拟的网络空间还是在现实的物理世界中，都需要通过当事方的沟通达成合意以确定管辖。但由于这种合意是在网络空间中达成的，难以判断当事人的真实身份，更难以判断这种合意是否是基于真实意思表示而达成的。因此，协议管辖在数字贸易争端中的适用也面临重重困境。

在传统的贸易形式中，争端当事方的国籍、住所地、财产、行为等因素，都必然与某一特定的管辖区域存在空间上的联系。但在数字贸易中，这些因素与管辖区域的空间上的关联性便不复存在。网络空间中没有住所这一概念，也没有有形的财产可供定位，甚至在某些情况下，确定数字贸易参与者的国籍甚或网络登录地也存在困难。这使得法院在行使管辖权的过程中，在当事人的确定、判决的执行等问题上可能都面临技术难题。

其二，挑选法院问题。挑选法院是指争端当事方将自己的诉讼提交到一个其认为可以获得最有利判决的特定法院管辖的行为。随着国际贸易范围的扩展，贸易争端中的当事方在提起申诉时常常面临不止一个法院具有管辖权的问题。并且，各国法律制度存在的差异常常使得选择管辖法院这一过程对裁判结果产生极大的影响。在某些情况下,仅仅因为管辖法院选择的不同,就可能导致完全不同的判决结果。因此,申诉方自然会挑选对其有利的管辖地进行申诉。而在数字贸易中,由于互联网的跨国性、全球性以及数据流动过程中的不确定性,挑选法院现象变得更加普遍。

其三,数字产品的定性和分类问题。数字产品是数字贸易的重要组成部分,数字产品的定性和分类问题在如今的全球数字贸易规则谈判中,依然面临较多争议。在这一问题上,欧盟和美国的观点几乎是平行而没有交叉的。欧盟将所有电子交付的产品分类为 GATS 范围内的服务提供,而美国则集中于技术中立原则,认为无论这些服务是否已经电子化,分类应重点关注产品的性质。在 1998 年 WTO 成员首次正式地就电子商务议题进行谈判后,总理事会通过的《全球电子商务宣言》宣示,"各成员将继续其不对电子传输征收关税的现行做法";①WTO 秘书处也发言认为,"没有任何分类可以让我们说所有无形产品甚或所有以电子方式交付的产品都被定义为服务",同时还澄清说适用于交易的法律制度是由被交易产品的性质而不是产品的交付方式决定的。WTO 秘书处的观点,可以说与美国的观点基本一致。② 美国国际贸易委员会 2013 年的报告中将数字产品定义为,"为通过固网或无线数字网络交付产品和服务"。这个定义既包括美国国内的商业活动,也包括国际贸易,但不包括大多数实体商品的商业,如网上订购的商品以及以 CD 或 DVD 形式出售的图书、软件、音乐和电影等数字形式的实体商品。③ 对于数字产品,USMCA 第 19 条将其定义为,"数字产品是指经过数字编码,为商业销售或发行而制作,以电子方式传送的计算机程序、文字、视频、图像、录音或其他产品。更确切地说,数字产品不包括金融工具的数字化表现形式,包括货币",而这显然是美国主张或美国观点的"北美化"。

数字产品的定性和分类关系到包括管辖权确定、法律规则适用等在内的较多基础性问题,各个国家在此类问题上利益悬殊,因此数字产品的定性问题一直困扰着国际社会。但从根本上说,数字产品是以数字技术构建或表达的,以

---

① WTO, Declaration on Global Electronic Commerce, WT/MIN(98)/DEC/2, adopted 25 May 1998.

② See Ines Willemyns, *Addressing Digital Services in PTAs: Only Convergence in the 11th Hour?*, European Yearbook of International Economic Law, 2020, p. 121.

③ See United States International Trade Commission, Digital Trade in the U. S. and Global Economies, Part 1, Investigation No. 332 – 531, July 2013.

无形的数据传输为主,可以脱离储存的媒介和物质载体实现在线传输的产品。它既不同于货物又不同于服务,又或者说既具有货物的特征也具备服务的属性,因此 GATT 和 GATS 都可能适用于数字产品的贸易关系调整,但不同的法律规则的选择将影响 WTO 成员在数字产品跨境交易中的权利和义务,由此影响数字贸易争端的管辖权冲突问题。这正如 GATS 附件《航空运输服务》中所规定的(如互联网预订服务):"只有在有关成员已承担义务或做出具体承诺,并已用尽双边和其他多边协定或安排的争端解决程序时,才可援引 GATS 的争端解决程序。"①这里的双边和其他多边协定或安排,必定包含双边航空运输服务争端解决程序,或者多边航空运输服务的争端解决程序,而该条规定基本上避免了航空运输服务争端的管辖权冲突问题。

## 第三节　解决数字贸易争端管辖权冲突的原则和方法

如果没有计算机来收集和处理数据,WTO 协定将难以执行;如果没有 WTO 协定,互联网产业的发展速度会慢很多。因此,国际贸易谈判永远不会完成,因为经济变化迫使国家重新定位它们的产业及有关的管辖权,技术变化及其创造的产品也不易适应诸如 WTO《服务贸易总协定》《信息技术协定》等与信息技术有关的旧协议。2019 年 6 月《二十国集团关于贸易与数字经济的部长声明》中再次强调,在尽可能多的 WTO 成员参与的情况下,他们将致力于实现一个高标准协议的目标,尤其是对数据流动和电子商务国际规则的制定。② 与之相关,解决数字贸易争端中的管辖权冲突问题,当然应与此类努力和目标保持一致。

### 一、司法礼让原则与科技辅助相结合

数字贸易基于互联网等现代信息技术而展开,网络空间所具有的虚拟性、无边际性、不确定性等独有特点,使得传统管辖权制度难以应对围绕数字贸易争端产生的管辖权问题。加之数字贸易是一个全球性系统,随之而来的管辖权冲突往往不仅仅是某一国的内部问题,而是国与国之间的深度贸易关系问题。

---

① Article 4, Annex on Air Transport Services of GATS.

② See G20 Ministerial Statement on Trade and Digital Economy, http://www.g20.utoronto.ca/2019/2019 - g20 - trade.html, visited on 9 June 2019.

而各个国家在管辖权制度的构建上本就存在差异，主权国家都不会轻易在网络空间和数字贸易中让渡管辖权。现代信息技术以及跨国数字贸易的发展冲击着传统的管辖权制度，新兴的管辖权理论应运而生，但其各有弊端（如前所述），在实践中面临的种种挑战会让数字贸易争端解决中的各类主体产生更大的不安定感。

数字贸易基于互联网这样的全球性系统高速发展，而网络空间中不存在法律意义上的物理国界，只存在通过参与者接入网络的位置确定相对的地理位置。而数字贸易争端大多数都是跨国争端，这决定了没有一个国家可以通过国内立法解决数字贸易争端的管辖权问题。各个国家都拥有独立而平等的主权，任何一国的法院没有义务履行他国法院作出的判决。因此，数字贸易争端的解决中，价值取向应当是一致的，即坚持司法礼让和国际协调的原则，因而要求必须改变传统的单纯以国家内部利益为出发点的概念，构建网络空间的命运共同体，转而寻求整体社会利益与国家利益之间的平衡。

礼让的概念来自荷兰国际私法学家胡伯（Ulicus Huber）的学说。[①] 就其法律含义而言，礼让不是绝对的义务，也不仅仅是出于对别国的善意礼让，而是一国基于国家职责和便利，在国际贸易和密切往来的当今社会考虑到本国公民或在其法律保护下的他国公民的权利，从而在领土内对它的立法、行政和司法的承认，是对他国法院司法管辖权的尊重。[②] 这是现代司法文明的重要表现，在数字贸易争端的解决中，采用礼让原则，合理地尊重他国管辖权，不仅可以使案件及时、高效地解决，而且能相应减少本国的诉累。

建立在现代数字信息技术之上的数字贸易本身具有极高的科技含量，在处理数字贸易争端中的管辖权问题时，虽然要坚持传统管辖规则调整适用的原则，但不能忽视数字技术带来的特殊性。因而，还应注重新兴技术带来的新的联结因素的出现，灵活运用科技手段来确定管辖权及相关法律适用，将法律规范与技术相结合，在法律规范的框架内尽可能地利用科技去帮助解决科技带来的司法问题，从而使法律规范最大限度、更加高效准确地发挥作用。

---

① 著名的胡伯三原则包括：任何主权者的法律只在其境内行使并约束其臣民，但在境外则无效；凡居住在其境内的人都可视为该主权者的臣民；根据礼让每一国家的法律业已在本国实施，行使主权权力者也应让其在内国境内保持效力，只要这样做不至损害后者及其臣民的权力或利益。

② 参见刘仁山：《国际民商事判决承认与执行中的司法礼让原则——对英国与加拿大相关理论及实践的考察》，载《中国法学》2010 年第 5 期。

## 二、排他管辖与协议管辖相结合

所谓排他管辖，是指对于某些特定事项，规定只能由特定的某一争端解决机构进行管辖，排除其他争端解决机构对此类事项的管辖。排他管辖类似于法律适用中的单边冲突规范，由于它直接规定了争端解决所适用的规则和程序，排除了其他争端解决机制的管辖权。

在协调数字贸易争端解决管辖权冲突上，多数区域贸易协定的争端解决机制都规定，对于涉及区域贸易协定项下的特别事项只能由其本身的争端解决机构管辖，但也有无条件的排他管辖与有条件的排他管辖之分。欧盟就适用无条件排他管辖，因为根据《欧洲联盟运行条约》(Consolidated version of the Treaty on the Functioning of the European Union,2016)第267～275条的规定，成员无法将与该条约的解释和实施的争端诉诸该条约规定以外的任何其他解决方式。① 根据这些严密、细腻的规定，欧盟基本上排除了所有情形下的将争端诉诸欧洲联盟法院之外的争端解决机构的管辖，可以说，这是一种封闭型的争端解决管辖制度。而其他一些区域贸易协定争端解决机制，虽然也规定其管辖范围内的事项只能适用自己的争端解决机制，但同时还规定，在某些特殊情形下可将争端诉诸其他争端解决机制，因此，这种情况可以看作有条件的排他管辖。例如，《中国—东盟争端解决机制协议》第2条第3款规定："除非本协议或者《框架协议》另有规定，或者缔约方另有约定，本协议的规定适用于各缔约国之间就其在《框架协议》项下的权利和义务争端的预防和解决。"这一规定表明，在绝大多数情形下，对于因《框架协议》规定的权利和义务关系的争端，只能由中国—东盟争端解决机制予以管辖。但如果缔约方另有明确约定，仍然可以将争端提交到其他争端解决机制，从而体现了更为开放的管辖制度。一般而言，区域贸易协定规定的义务要求比WTO协定规定的义务要求更加严格，涉及一些区域贸易协定特别规定的事项在WTO协定中是不可能做出有关的规定的。因此，在通常情形下，不可能由WTO争端解决机构审理这些区域贸易协定所规定的特别事项。事实上，通常也只有那些为区域贸易协定与WTO协定所共同规定的

---

① See EUR-Lex, Commission Regulation(EU) 2022/720 of 10 May 2022 on the application of Article 101 (3) of the Treaty on the Functioning of the European Union to categories of vertical agreements and concerted practices, https://eur-lex. europa. eu/legal-content/EN/TXT/? uri = CELEX%3A12016E%2FTXT#d1e8013 -1 -1, visited on 16 January 2021.

事项,才会出现 WTO 与区域贸易协定争端解决机制管辖权的冲突,如反倾销规则、国民待遇条款等。而对于那些区域贸易协定规定的为实现自由贸易或优惠贸易安排所规定的特别权利和义务而产生的争端,基本上只能由区域贸易协定争端解决机制进行管辖。

协议管辖的理论基础是“意思自治原则”。以当事人的意思自治来选择管辖法院,符合私法的本质要求。一方面,它使有关的法院有了管辖权的依据;另一方面,也可以避免管辖权冲突的产生。例如,《中华人民共和国民事诉讼法》(2021 年)第 35 条规定:“合同或者其他财产权益纠纷的当事人可以书面协议选择被告住所地、合同履行地、合同签订地、原告住所地、标的物所在地等与争议有实际联系的地点的人民法院管辖,但不得违反本法对级别管辖和专属管辖的规定。”

通过协议管辖,赋予争端当事方可以选择争端解决机构的权利,有利于避免管辖权的冲突。在协调 WTO 与区域贸易协定争端解决机制的管辖权冲突方面,已经有不少区域贸易协定采用了协议管辖的方式。如《美国—约旦建立自由贸易区协定》第 17 条规定:如果任何一方就任何事项援引了本协议项下的争端解决专家组或双方均为一方的协议项下的任何其他适用的国际争端解决机制,则所援引的机制应对该事项具有排他性管辖权。USMCA 第 31.3 条也规定:如果是在本协定和争端双方为缔约方的另一国际贸易协定(包括《WTO 协定》)项下发生的某一事项的争端,申诉方可以选择争端解决机制;一旦申诉方要求根据本章设立一个专家组,或根据前述协议将某一事项提交一个专家组或仲裁庭,应使用该机制而不应再考虑其他机制。

### 三、专属管辖与补充管辖相结合

在国际民商事诉讼中,专属管辖权是指依照国际条约或国内立法,规定某些涉外案件只能由特定国家的内国法院独占的管辖权,而排除或不承认任何其他国家法院对此类案件的管辖权。由于专属管辖权的规定一般都简单而直接,国际民商事诉讼中复杂的管辖权问题简单化,这一方面有利于当事人在交易时对其后争端的解决提高预见性,另一方面也使受诉法院在决定是否予以受理时简单明了且易于作出裁决,从而为不少国内立法所采纳,尤其是大陆法系的国家大都有专属管辖的规定。但也正是由于它的过于简单化,有时也不利于复杂的交易关系的正确处理。所以,专属管辖通常限于不动产案件及与内国社会公共秩序有关的法人破产案件、侵犯知识产权案件、涉外继承案件、涉外婚姻案件等。

在国际贸易争端解决中，专属管辖主要是指在争端解决规则中规定一些特殊的国际贸易事项只能由某一个争端解决机制进行管辖，而排除其他争端解决机制的管辖权。当前的 WTO 争端解决机制对专属管辖没有作出规定，规定专属管辖的区域贸易协定的争端解决机制也不多。但通过对某些特定事项规定专属管辖，还是能在一定程度上有利于消除管辖权的冲突。“专属管辖条款”的规定要依赖于其他争端解决机制的认可，如果大多数争端解决机制都能对此达成共识，并在实践中相互尊重所作的专属管辖权的规定，在很大程度上可以避免管辖权的冲突。

数据和数字产品的跨境传输是数字贸易的重要组成部分，越来越多的国家将数字贸易的战略重心聚焦于没有实体呈现形式的数字产品以及数据跨境流动。例如，英国先后在 2015 年和 2017 年发布了《英国 2015—2018 数字经济战略》和《英国数字经济战略》。① 但由于在数字产品定性上各国无法达成合意，全球性数字产品贸易规则谈判也举步维艰。因此，一些数字贸易大国尝试在双边、多边、区域层面开拓符合其利益与价值理念的数字产品贸易规则。例如，美国倡导的数字贸易规则已经在许多国家和地区有着较强的影响力，自成体系的“美式模板”不仅影响着美国自由贸易协定中有关规则的制定，还影响着其他自由贸易协定对这一问题的处理方式。② 中国《电子商务法》已于 2019 年颁布实施，《数据安全法》也于 2021 年获得通过。中国同澳大利亚、韩国等国家所缔结的自由贸易协定中，也都相应增加了电子商务的相关规则。这些都在一定程度上反映了中国在实体规则层面对于数字产品贸易的关注和重视。

## 本章小结

基于互联网和信息技术的数字贸易本身具有复杂性，与之有关的法律问题当然也就变得复杂。法律是与时俱进的科学，每一次科技水平的飞跃都会冲击

---

① 参见陈靓：《数字贸易自由化的国际谈判进展及其对中国的启示》，载《上海对外经贸大学学报》2015 年第 3 期。

② 参见周念利、陈寰琦：《基于〈美墨加协定〉分析数字贸易规则“美式模板”的深化及扩展》，载《国际贸易问题》2019 年第 9 期。

着传统法律制度的方方面面。随着经济全球化以及现代信息技术的快速发展，作为现代贸易与互联网经济深度融合的产物，数字贸易已经成为许多国家和地区经济发展的重要引擎。但任何给社会经济带来变革性发展的事物都无一例外地具有破坏性、挑战性和创造性，数字贸易也同样冲击着包括传统国际贸易争端解决管辖权在内的法律规则。

从经济学角度看，数据要素市场建立的基础就是确定数字身份，这是要素市场的基石，也就是要明确数据产生的主体。不可否认的是，数据保护主义需要不菲的经济成本，也会影响整个互联网的稳定性。2011 年，OECD 报告称，埃及关闭互联网 5 天导致了“至少 9000 万美元的直接成本”。美国布鲁金斯学会（Brookings Institution）2016 年的一项研究估计，互联网审查过滤和屏蔽的经济影响为 24 亿美元，包括税收损失、对劳动生产率的影响等实际经济损失，互联网开放程度的降低会影响全球价值链，减少技术扩散，损害发展和贸易。① 但从法理上讲，解决数字贸易争端的管辖权问题，首先需要确认与贸易有关的数据的所有权与使用权，然后需要双边或多边相互认证网络数字身份。随着数字贸易呈现战略性竞争的发展态势，一些主权国家正在追求分化性的数字贸易政策，发展中国家在数字经济政策、跨境数据流动规则等方面还处于防御地位，持有“数据本地化”主张的 WTO 发展中成员，对全球电子商务谈判持反对意见，也拒绝在 2019 年 7 月二十国集团发布的《大阪数字经济宣言》上签字，这显然会使数字贸易争端的管辖权变得敏感而复杂。②

在将互联网视为一个交易平台时，需要考虑 20 多年前那些不曾被 WTO 体制重视的问题，但它们均与国家的管辖权密切相关，主要包括数据自由流动、源代码保护、个人信息安全和隐私、数据本地化和数字海关措施等。客观而言，CPTPP 已经以相当有效的方式解决了这些问题，并为区域贸易协定的数字贸易

---

① See Susan A. Aaronson, *What Might Have Been and Could Still Be*: *The Trans-Pacific Partnership's Potential to Encourage an Open Internet and Digital Rights*, 2 Journal of Cyber Policy 232, 239(2017).

② 关于发展中国家的身份及其特殊和差别待遇问题，WTO 曾有过激烈争论。WTO 总理事会在 2019 年通过的一份提案中明确规定，下列发展中国家将不享有特殊和差别待遇：(1) 经济合作与发展组织成员或正在申请加入这一组织的国家；(2) 二十国集团成员；(3) 被世界银行列为高收入国家；(4) 占全球商品贸易额的 0.5% 以上。如果该提案得以实施，将有三十多个成员被排除在外，不再享有发展中国家的特殊和差别待遇。See in detail WTO, WT/GC/W/764, adopted 15 February 2019.

规则提供了非常值得参考的范本。但遗憾的是,CPTPP 也未能针对数字贸易争端制定相应的解决规则和程序。这也从一个侧面表明,对于数字贸易争端的管辖权,由于存在不同的理论支持,管辖权冲突是必然的但也是合理的。由于数字贸易主体的复杂性及其在互联网空间进行数字贸易信息交换的复杂性,在实践中,管辖权冲突问题根本取决于国家对数据管辖权的不同主张。但无论是协议管辖还是排他管辖或专属管辖,都需要国家在数据管辖权问题上的支持;无论是哪种主张,都应遵循国际法上"和平解决国际争端"的基本原则。

# 第五章　数字贸易争端解决中的举证责任

举证责任是争端解决程序中的一个重要概念,是争端解决过程必不可少的环节。它对司法机构的案件审理过程和结果都会产生影响,也对争端当事方之间的权利和义务关系产生深刻影响。从不同法律层面、不同标的的争端案件看,举证责任也有所不同。

在国际法上,由于争端当事方为主权国家,是平等者之间的争端,因而国际争端解决程序中的举证责任是指各争端当事方根据可接受的程序规则(尤其是时间表)证明其事实主张,直到各自的主张能为国际司法机构所接受的义务或权利证明最为充分时为止。由于国际争端的内容不同,举证责任也就包含不同的内容。因而,在某种程度和范围内,国际贸易争端解决程序中的举证责任不同于一般意义上的国际争端解决中的举证责任。它除了遵循"谁主张,谁举证"这项一般法律原则之外,还有自身的一些特点和要求。而数字贸易争端作为国际贸易争端的一种,因其包含较为复杂的网络技术、数据流动、产品性质、交易过程、支付手段等较为复杂的事实问题,与之有关的举证责任必然也存在复杂性,因而需要探讨与之适配的举证责任的原则和方法。

# 第一节 传统国际贸易争端解决中的举证责任

## 一、传统国际贸易争端解决中举证责任的一般原则

“谁主张,谁举证”是国内诉讼法上关于举证责任分配的一项原则,也是国际法上的一项一般法律原则。按照《国际法院规约》第 38 条第 1 款的规定,一般法律原则是文明各国所承认的原则。因而,它并不是新的法律渊源,而是各国的法律实践在先,通过各国司法实践予以证明且普遍承认的一项原则。

英美法系学者把举证责任分为提供证据责任(burden of producing evidence)与说服责任(burden of persuasion)。这是一种程序上的责任,即当事人有义务提供足够证据初步证明案件事实的存在,使法官相信案件确需继续审理,并交由陪审团进行事实认定。这种举证责任规则体现了英美法系中陪审团和法官的分工协作,使举证责任在诉讼过程中可以在当事人之间来回转移。而大陆法系学者将其分为主观的举证责任(形式的举证责任)与客观的举证责任(实质的举证责任)。前者一般指当事人根据辩论主义原则的要求,在诉讼中提出主张后必须向法院提供证据的义务;后者则被称为证明责任、确认责任,指当事方在提供证据以后,如果没有使法官对事实要件形成内心确信,就要承担败诉的不利后果。英美法系强调当事人在实体层面和程序层面的不同责任,大陆法系则强调当事人在行为和结果两个不同层面的责任。但两大法系也有共同之处:一是当事人均有对其主张提供证据进行证明的责任;二是负有举证责任一方在举证不能时承担败诉风险;三是举证责任的范围限于事实主张。①

从本源上说,只要提起申诉,申诉方随之就应该承担举证责任,因而举证责任便具有义务性质;如果争端申诉方不履行举证的义务,就要承担举证不能的法律责任和法律后果。但同时,举证责任还具有权利性质,当事方对自己的主张或对对方的主张有举证的权利,既可以举出证据来加以证明自己的主张或举出相反的证据来反驳对方的主张,也可以对自己的主张或对对方的主张不附加举证行为。但无论当事方是举证或是不举证都会引发法律后果,因而在这个意义上,举证责任是权利性和义务性的统一,即在争端当事方提出申诉后,既要承担提出证据和证明的义务,也要享有举证的权利,不履行举证的义务,就不可能

---

① See Kenneth R. Berman, *Burdens of Proof or Burdens on Truth?*, Litigation, Winter 2021, p. 53.

享有举证带来的权利。

在国际贸易争端解决中,也适用“谁主张,谁举证”的一般法律原则,举证责任也是权利性和义务性的统一。无论从多边还是区域贸易协定看,虽然它们迄今都未有任何关于举证责任的明确规定,但在 WTO 争端解决专家组程序阶段,根据 DSU 第 12 条的规定,争端解决机构潜在地要求争端当事方承担举证责任。“在确定专家组程序的时间表时,专家组应为争端各方提供充分的时间准备陈述。专家组应设定各方提供书面陈述的明确最后期限,各方应遵守此最后期限。每一方应将其书面陈述交存秘书处,以便立即转交专家组和其他争端方。申诉方应在被诉方提交的第一份陈述之前提交其第一份陈述,除非专家组在决定时间表时,经与争端各方磋商后,决定各方应同时提交第一份陈述。当对交存第一份陈述有顺序安排时,专家组应确定接受应诉方陈述的确定期限。任何随后的书面陈述应同时提交。”这里的“准备陈述”“书面陈述”中尽管没有提及“举证责任”,但必然包含“提供证据”的成分;尽管“提供证据”不同于“举证责任”,但“提供证据”是承担举证责任的必不可少的组成部分。在 WTO“美国—羊毛衫案”中,上诉机构就认为,不同的国际司法机构,包括国际法院,普遍并一致接受和适用这样的原则:提出事实的一方,无论是申诉方还是被诉方,都应负责对此提供证据进行证明。[①] 从上述分析看,WTO 争端解决机构显然支持适用“谁主张,谁举证”的一般法律原则。

## 二、传统国际贸易争端解决中的举证责任转移

在传统国际贸易争端解决中,由于当事方地位是平等的,都具有相同或者相近的条件了解案件的事实真相,在收集证据、调查证据、提供证据等方面,面临同样的机遇,也有着同样的权利和义务。鉴于主权国家作为争端当事方之间的平等关系,国际司法机构的程序规则不可能明晰规定如何分配举证责任、在什么情况下举证责任发生倒置或者转移等内容。

一般意义上,举证责任的分配是指举证责任在争端当事方之间的合理分配,即举证责任在申诉方、被诉方及第三方之间的合理配置。举证责任的分配所要解决的问题首先是谁应就何种事实担负举证责任,以及在争端的案件事实处于真伪不明的状态时谁应当承受不利的申诉后果。在法律对举证责任分配

---

① 参见穆忠和:《印度诉美国羊毛衫进口保障措施案简析》,载《WTO 经济导刊》2003 年第 1 期。

有明确规定的情况下，如果举证责任实践违背了公平和正义，法官有权在个案依其自由裁量权对实体法分配了的举证责任规定进行解释性修正，这就产生了举证责任分配的特殊规则——诚信原则和公平原则。

举证责任转移是指基于法律规定，通常情形下本应负担举证责任的提出主张的申诉方就某种事由不负担举证责任，而由被诉方就某种事实存在或不存在承担举证责任，如果该被诉方不能就此举证证明，则推定申诉方的事实主张可以成立的一种举证责任分配制度。在国内法上，举证责任转移适用于实行过错推定的侵权诉讼、实行因果关系推定的侵权诉讼、难以收集证据的诉讼以及对方妨害举证的诉讼等情形。但就国际司法机构的实践看，无论是依法对举证责任分配还是举证责任转移，都存在一定的风险，可能会引起争端当事方（主权国家）之间更为深刻的争议，也可能会给国际司法机构带来某些不良影响。

在国际贸易争端解决中，举证责任转移是在申诉方提出初步证据后，基于争端当事方平等的关系而自动转移至被诉方的举证责任。在 WTO 争端解决程序中，“初步证据”（prima facie）是“在被诉方没有有效反驳时，要求专家组作为法律问题做出支持提出初步证据（证明）的申诉方的裁决”。上诉机构的这一说法是针对申诉方而言的，其内容对被诉方也同样适用。如果被诉方提出某一反驳意见，并初步证明其反驳真实后，如果申诉方对被诉方的反驳没有进行有效的反驳，专家组应在法律上做出支持被诉方的裁决。举证方举证责任的初步证据标准，不是终局标准，而是推定标准。[①] 这充分表明，在申诉方提出初步证据之后，举证责任在争端当事方之间发生的转移。这又表现为以下两种情形：其一，被诉方提出证据证明其不存在违法行为的责任；其二，申诉方提出证据证明的能力不够或者无法完成证明被侵权的责任。对于第一种情形，被诉方针对申诉方提出的“初步证据”予以“反驳”或者提出“反对意见”一般都是在规定范围内的自愿行为或者被迫行为，是为了维护自身的权利和利益而必须或者不得不做出的行为；但在第二种情形下，则需要国际司法机构的协调，或者是争端当事方之间的协调合作。

国际贸易争端解决程序中的举证责任，根据被诉方所采取的措施的不同，存在不同程度的难度。根据 DSU 的规定和 WTO 争端解决的实践，申诉方可以提出申诉的措施有两类：一类是国内立法上的不一致，或者说被诉方所适用的

① 参见韩立余：《WTO 争端解决程序中的举证责任》，载《现代法学》2007 年第 3 期。

法律和政策与多边规则和纪律不一致,违背了其应承担的多边义务,这种情形被称作违法之诉。另一类是被诉方正在进行的贸易行为或贸易实践,并不存在违背义务的情形,但导致了申诉方在某一多边协定下直接或间接利益的丧失或减损,或者有碍于该多边协定目标的实现,这种情形被称作非违法之诉。对这两类情形下的举证责任问题,具体分析如下:

其一,对于立法上的不一致问题,举证责任的难度相对较小。但如果是根据多边贸易规则而进行的国内贸易救济调查或救济措施,则会带来举证责任的难度。在这种情况下,就可能发生举证责任的转移,要求被诉方提供证据,证明其根据与 WTO 多边规则相一致的国内法而采取贸易救济措施的正当性。例如,在反倾销争端案件中,如果申诉方认为其产品出口至被诉方领土内不存在倾销行为的情形,申诉方提供证据的说服力显然不及被诉方的证据,因为被诉方可以就国内的反倾销调查得出是否存在倾销的准确数据,因而被诉方为了证明其反倾销措施的正当性与合法性,就不得不提供足够的证据,证明申诉方产品倾销的存在。WTO 争端解决机制内有诸多贸易救济争端案件,其中所涉的申诉方的举证责任,都无一例外地转移至被诉方。

其二,对于被诉方正在进行的合法贸易行为或贸易实践带来"失利"的举证责任,通常难度不是很大,而且不常发生举证责任转移。被诉方正在进行的贸易行为没有违背有关的义务,但申诉方认为被诉方的行为造成了其依据某一多边协定直接或间接享有的利益正在丧失或减损,那么申诉方有责任提供证据证明其利益丧失或减损这一事实的存在,这就是非违法之诉中的举证责任。在这种情形下,申诉方必定有能力、有条件承担举证责任,以证明其利益的丧失或减损,因而举证责任一般也不会发生转移。

在 WTO 贸易争端解决实践中,如同其他的国际争端解决过程一样,举证责任发生转移并不是一次性的,而可能是多次"往返",从申诉方到被诉方,再从被诉方转移至申诉方,直到双方无证可举。这个过程不仅反映了和平解决国际争端的本质要求,而且表明了争端当事方之间的平等关系。当然,这里需要特别注意的是争端解决时间表,它要求争端当事方必须在规定的时间内,尽力向国际司法机构提出足够的证据,以证明或者反驳对方主张的事实。

## 第二节　数字贸易争端解决中举证责任的复杂性

尽管学界对于举证责任的定义不能统一,但在数字贸易争端解决中,这种分歧可能更有助于理解举证责任的复杂性。尽管他们都把注意力集中于举证责任的方式上，但在一定程度上也反映了与之相关的举证责任的主体和程序，而这些则应该是数字贸易争端解决中关于举证责任必须考虑的内容。

20 世纪 80 年代末，随着美国软件及其他计算机服务出口的蓬勃发展，美国有官员首次呼吁制定管理跨境信息流动的规则，但美国未能说服其贸易伙伴在贸易协定中加入管理此类信息流动的语言。20 世纪 90 年代，随着互联网的发展和广泛应用，跨境信息流动迅速增长。美国政府及其海外政策制定者们认识到，他们需要制定出既鼓励这种流动又规定各国如何以及何时可以限制这种流动的规则。于是，亚太地区的国家率先采取行动，在贸易协定中制定此类规则。2003 年，新加坡和澳大利亚谈判达成了首个包含电子商务章节的自由贸易协定；一年后，美国和澳大利亚在其间缔结的自由贸易协定中加入了类似的电子商务章节。然而，这两项协定都没有包含关于数据流动的明确且具有约束力的语言。后来，“美国及其 11 个 TPP 伙伴花了数年时间，谈判达成了一个有约束力的但又富有争议的电子商务章节，要求缔约方为跨境信息流动提供便利；同时，缔约方还明确规定了一些例外情况，并指出，当各国寻求使用这些例外情况时，它们必须是必要的，并以最大限度地不造成贸易扭曲的方式执行”①。

从美国缔结或参加的自由贸易协定看，数字贸易被定义为通过固定网络或无线数字网络交付产品和服务。这个定义既包括美国国内的商业活动，也包括国际贸易。其中，有点对点（P2P）的交易形式——这种文件共享技术可以将个人计算机用户直接连接到彼此而不需要通过服务器检索内容。要使用这种技术，用户需要下载并安装一个应用程序，使他们能够在其他用户的电脑上搜索和下载文件。同时，美国的这个定义还包括通过平台提供服务（PaaS），即云计算服务。它允许使用者在第三方远程服务器上通过 Web 浏览器创建软件并运行应用程序，而不需要维护客户可能需要的硬件和软件基础设施，但由供应商提供网络、服务器、存储和其他服务。②

从当前发展趋势看，数字贸易不仅包括数字化产品在互联网上的销售及与

---

① Susan Ariel Aaronson, *What Might Have Been and Could Still Be: The Trans-Pacific Partnership's Potential to Encourage an Open Internet and Digital Rights*, 2 Journal of Cyber Policy 232, 233(2017).

② See United States International Trade Commission, Digital Trade in the U. S. and Global Economies, Investigation No. 332 – 531, July 2013, p. xiii.

之有关的在线服务的提供,还包括实现全球价值链的数据流、实现智能制造的服务以及无数其他平台和应用。而数字贸易呈现出技术更新快,产品迭代迅速以及信息化快速向数字化、智能化过渡的新特征,使要探讨的有关规则比传统的货物和服务贸易规则更广泛、更实时、更复杂且更具不确定性。这种情况充分表明,数字贸易争端解决中的举证责任也具有相当的复杂性。

## 一、数字贸易争端解决中举证责任的难度

前已述及,数字贸易可分为数字产品贸易和数据流本身产生的贸易。数字产品贸易不难理解,数据流形成的贸易却需要从三个方面去把握:一是数据是要素,数字经济、价值转换和效率提升都是基于数字要素这个基础;二是数据有价值,只有发生交易,才能体现数据要素价值,进而促进工业化升级;三是要素市场需要服务,数字催生新技术、转化成商品、搭建新平台等都需要跨越传统的服务提供模式,而现在的任务是要推进政府数据和社会资源的开放共享,确保服务增值和运营效率提升。

在发生数字贸易争端时,按照传统的"谁主张,谁举证"的一般法律原则,申诉方有责任对其诉求所依据的事实提供证据加以证明。但是,我们必须看到,数字贸易不同于传统的贸易方式,其交易环境是虚拟的网络市场,在整个交易过程中没有任何纸面介质记载双方合同关系的成立,从要约到承诺都是通过信息交换完成的。在这种情况下,申诉方的举证能力可能存在不完全的状况。如果严格按照"谁主张,谁举证"一般法律原则分担举证责任,申诉方的主张几乎都会因其无法提供充分、有效的证据而得不到充分支持。实践中,为了取证,有的商家甚至还需要再交易一次,并对交易全过程进行公证,签订明知是会侵害其合法权益的合同并支付高额的公证费用以获取证据。这不仅会造成申诉的低效率和社会资源的浪费,更令网络市场缺乏诚信、安全的运行环境,不利于全球数字贸易的健康发展。

为解决这种难题,可以根据实际情况依照妨碍举证推定规则要求被诉在线企业提供证据。妨碍举证推定是指如果持有证据的一方当事人拒不出示证据,而对方又提出主张,法律上则假定证据所证明的事实对证据持有人不利。法律之所以在诉讼中确立妨碍举证推定规则,是因为按照一般经验,在诉讼中双方当事人处于对立地位,证据持有人若持有对自己不利的证据,而此证据的待证

事实又为对方所主张,为了胜诉或避免败诉,证据持有人一般不会出示此证据。[①] 基于这一经验性法则,法律一般都允许根据证据持有人没有正当理由拒不提供证据的事实,推定此证据能够证明对方的主张,而妨碍举证推定规则在客观效果上构成了举证责任的转移。

根据这一经验性法则,在运用数字方法的交易中,在线企业应提供真实、有效、完整的交易清单来证明没有发生过与申诉方申诉指认的交易,否则就视为申诉方所主张的合同成立的事实存在。虽然这种做法与传统证据规则有冲突,但为经营需要,大部分在线企业都建立了交易信息存储备份制度,也就是说在线企业对其网站上每天发生了多少交易、交易标的物、交易额都了如指掌,因而有能力提供相应的证据。在这种情况下,依据妨碍举证推定规则,要求被诉方担负举证责任,有利于数字贸易的争端解决。

电子数据在司法实践中的认证过程比较复杂,也比较难以认定,这是因为电子信息容易被复制、篡改、删除,而经过删除、重组的电子记录可能呈现完全不同的意思,因此电子信息作为证据也很难操作。在以往的有关国际司法实践中,即使承认将电子信息作为证据使用,也要求举证方证明其所出示的电子信息完全真实。在"沙特阿拉伯—关于知识产权保护措施案"(DS567)中,WTO专家组就采用了卡塔尔提交的曾于2017年6月6日在推特(Tweeter)上发布的有关信息。[②]

中国最高人民法院、最高人民检察院和公安部于2016年联合发布的《关于办理刑事案件收集提取和审查判断电子数据若干问题的规定》是首个较为系统地规定刑事诉讼中电子数据取证、举证、认证的法律文件,有多处突破性进展,并将举证责任在举证方和对方之间进行分摊。具体来说,就是如果举证方对电子数据原件进行举证,一旦对方认可了该电子数据,则除非对方提出该电子证据进行过删改的证据,否则将认可举证方的举证。[③] 中国于2018年9月开始实施的最高人民法院《关于互联网法院审理案件若干问题的规定》第11条第2款也规定:"当事人提交的电子数据,通过电子签名、可信时间戳、哈希值校验、区

---

① 参见李文艺、邹山中:《论推定与举证责任之间的关系》,载中国法院网,https://www.chinacourt.org/article/detail/2007/12/id/281419.shtml,2020年11月9日访问。

② See Saudi Arabia-Measures Concerning the Protection of Intellectual Property Rights (WT/DS567/R), Report of the Panel, 16 June 2020, p. 63 – 64.

③ 参见龙宗智:《寻求有效取证与保证权利的平衡——评"两高一部"电子数据证据规定》,载《中国检察官》2017年第1期。

块链等证据收集、固定和防篡改的技术手段或者通过电子取证存证平台认证，能够证明其真实性的，互联网法院应当确认。”这是中国首次以司法解释形式对区块链技术电子存证进行法律确认，对有关争端的解决具有重要的实际意义。

区块链技术具有的“去中心化”核心思想导致区块链本身并不是证据，但其保存的数据信息具备法律效力。使用者只要将其数据信息传输上链，那么这些数据信息将具备法律效力，可以用作证据提交法庭。区块链技术本身虽然并不具备法律效力，但它却能帮助权利人证明某一时间点存在的事实。基于上述规定，中国首例区块链存证案于2018年6月28日在杭州互联网法院一审宣判，法院支持了原告采用区块链作为存证方式并认定了对应的侵权事实。虽然有人对区块链电子证据存证方式的诸多方面存有质疑，但区块链技术用于电子存证在实践中已然兴起并被司法机构接受。①

权利人在发现被控侵权人官方网站对被控侵权产品进行推广营销、许诺销售时，为了固定证据，一般的做法是：向有管辖权的当地公证机关提交证据保全申请，公证机关审核通过后，即可对申请人主张的证据进行存证固定，公证机关制作公证书后提交法院作为依据，包括网页公证。但是，随着贸易争端案件数量的增大以及公证时间的紧迫性，公证机关收取的公证费用将成为申请人的一笔不小的开销。特别地，当申请人仅仅是为了证明某一事实的存在，并不一定在日后提交法院使用的情况下，“出证”将变得没有那么重要，仅仅是在申请人日后需要时才出证。在这种情况下，急需一种新型的低成本的证据固定方式，电子取证存证平台由此兴起。例如，中国国内在线取证、存证的平台工具主要有百度取证、存证云、公证云、云法通、互联网数据取证平台、杭州互联网法院电子证据平台等。但必须注意的是，这些平台都需要通过严格的司法鉴定，取证全过程受权威司法机构实时监控，确保证据真实、完整、不可篡改，全部证据可由权威的司法鉴定机构出具正式的司法鉴定意见书。②

## 二、数字贸易争端解决中第三方平台的法定举证责任

在数字贸易争端解决中，第三方平台承担举证责任不同于传统国际贸易争

---

① 参见李杰：《互联网法院的现状以及区块链存证取证研究》，载《四川职业技术学院学报》2019年第3期。

② 参见《互联网+证据固定方式的最新进展》，载搜狐网，https://www.sohu.com/a/284101238_120046651，2019年1月16日访问。

端解决中的有利害关系第三方承担举证责任,也不同于国际司法机构向无利害关系第三方寻求的信息。例如,DSU 第 13 条规定:每一专家组有权向其认为适当的任何个人或机构寻求信息和技术建议;在专家组向一成员管辖范围内的任何个人或机构寻求此类信息或建议之前,应通知该成员主管机关,成员应迅速和全面地答复专家组提出的关于提供其认为必要和适当信息的任何请求;专家组可向任何有关来源寻求信息,并与专家进行磋商,获得他们该事项某些方面的意见;对于一争端方所提科学或其他技术事项的事实问题,专家组可请求专家审议小组提供书面咨询报告。数字贸易争端解决中,第三方平台也可被称为互联网经营或者商务平台,它们通过在法律范围内自设的公开规则,取得用户同意,收集用户主动提供或平台自动获取的 cookie 记录,且用于对客户进行流量监管,提供结算费用的正常服务。

在数字贸易争端解决中,之所以需要第三方平台承担举证责任,是因为它们是为商家创造的与消费者订立合同促成交易的居间交易平台,通过提供信息、促成交易,收取一定的居间服务费。对于网络平台上用户电子注册协议等电子证据的举证责任,联合国国际贸易法委员会《电子商务示范法》(1996 年)第 9 条"数据信息的可采性和证据权重"(admissibility and evidential weight of data messages)建议,在任何法律程序中,证据规则的适用不应包括任何规定来否定数据信息作为证据的可采性:其一,完全基于它是一项数据信息;其二,如果它是提出该证据的人可以合理地期望获得的最佳证据,理由是该证据并非其原来的形式。数据信息形式的信息应给予适当的证据权重。[①]《电子商务法》第 62 条也明确规定:"在电子商务争议处理中,电子商务经营者应当提供原始合同和交易记录。因电子商务经营者丢失、伪造、篡改、销毁、隐匿或者拒绝提供前述资料,致使人民法院、仲裁机构或者有关机关无法查明事实的,电子商务经营者应当承担相应的法律责任。"

在数字贸易中,第三方平台与争端案件本身在严格意义上没有利害关系,如果它(们)能够客观、公正地提供证据,无疑会降低数字贸易争端解决中举证责任的成本,提高争端解决的效率。因而,对于所有主权国家来说,如果想要避免数字贸易争端,或者提高争端解决的效率,最佳方法就是对第三方平台进行监管,使其成为可信、可靠的"证据源",降低甚或消除申诉方和被诉方的举证

① See UN General Assembly, Model Law on Electronic Commerce adopted by the United Nations Commission on International Trade Law, A/RES/51/162, adopted 30 January 1997.

责任。

数字贸易发展对政府监管最大的挑战就是其交易过程的便捷化、虚拟化问题,因而需要从立法和技术层面对数字贸易加强监管,定期监测和对接各类平台,掌握数字贸易的真实情况,把握数字贸易的发展态势。但必须注意的是,对第三方平台的监管,应划定并规范其经营范围,防止其涉足或者卷入其经营范围之外的事项,避免由此给数字贸易带来更为复杂的争端事项或诉求。例如,在没有合同约定及相关法定机构的审批下,第三方平台对商家货款的占有,就会构成平台变相融资;同时,第三方平台承诺的高收益行为也有违信息中介性质定位。这些都是国家应该对第三方平台进行监管的内容,并应为此提出严格的监管要求。另外,如果交易合同由第三方平台单方拟定,且符合内容具有定型化和相对人在订约中处于服从地位的特点的格式条款,如果排除了合同相对方的主要权利并有违合同目的的实现,也应当视为无效。

## 第三节 数字贸易争端解决中举证责任的原则和方法

从广义上讲,数字贸易不仅包括数字产品在互联网上的销售及在线服务的提供,还包括为实现全球价值链的数据流或产品流而提供的服务以及与之有关的平台企业和应用程序。数字贸易合同和数字产品交付,不仅需要技术上的解决办法,而且需要相应的法律框架支持。这可能产生如下法律问题:数字产品的原产地是什么?在数字贸易中如何执行原产地规则?或者说,数字贸易产品什么时候是国产的、什么时候是进口的?如果国家对外贸易法或有关的国际公约还要求有书面协议、原始文件或亲笔签名,数字贸易商对此该如何处理?诸如此类的问题,可能造成数字贸易合同执行和补救的不确定性,进而妨碍数字贸易争端的解决。[①] 这就使数字贸易争端解决中的举证责任与传统的贸易争端不同,因而适用的原则和方法也就存在一些差异。

### 一、公平善意原则及争端当事方的举证责任

公平善意原则(the principle of ex aequo et bono)已成为解决国际争端的一项重要原则和依据。善意原则被誉为“文明各国所承认的一般法律原则”,在国

① See WTO, Development Implications of Electronic Commerce, WT/COMTD/W/51, adopted 23 November 1998, p. 10.

际司法实践中发挥着举足轻重的作用。《布莱克法律词典》将“善意”描述为4种思想状态：一是在信念和目的上的诚实；二是对其职责或义务的忠实；三是在特定贸易或生意中遵守有关公平交易的合理商业准则；四是没有欺诈或寻求过分益处的意图。它们共同揭示了善意中应有的公平和诚信的基本含义。而从善意的角度谈公平，主要是考虑善意原则或义务要求应当达到的公平效果。

在举证责任分配问题上就应当本着诚信、公平和善意的原则行事，通常情况下，可以简单地将其描述为“谁主张，谁举证”。但是，随着互联网和信息技术的发展，数字贸易争端案件因技术、知识以及其他原因存在某种程度或范围的举证困难，如果由申诉方负担举证责任明显不公时，只有实行举证责任转移才能体现司法程序的公平性和正义性。

在数字贸易领域，由于互联网和数字技术的快速发展，数字贸易立法会表现出一定滞后性，还未能将数字贸易过程、内容和结果等具体情况予以全面涵括。这种局限性不仅体现在实体法上，在程序法上亦大量存在，尤其在证据制度上。在数字贸易争端解决过程中，由于国际司法机构无法对举证责任的分配完全采用法定原则，据此要求争端当事方承担举证责任，而在相关法律没有明文规定的情况下，司法机构应当以诚实信用原则作为其分配举证责任行为的原则，这无疑成为国际司法机构享有自由裁量权的依据，对克服成文法的局限性有重大意义。在国际司法实践中，违反诚信原则和公平原则最常见的一种现象就是举证妨碍，是指申诉方负有举证责任，但由于被诉方因故意或过失将诉讼中存在的唯一证据灭失或者无法提出，以至于使申诉方无法证明自己的主张，导致事实处于真伪不明的状态这一特殊的诉讼现象。① 鉴于诚信是善意的组成部分，诚信原则也就是善意原则的合理延伸和具体表达。

但同时，国际司法机构还应兼顾公平原则，在举证责任分配过程中不但要注意分配结果的公平性，还要兼顾分配过程的公平性。公平原则与诚实信用原则的价值，贯穿于国际司法机构分配举证责任的全过程，无论是举证责任分配的一般规则、举证责任的倒置或者转移，还是特殊情况下的举证责任负担，都应予以适用。公平原则体现了举证责任分配重在公平的理念，举证责任不公必然导致裁决上的不公。因此，公平原则要求凡对主张事实无免除举证的特殊情况，须一律举证；无论当事方主张的是积极事实还是消极事实，是内在事实还是

① 参见宋杰：《国际法院司法实践中的反诉问题研究》，载《法律科学（西北政法大学学报）》2006年第3期。

外在事实,只要不属于应予免除举证责任的特殊情况,均应对主张的事实担负举证责任。在数字贸易争端解决所涉的举证责任问题上,公平原则可以被看作国家主权平等原则的延伸,也是善意原则的外在表现。

善意原则是争端当事方承担举证责任应遵循的一项原则,但不应"变成对交易合同进行司法再造的通行证"。善意原则是国际法上的一项一般法律原则,诚信、公平、合理是善意的基本含义或特征。在2000年"智利—酒精饮料案"中,WTO上诉机构认为:"无论如何,WTO成员不应该被假定通过采纳新措施的方式继续维持以前的保护或歧视,这或许会接近一个不守信用的推定。因此,善意原则俨然已成为国际争端解决程序中一项重要原则。"①为了和平、顺利解决数字贸易争端案件,争端当事方应善意承担并履行举证责任。

## 二、技术中立原则与第三方平台的举证责任

技术中立(technological neutrality)是世界各国和国际组织在电子商务立法中共同遵守的一项基本原则,旨在不因技术造成贸易歧视,进而保护和促进电子信息技术或数字技术的发展。根据这一原则,有关立法应当对交易使用的技术手段一视同仁,不应把对某一特定技术的理解作为法律规定的基础,进而歧视其他形式的技术。

在数字贸易领域,技术中立原则是指各国对与数字贸易有关的平台进行监管的背景下,要保持对不同网络技术的中立态度,对各种用于数字贸易的信息技术都不能厚此薄彼。1999年《联合国电子签名统一规则》导言部分第4项明确指出:"虽然工作组可以适当地将其注意力集中于数字签名问题,并已适应公开密钥加密技术在电子商务中扮演的主要角色,但该统一规则不应阻碍其他鉴定技术的使用。"除此以外,"技术中立"也是联合国国际贸易法委员会通过的《电子通信公约》《电子商务示范法》《电子签名示范法》等标准立法案文所确立的三项基本原则之一(另外两项是非歧视、功能对等)(non-discrimination and functional equivalence)。②

数字贸易作为一种国际贸易行为,其交易和参与主体应当遵循传统国际贸

① 刘敬东:《WTO法律制度中的善意原则》,社会科学文献出版社2009年版,第46页。

② See Despina Anagnostopoulou, *The Digital Agenda of the European Union and the Digital Policies of the USA*, in L. W. Zacher(ed.), Technology, Society and Sustainability, Springer, 2017, p. 52.

易的法律规范。然而,数字贸易因和传统国际贸易之间因为交易手段、支付方式等的不同,它除了受到传统国际贸易规则影响和调整外,还将受到作为"调整以数据电文为交易手段而形成的以交易方式为内容的商事关系的法律规范体系"的电子商务法的调整。无论电子商务的经营者采用何种电子通信技术,其交易的法律效力都不应受到影响。电子形式的交易虽然离不开技术手段的支持,但电子商务立法却不能局限于某种手段,否则就会落后于技术的发展,而又成为妨碍数字产品市场交易的障碍。这是因为,技术一旦进入社会领域,必然会被社会制度、社会组织和社会群体的各种利益、诉求和价值判断所塑造和限制。

在既有文献中,技术中立的含义至少包括三种:功能中立、责任中立和价值中立。功能中立指的是技术在发挥其功能和作用的过程中遵循了自身的功能机制和原理,那么技术就实现了其使命。其一,功能中立的典型情形是在互联网领域和知识产权领域。在互联网领域,功能中立体现在网络中立(net neutrality)这一观念上。所谓"网络中立",是指控制互联网的网络服务供货商及政府应当对所有网络数据传输一视同仁,不应对其进行分类、过滤或阻挡,使某些数据传输获得优先权,同时不应因为使用者、内容、网站、平台、应用程序、连接设备或通信模式的不同,进而在速度或收费上有差别待遇。① 其二,责任中立突出了技术的另外一个维度,即技术功能与实践后果的分离。换言之,技术使用者和实施者不能对技术作用于社会的负面效果承担责任,只要他们对此没有主观上的故意。其三,价值中立意味着法律规范既不支持也不歧视使用任何特定类型的技术来实现其目标。② 国家必须通过法律对技术发展进行回应、保护或促进,但在立法上,如何以法律回应技术发展和进步,始终存在分歧和争议,比较典型的是对数据的性质的认定。如果只是从立法政策和后果上考量如何对数据进行治理,而不对数据进行本质意义上的分析,也不解析数据背后的

---

① 美国在2015年2月奥巴马政府时期确立了"网络中立"的保护性规定,同年11月,欧盟也制定了新的网络中立性约束规则。2017年,美国开始转变对网络中立原则的监管态度,官方机构开始积极推动废除这一原则。美国联邦通信委员会在废除该原则后,允许互联网运营商拥有更大的网络流量控制权。这些均反映出欧盟和美国在对待数字网络服务问题上采取了不同的管制竞争理念和政策。参见汤婧:《国际数字贸易监管新发展与新特点》,载《国际经济合作》2019年第1期。

② See Marcelo Thompson, *The Neutralization of Harmony: The Problem of Technological Neutrality, East and West*, 18 B. U. Journal of Science and Technology Law 303, 306 - 350(2011).

价值原理,那么根本问题还是无法解决。①

技术中立原则常常被用于反对法律对技术的监管,或者为技术服务者免责。由于技术在投入应用过程中往往会因为技术自身局限或者使用者的策略,而偏离技术本身的功能定位。技术本身是无意识的,技术的价值取向在很大程度上会受到技术设计者和实施者的影响,因此价值中立可能只是一厢情愿的空想。而责任中立更多的是技术的设计者和使用者据以免责的主张,但免责的前提是他们对技术后果不存在过错。责任中立有赖于技术的设计者和使用者并未对技术的运行故意施加影响。在这层意义上,技术中立本身可能意味着非中立。②

在数字贸易争端解决中,技术中立是功能中立、责任中立和价值中立的结合,这也决定了承载数字技术、促进数字贸易的平台应承担的举证责任。就争端当事方之间的权利和义务再平衡看,平台应该在技术上保持中立,这既是公平善意原则的体现,也是维护其商业声誉和自身形象的重要途径或方法。"虽然根据技术中立原则,一些活动,如在线交付的书籍和音像产品可以归类为商品,但大多数通过互联网进行的活动与服务贸易有更多的相似之处,如网上购物和游戏就是无形的和不可存储的服务。类似地,许多电子商务活动(如在线搜索和电子邮件)涉及供应商和消费者的联合输入,因此,它们是针对特定消费者(如其他服务)的需求进行定制的。"③由此可见,技术中立对举证责任的重要性。

从立法角度看,在不涉及数字产品质量、数据流动使用价值的情况下,应规定第三方平台有义务承担举证责任,或者说第三方平台承担的举证责任具有义务的性质。这是由数字技术和数据流动决定的。一方面,第三方平台必须有相应的数字技术支持,才能够在买卖双方之间建立交易关系;另一方面,第三方平台对一定期间内的交易数据保有记录或者印迹,可以据此查证交易的时间、数量等信息。因而,就为买卖双方提供交易平台的服务而言,第三方平台显然有义务为数字贸易争端解决提供必要的证据,进而承担相应的举证责任。

---

① 参见郑玉双:《破解技术中立难题——法律与科技之关系的法理学再思考》,载《华东政法大学学报》2018 年第 1 期。

② 参见袁康:《金融科技的技术风险及其法律治理》,载《法学评论》2021 年第 1 期。

③ Henry Gao, *Regulation of Digital Trade in US Free Trade Agreements: From Trade Regulation to Digital Regulation*, 45 Legal Issues of Economic Integration 47, 47 - 70(2018).

但从本质上看,数字贸易争端可能涉及产品的质量或者服务的价值,并因之而违背数字贸易规则,因而大部分举证责任还是应由争端当事方承担。在这一意义上,第三方经营平台承担的举证责任具有补充性,是在争端当事方举证责任不充分的情况下,为了解决当前争端案件而根据有关法律规定承担的举证责任。

## 本章小结

数字贸易争端解决同样适用“谁主张,谁举证”这一程序法上的一般原则。但由于数字贸易争端的特殊性,争端当事方尽管可以依照公平善意原则、技术中立原则等承担举证责任,但不能否认因其中包含的技术因素而带来的举证责任困难。为了顺利解决数字贸易争端,第三方平台有责任、有义务承担补充性的举证责任。因而,国家或者国际组织在数字贸易立法上,如果能统一地对第三方平台施加必要的举证责任要求,就会使数字贸易争端解决中的举证责任问题可能变得不那么复杂。

数字技术必将继续发展,数字贸易需要以现行贸易协定为指导,数字贸易争端解决也当然有必要根据数字技术及其承载的国际贸易内容和范围,厘定举证责任的规则和程序。其中,必须考虑诸如数据本地化要求、隐私和个人信息保护、源代码保护、数字贸易监管等数字贸易市场准入限制给举证责任带来的困境及其解决方法,它们才是判别数字贸易争端解决举证责任的有效性、可靠性的关键所在。

# 第六章　数字贸易争端解决中的司法解释

法律即使再完备,也不可能在适用中得到“十分妥帖”的效果,因而需要法律解释和法律推理予以补充、支持。法律解释对任何法律的适用都是必不可少的,尤其是在审理案件过程中,更需要司法机构对有关法律规范给予明确解释,做到正确地适用法律和公正地裁决案件,以确保争端当事方之间权利和义务的平衡。包括数字贸易在内的国际贸易争端是国际贸易参与者之间权利和义务关系失衡状态的反映,它关涉争端当事方的经贸利益甚或经贸利益背后的社会问题,因而无论是争端当事方还是国际司法机构,都十分重视司法解释问题。

## 第一节　司法解释与条约解释的关系

司法解释实际上是将条约解释按照主体划分的三个层次之中的“第三方解释”。第三方解释可以由一个政治机构做出,如联合国大会听取在《联合国宪章》第六章下产生的争端。这种解释可能是以法律为基础的,如联合国大会向国际法院寻求咨询意见;也可能是以政治为基础的,因为联合国大会毕竟是由各会员国政治代表组成的议事机构。而司法解释是条约第三方解释的另一个代表机构,它往往由对于争端解决的结果并无直接利害关系的专职人士做出。国际实践中,有些国际条约也设立委员会，专职于缔约国在某一问题上出现分歧时的条约解释。[①] 在这一意义上，司法解释仍然应当遵循条约解释的原则和方法。

## 一、条约解释与司法解释的区别与联系

国际法上的条约解释包括通过条约授权国际机构做出的解释，以及根据条约规定授权国际机构做出的具有一定的普遍约束力的立法性解释。[②] 司法解释是司法机构行使司法职权过程的产物，是对有关法律规范的阐释、说明和澄清。通过对比可知，条约解释权是条约本身授予的，行使主体为国际机构；司法解释权是一种便宜行使的权力，由司法裁决权衍生而来，属于"第二性"的权利，其行使主体也较为局限，一般仅由司法裁决机构行使。进一步深究而言，司法裁决权实质上是由当事方同意将争端让与国际司法机构而共同赋予的结果。

这里需要明晰的是这两种解释的权限范围或大小问题。条约解释针对的是条约本身，涉及缔约方的意思表示、条约本身的生效条件等与争端当事方的权利义务有关的事项；而司法解释的边界范围并未根据双方的合意在初始阶段达成，主要原因在于争端当事方对其合意决定援用的司法机构的信赖。在这一意义上，司法解释的边界具有不确定性，由此可能引发进一步的争端。因此，在数字贸易争端解决的程序设计上，应当将司法解释的边界作为一个重要问题予以考虑、处理。

## 二、司法解释必然指向条约解释

就目的而言，条约解释从根源上是为了厘清条约当事方之间的权利和义务，或者在涉及国际规则适用问题上确立基本的标准和"游戏"规则，为司法解释奠定解释的方向和基础。实践中，司法解释必然指向条约解释，也就是说条约解释是其实质内涵。这一事实在 WTO 争端解决机制中尤其明显。

根据 DSU 第 3 条第 2 款的规定，WTO 争端解决机制有助于"依照国际公法解释的习惯规则澄清此类协定的现有规定"(to clarify the existing provisions of those agreements in accordance with customary rules of interpretation of public international law)。在 WTO 争端解决机构受理的第一个案件中，就面临如何解

① For example, European Convention on Trans-frontier Television, Strasbourg, 1989.

② 参见张乃根：《探析条约解释的若干问题：国际法与国内法的视角》，载《国际法研究》2016年第5期。

释“国际公法解释的习惯规则”,或者说如何确定“国际公法解释的习惯规则”的指向问题。通过审理1995年“美国—汽油标准案”、1998年“美国—海虾案”等案件,DSB确定的指向就是1969年《维也纳条约法公约》第31条至第33条。①

条约解释并不限于一个条款的含义与范围不清晰的情形,它还可能延伸到法律适用的任何方面。对于一项条款是否“清晰”的判定,即涉及条约的解释。在这一意义上,条约的解释可以定义为:“寻求一个条款的法律含义的智力运作过程。”而1969年《维也纳条约法公约》第31条至第33条规定了这一议题,并被视为该公约最成功的条款——它在清晰、灵活和规范的条款中实现了平衡,并成为条约解释的国际习惯规则。②

## 第二节 WTO争端解决中司法解释方法的创新

在国际法上,一谈到司法解释,必然就会提及国际法院、国际刑事法院或国际海洋法法庭等国际司法机构,它们对条约解释方法的确定和发展都做出了极为突出的贡献。但在国际贸易领域,WTO争端解决机构最具代表性,且在争端解决过程中不仅确立了司法解释的原理,而且创新发展了司法解释的方法。

### 一、WTO争端解决的司法解释原理

DSU是WTO争端解决机构处理成员间国际贸易争端的规则依据。对于审理案件过程中的司法解释,DSU第3条规定应“依照国际公法解释的习惯规则澄清此类协定的现有规定。争端解决机构的建议和裁决不能增加或减少涵盖协议中规定的权利和义务”。

自1995年“美国—汽油标准案”以来,“国际公法解释的习惯规则”即指1969年《维也纳条约法公约》第31条“解释之通则”、第32条“解释之补充资料”和第33条“以两种以上文字认证之条约之解释”。就“解释之通则”看,“条

---

① See WTO, United States-Standards for Reformulated and Conventional Gasoline, WT/DS2/9, adopted 20 May 1996.

② See for example, the Pulau Ligitan and Pulau Sipadan (Indonesia/Malaysia), I. C. J., Reports, 2002, p. 645, para. 37; and Territorial Dispute (Libya v. Chad), I. C. J., Reports, 1994, p. 21, para. 41 (VCLT. Art. 31). See also the extensive reasoning in the Rhine Chlorides Arbitration, 144 International Law Reports 290 (2004).

约应依其用语按其上下文并参照条约之目的及宗旨所具有之通常意义，善意解释之"，"上下文除指连同序言及附件在内之约文外，并应包括全体当事国间因缔结条约所订与条约有关之任何协定、一个以上当事国因缔结条约所订并经其他当事国接受为条约有关文书之任何文书"；同时，"应与上下文一并考虑者尚有当事国嗣后所订关于条约之解释或其规定之适用之任何协定、嗣后在条约适用方面确定各当事国对条约解释之协定之任何惯例、适用于当事国间关系之任何有关国际法规则"。如果为了证实"解释之通则"所得的意义，或者是根据"解释之通则"使条约规定的"意义仍属不明或难解或者所获结果显属荒谬或不合理时，为确定其意义起见，应使用解释之补充资料，包括条约之准备工作及缔约之情况在内"[①]。在"中国—稀土案"中，WTO争端解决专家组再三申明遵循DSU第3条的规定，借此申明其对WTO规则的解释不存在法理学上的"从宽解释"或"从严解释"。[②]

但令人费解的是，"中国—稀土案"专家组在澄清有关规则时援引了来自美国普林斯顿大学的著名经济学教授杰恩·M.格罗斯曼（Gene M. Grossman）关于"作为环境外部性处理方法的出口税"的意见。尽管《维也纳条约法公约》第31条和第32条并未提及怎样的学者或专家的理论可以作为解释的辅助资料，但作为国际司法机构，WTO专家组似乎更应该追根溯源、分清步骤，即首先应根据国际法的渊源，选择适用的法律（包括辅助资料），然后才是法律解释。在由《国际法院规约》第38条所列的国际法的渊源中，"最高权威国际公法家学说"可以作为条约解释的辅助资料。尽管"文件的解释在某种程度上是一种艺术而不是一种严格的科学"，[③]尽管在理论上和实践中WTO的建立和运行离不开经济学或者国际贸易理论的支持，但该案专家组援引经济学家的理论或观点或学说进行法律推理显然在字面上与"最高权威国际公法学家学说"的表述不一致。[④] 这种情况，充分表明了国际贸易争端解决中司法解释的特点与困境。

首先，司法解释权力来自国际司法机构的宪法性文件。在国际法上，司法

---

① 王铁崖、田如萱编：《国际法资料选编》，法律出版社1992年版，第753～754页。

② See in detail WTO, China-Measures Related to The Exportation of Rare Earths, Tungsten and Molybdenum, WT/DS431/17, WT/DS432/15, WT/DS433/15, adopted 26 May 2015.

③ Robert Kolb, The Law of Treaties, An Introduction, Edward Elgar Publishing Limited, 2016, p. 134.

④ 参见李雪平：《WTO法律规则的逻辑内涵与适用外延——以轰动一时的"稀土案"专家组裁决报告为例》，载《暨南学报（哲学社会科学版）》2016年第5期。

解释的权力来源实质上涉及两个问题:一是国际司法机构是否应该有司法解释权;二是由谁赋予其司法解释权。对于这两个问题,国际司法机构的宪法性运行规则一般都给予了肯定性的规定,赋予国际司法机构对其适用的条约或法律的解释权。DSU 第 3 条规定争端解决机制有助于“依照国际公法解释的习惯规则澄清此类协定的现有规定”,《国际法院规约》第 36 条也规定:“本规约各当事国得随时声明关于具有下列性质之一切法律争端,对于接受同样义务之任何其他国家,承认法院之管辖为当然而具有强制性,不须另订特别协定:(子)条约之解释;(丑)国际法之任何问题。”①

其次,司法解释的对象限于争端当事方明示的条约规则。在 WTO 贸易争端解决中,由于争端是因所适用协定规则的歧义而发生,所以司法解释的对象往往集中于它们在申诉书中所示的条约规则。而条约规则通常是规范缔约国标准的、明确的行为规范,一般由严密的假定、制裁、处理等三部分构成,也通常无须进一步说明。但多数条约规则仅表达了其中的两个因素,尚需要争端解决机构对“处理”予以澄清。

最后,司法解释的效力限于“一事一议”。在通常情形下,WTO 争端解决中的司法解释属有效解释,具有司法效力,但它仅对当前案件及该案件当事方具有客观实在的拘束力,对后来案件及争端当事方不具有约束力,即便是在 WTO 争端解决机构发布的所有有效裁决报告(专家组报告和上诉机构报告)中都列有参考既成案件的名单,而且 DSB 在当前案件中也引用了既成案件的有关表述,但它从未明确承认存在“案例法”,也从未明确承认其在当前的争端案件中运用“案例法”。这就是 WTO 争端解决机构长期坚持的“具体问题具体分析”或者说是“一事一议”(case by case)原则。

实际上,这里的“一事一议”原则,从一个维度反映了国际贸易争端解决中司法解释存在的困境和问题,尤其是司法经济问题。通常情况下,司法解释具有普遍效力,而司法解释的普遍司法效力就是司法强制力,这种强制力与法律效力并无多大区别。但由于“一事一议”不承认司法解释的普遍效力,并从形式上否定基于相同规则的争端的相似性,因而也会造成司法浪费。

### 二、WTO 争端解决中司法解释方法的新发展

国际贸易关系是发展变化的,与贸易有关的国际条约不可能创造出能预料

---

① 王铁崖、田如萱编:《国际法资料选编》,法律出版社 1992 年版,第 1029 页。

到一切可能的争议并预先加以解决的永恒不变的规则。在由主权国家组成的国际社会里,贸易利益关系错综复杂,设计再完备的条约或协定也不可能将国家间的所有贸易关系都囊括无遗。但如同其他法律一样,国际贸易法的相对稳定性需要在因情势变迁而发生的国际贸易争端中予以澄清,因而需要国际司法机构尤其是 WTO 争端解决机构在司法实践中创新发展条约解释的方法。

其一,演进方法。实际上,这种方法不仅被 WTO 争端解决机构在有关的争端案件中所使用,而且国际法院也将其笃定地适用于"哥斯达黎加诉尼加拉瓜关于航行及相关权利争端案"中。① 司法解释的演进方法(evolutionary approach)是指国际司法机构对既有规则进行"与时俱进"的一种解释方法。具体而言,这种方法是国际司法机构对具有稳定性的法律规则根据已经变化了的情势予以分析和解释,使以前订立的有关规则的适用符合当前案件争端当事方权利义务关系需要的一种解释方法。

在 WTO 法上,使用演进解释方法的典型案例当属 1998 年"美国—某些虾和虾产品进口限制案"。根据其缔结的 1975 年《濒危野生动植物物种国际贸易公约》(又称《华盛顿公约》),美国于 1989 年在其《濒危物种法案》中增加了第 609 节,要求捕捉与海龟生活在一起的海虾时,需使用海龟排漏设备。根据该法,美国政府应与采用威胁海龟捕捞方法的国家协商,必要时禁止进口那些使用伤害海龟方法而捕获的虾和虾产品。美国认为,此项禁令旨在保护海龟,平衡美国渔民为使海龟逃生所担负的费用,但要求从 1996 年 5 月起所有向美国出口海虾的国家应证明其使用了海龟排漏设备。然而,印度等国认为,美国《濒危物种法案》第 609 节违背了自由贸易原则,遂向 WTO 争端解决机构提起申诉。美国答辩认为,该法第 609 节的要求,是基于 1994 年 GATT 第 20 条"一般例外"中"凡下列措施的实行在条件相同各国间不构成任意的或武断的歧视手段,或不构成对国际贸易的变相限制,则可采取下列措施:……(g)关系到保护可以用竭的自然资源"的规定。WTO 争端解决机构经审理认为,各国在遵循 WTO 协定义务的前提条件下,可以自由确定其环境政策;"可以用竭的自然资源"的特点本质上是在发展的,应根据国际社会在环境保护方面的现实需要来理解,因而 WTO 成员可以而且应当采取保护濒危野生物种的有效措施,并在双

---

① See Dispute regarding Navigational and Related Rights (Costa Rica v. Nicaragua), Judgment, I. C. J. Reports 2009, p. 23 – 34.

边或多边框架内、在 WTO 或其他国际组织内共同行动来保护濒危野生物种,或通过其他方式保护环境。但是,一国实施以环境保护为目标的限制措施,必须证明它是必要的、非歧视性的,不构成对国际贸易变相限制且必须依赖于可靠的科学证据,而预防原则甚或防止环境损害原则是不可取的。①

其二,衡平方法。这里借用了普通法系中"衡平法"的概念和含义。衡平法是指在裁决法律诉讼时,如果在法律原则和公平原则之间产生分歧,那么公平原则应占上风,法庭并会按此作出裁决。基于此,司法解释的衡平方法是指国际司法机构在澄清有关规则时如果存在权利和义务关系严重失衡,则依据公平、公正原则对有关规则予以解释的方法。这一方法本身包含衡平法产生的理由,即"法越严时无辜者伤害也就越大"(*summum jus*, *summa injuria*, *summa lex*, *summa crux*),也表明了国际司法机构以"正义、良心和公正"为基本原则进而实现公平正义的主要任务。司法解释的衡平方法不是抽象的衡平,而是具体的衡平,它体现在为寻求个案正义对法律适用和解释的实际案件中。

在国际贸易争端中,司法解释的衡平方法主要用于"非违法之诉"案件。顾名思义,"非违法之诉"是指一方贸易行为在没有违背有关规定或义务的情形下使另一方直接或间接地享有的权利或应得的利益正在丧失或减损,那么该另一方即可提起申诉。在 WTO 法范围内,非违法之诉是指 1994 年 GATT 第 23 条和 DSU 第 26 条所规定的申诉,即在一争端方认为由于一成员实施任何措施而造成其根据有关适用协定直接或间接获得的任何利益丧失或减损,或此种措施妨碍该协定任何目标的实现时,方可做出裁决和建议,无论该措施与该协定的规定是否产生抵触。因此,在很大程度上,司法解释的衡平方法是"非违法之诉"案件本身所需要的近乎固定的方法。在这种情况下,WTO 争端解决机构在澄清有关多边贸易规则时,不得不考虑衡平方法所包含的公平、正义,使争端当事方之间失衡的利益关系回到大致平衡状态。

## 第三节　数字贸易争端解决中司法解释的特殊性

正如其表述的那样,数字贸易争端解决中的司法解释需要考虑三个方面的内容:其一,数字贸易属于国际贸易的范畴,如遇规则表述不清或意义不明或争

① See WTO, United States-Import Prohibition of Certain Shrimp and Shrimp Products, WT/DS58/23, adopted 26 November 2001.

端当事方有分歧认识时,完全可以借鉴并遵循 WTO 司法解释的方法,尤其是适用条约解释的原理。其二,数字贸易是电子商务的"升级版",因而也可以依据联合国国际贸易法委员会《电子商务示范法》的有关规定澄清有关的贸易规则,即"在解释本法时,应考虑到它的国际渊源(international origin),以及促进其统一适用和遵守善意的需要;凡与本法管理事项有关的在本法中未明确解决的问题,应按照本法所依据的一般原则予以解决"。① 其三,在广义上,数字贸易是互联网数字技术和国际贸易相结合的产物,因而其中必然包含较为复杂的但又需要澄清的信息技术问题。这三个方面实际上表明了数字贸易争端解决中司法解释的特殊性。

## 一、数字贸易争端解决的司法解释需要信息技术的大力支持

数字贸易是由互联网和信息技术支持的国际贸易,这一点又特别突出体现在数字贸易规则中。例如,USMCA 第 1 条就对一些包含数字技术的名词做出了解释,包括数字产品、算法、计算设施、电子签名、电子认证、交互式计算服务、未经请求的商业电子通信、源代码等。这些名词频繁出现在数字贸易条款中,使与贸易有关的信息技术阐释成为司法解释中的重点和难点。

如果司法机构为解决当前数字贸易争端遇到了数字技术问题,那么它似乎完全可以有权向数字技术专家或专家小组寻求有关信息。但问题是,如果将这些技术信息用于司法解释和法律推理,就可能改变《国际法院规约》第 38 条所列的国际法渊源中作为辅助资料的"权威最高公法学家学说"为"数字技术术语或释义"。

实际上,在过去几十年里,WTO 争端解决机构频频遇到此类问题。在持续 12 年的"欧共体—荷尔蒙牛肉案"中,欧共体拒绝进口被检测出含有极其微量荷尔蒙的美国产牛肉。② 为此,WTO 争端解决机构根据 DSU 第 13 条"寻求信息的权利"的规定,向科学家小组寻求信息支持。但是,关于荷尔蒙的科学信息对司法解释的支持作用,不可能与当今数字贸易中的信息技术相提并论,因为前者是为了更好地解决贸易争端而寻求的辅助性信息,而后者则需要信息技术

---

① Article 3, Model Law on Electronic Commerce adopted by the United Nations Commission on International Trade Law, A/RES/51/162, adopted 30 January 1997.

② See WTO, European Communities-Measures Concerning Meat and Meat Products (Hormones), WT/DS26/ARB, adopted 12 July 1999.

的支持才能开展贸易,且已经融入数字贸易规则当中。甚或在某种程度上,数字贸易争端解决中司法解释的效力取决于数字技术信息,进而可能降低了法律规则本身的约束力。但不能否认的是,基于数字技术信息支持的司法解释,可能更具有科学性。

在“巴西—税费措施案”中,巴西根据2005年生效(原定于2018年12月31日生效)的数字包容性计划,对在巴西生产某些数码产品的企业支付了与《数码电视设备工业科技发展支持计划》《半导体行业激励计划》《社会保险筹资计划》《适用于进口的社会融合和公务员资产形成方案》有关的捐赠产品给予零利率的零售税,而受简单税制约束的公司不属于本方案的范围。同时,根据巴西数字包容性计划,此类产品必须获得“已开发”的地位,并因而导致对进口的数码产品征收的国内税高于对同类国产品征收的国内税。这些规定,显然与1994年GATT第3条(国民待遇)第2款和第4款的规定不一致。①

数字贸易所依赖的信息技术是快速发展变化的,但数字贸易规则具有相对稳定性,因而司法解释的演进方法在这里恐怕应被突出强调。但无论如何,信息技术服务于国际贸易,与之有关的司法解释也应以促进自由贸易为目标。这正如“美国—海虾案”中专家组解释的那样,每个国家都拥有制定和管理科学技术政策的权力,但应以促进自由贸易而不是限制或妨碍自由贸易为目的。

### 二、数字贸易的法律渊源带来的司法解释依据之间的协调

就当前情况看,区域和双边贸易协定包含电子商务或数字贸易条款,因而数字贸易争端解决中的司法解释应遵循《维也纳条约法公约》第31条和第32条的规定。但应特别注意的是,数字贸易条款中包含的诸如在线消费者保护的内容,使数字贸易争端可能包含其他有关争议,如数字贸易中的个人数据和隐私权保护。尽管在有的区域数字贸易规则中对此有所提及,但一般都比较笼统,缺乏可操作性,如CPTPP第14.7条“在线消费者保护”和第14.8条“个人信息保护”。在很大程度上,此类“保护”问题还需要国内有关法律法规予以解决和保障。但必须明晰的是,对于国内法如何解释,不同国家有不同依据和标准,借此可能会引发与数字贸易争端解决有关的司法解释依据的分歧。

从WTO主要成员的现有电子商务立法看,发达国家的数量和水平远高于

---

① See WTO, Brazil-Certain Measures Concerning Taxation and Charges, WT/DS472/R and WT/DS497/R, adopted 30 August 2017, p. 46 – 47 and 306.

发展中国家和最不发达国家,这与各自数字技术的发展程度正相关。因而,如何解决司法解释依据的分歧,显然是一个较为复杂的问题。

首先,应确保争端当事方之间权利和义务的平衡。任何法律争端都是权利和义务失衡造成的分歧或对峙状态,任何法律争端的解决都是通过司法方法使争端当事方之间的权利和义务关系恢复到法律规定的平衡状态。因而,数字贸易争端解决中的司法解释必然以“权利和义务平衡”为核心要素,这也是国际贸易发展的基本内在规律之要求。

其次,应明晰数字贸易争端的法律渊源及其间的差异性。迄今,数字贸易规则多见于双边或区域贸易协定,而且就具体规定看,其间尚存在较大差异。但“在数字时代,关于产业创新政策的区域贸易协定中的许多条款不仅复制了或建立在现有 WTO 协议的基础上,而且为参与者确立了涉及数据保护、数据处理本地化、竞争和知识产权保护等问题的新义务”①。仅就数字产品看,区域贸易协定 CPTPP 和 USMCA 之间就存在差异。作为世界上第一个包含数字贸易的约束性语言的区域贸易协定,CPTPP 将数字产品定义为计算机程序、文本、视频、图像、录音或其他数字编码的、为商业销售或发行而制作并能通过电子方式传播的产品。在给这一定义的注释中,强调“数字产品的定义不应被理解为反映缔约方关于通过电子传输进行的数字产品贸易应被归类为服务贸易还是货物贸易的观点”。而 USMCA 下的数字产品,是指计算机程序、文本、视频、图像、录音或其他数字编码的、为商业销售或发行而制作并能通过电子方式传播的产品,更确切地说,数字产品不包括金融工具(包括货币)的数字化表现。同时,还通过注释形式指出,这一定义不应被理解为反映一方认为数字产品是货物或服务的观点。因而,USMCA 将跨境服务、金融服务、投资—支付转移等排除在外。

除此之外,数字贸易争端解决的司法解释还不得不关注国内立法对数字贸易的影响及其澄清。2018 年,法国参议院投票通过了向大型互联网企业征收数字税的法律草案。根据该法案,自 2019 年 1 月 1 日起,包括谷歌、亚马逊、脸书等 30 多家全球数字企业的营业收入不低于 7.5 亿欧元但同时在法国营业收入超过 2500 万欧元的,将被征收相当于其在法国营业额 3% 的数字税。对于法国的这一立法,美国贸易代表办公室宣布,将根据美国《1974 年贸易法》“301 条

① WTO, World Trade Report: Government Policies to Promote Innovation in the Digital Age, 2020, p. 129.

款”对法国数字服务税发起调查，以确定其是否对美国企业存有歧视或不合理待遇，是否构成对美国商业的负担或限制。①

最后，应关注 WTO 数字贸易谈判中可能形成多边规则的内容。WTO 自 1998 年开始关注和重视电子商务，并开展了多轮谈判或讨论。截至 2023 年 2 月，有 88 个 WTO 成员参与这些讨论，并将谈判主题从“电子商务”扩大至包含服务在内的数字贸易。与所有其他“联合倡议”（Joint Initiative）一样，所有 WTO 成员都可以参加电子商务“联合倡议”。它们在意见书中提出的问题分为促进电子商务、开放和电子商务、信任和数字贸易、整合问题、电信和市场准入（enabling electronic commerce, openness and electronic commerce, trust and digital trade, cross-cutting issues, telecommunications, and market access）等六个主题。② 可以预见的是，WTO 数字贸易多边谈判必然会借鉴区域贸易协定中的有关条款，是将数字贸易规则从“碎片化”到“整体化和统一化”的过程。对此进行关注，有助于确定和理解数字贸易争端解决中司法解释的原则和方法，更有助于预见争端当事方之间权利和义务关系的平衡——它们是未来司法解释中可资参考的谈判记载资料。

## 第四节　数字贸易争端解决中司法解释的原则和方法

尽管数字贸易属于国际贸易的范畴，具备国际贸易的诸多特征，但它与传统的国际贸易还存在某些差异。这些差异，一方面来自互联网和数字技术的发展与支持，另一方面也反映了消费者或用户对数字贸易企业及第三方平台的信任。因而，在处理数字贸易争端案件中，对有关规则适用的澄清或解释应区别于传统的国际贸易争端案件司法解释的基本原则。数字贸易争端不同于传统

---

① “301 条款”是美国《1974 年贸易法》第三章第 301 ~ 310 节（19 U. S. C. § 2411 – 2420）的简称，标题为“对不公平贸易行为的救济”。它赋予美国贸易代表办公室一系列责任和权力，对违反美国贸易协定或从事不合理或歧视性行为并给美国商业带来负担的外国企业实施贸易制裁。1995 年以前，美国利用“301 条款”单方面向其他国家施压，要求它们消除贸易壁垒，对美国出口产品开放市场。在 WTO 建立可强制执行裁决的争端解决机制后的一段时间内，美国大大减少了对“301 条款”的适用，但如今面对国际市场的激烈竞争，美国又开始频繁援用该条款保护美国的商业利益。See US Congressional Research Service, Section 301 Investigations: Foreign Digital Services Taxes (DSTs) (June 10, 2020), https://crsreports. congress. gov.

② See WTO, Joint Initiative on E-commerce, https://www. wto. org/english/news_e/news21_e/ecom_05feb21_e. htm, visited on 6 March 2021.

的国际贸易争端,因而需要遵循一些既能体现数字贸易特点又能确切反映保障争端当事方之间权利与义务平衡的基本价值的原则和方法。

## 一、文本主义与司法能动主义相结合

前已述及,司法解释的核心内容和最终途径都将涉及条约解释。以条约解释的内容为标准,条约的解释方法可以划分为两大主张——文本主义和目的主义。文本主义的主张是指文本是唯一客观的普遍性证明,并且可以保证法律的确定性;而目的主义的主张是主观且排他的。从目的主义出发,条约解释的维度倾向于探究缔结条约的动机,但不可忽视的是,随着时间演变,缔约国缔结条约时的目的可能在有较多缔约国的多边条约中难以清晰阐明。对于这两种条约解释的主张,《维也纳条约法公约》做出了清晰的选择,即赞成文本主义立场,强调以文本为重心。具体而言,目的解释的维度仅在《维也纳条约法公约》第31条第1款中有所表示,即“条约应依其用语按其上下文并参照条约之目的及宗旨所具有之通常意义,善意解释之”,而第31条的其他所有规定以及第32条和第33条均是从文本角度解释条约的规定。

从目的主义角度出发条约解释方法不被强调的原因有三:其一,为了保持法律确定性或条约的稳定性。若以条约缔结的目的为标准进行司法解释,强国可能在条约解释的目的上有更多话语权,以条约的文本为主,可以抵御当事方以自身利益为目的的强权操控。其二,有些多边条约本身缺乏特定明确的目的,探究多边条约呈现的众多目的和动机极易引发新的争端。其三,为了应对演进的解释方法引发的实践难题。对于开放型条约而言,若仍然采用目的解释的方法,将会带来对每一个新加入方的目的进行表述的现实需求,但必须承认的是,这种情况在实践中并无可行性。

尽管条约解释方法可以分成文本主义和目的主义两种,但必须认识到,条约的解释并非一种纯粹的科学,而是一门艺术。从本质上看,条约的解释并无固定的方法,应当将条约的解释过程视为一个有机的整体,而非将其范式化。对条约进行解释时,有一系列重要性不等的因素需要被考虑。这些因素基于“司法解释”这一措辞而被融入一个法律推理的复杂过程。罗伯特·寇博(Robert Kolb)将条约解释的这一法律推理过程形象地比喻为“用一串钥匙的智能组合,以解开条约理解之大门”。而且,实践中,并非只有一个条约解释的结果,不同的争论及其所依据的基础价值,都可以达成一个事实、一个难题、一个准则或者解释后的文本。①

《维也纳条约法公约》第 31 条至第 33 条虽然是国际公认的条约解释的准则或者原理,但其本身仍然难以逃脱被解释的法律过程。以此为例,对此类条款的解释过程可以分为不同的层次。一般的解释规则在第 31 条第 1 款,接下来向更广义的语境扩展,与条约文本相关的因素是在条约订立时即存在的因素,如与条约有关的协定(第 31 条第 2 款)。接下来,继续扩展至与条约相关但发生于条约缔结之后,如有关条约解释的嗣后协定、条约缔约国的嗣后实践及国际法其他的适用规则(第 31 条第 3 款)。继而,条约解释的补充方式经第 32 条的阐释,即条约缔结②和准备工作③可以被用来确认或确定一个条款的意义,即如果根据第 31 条解释条约仍存在含义模糊,或者导致一个明显不合理的情况,则可以寻求第 32 条的帮助。④ 原则上,第 32 条是辅助性质的,但解释者在解释条约时通常会寻求一切相关因素,因此第 32 条下的补充性含义可以用来确认根据第 31 条得出的结果。⑤ 而且诸多司法解释的实践也证明,在《维也纳条约法公约》第 31 条和第 32 条之间并无分割的现象发生。

必须注意的是,在条约解释中能否援用权威性学说和技术论点,在《维也纳条约法公约》中并未有任何规定,但这一层面是受到所有法学流派的公认和关注的。总而言之,虽然条约解释最重要的部分在第 31 条之中,但它与第 32 条和第 33 条之间相互作用,且每个条款之间存在先后适用的逻辑关系。

在国际法上,由于没有统一的立法机关和司法机关,因而条约解释的任务

---

① See Robert Kolb, *The Law of Treaties: An Introduction*, Edward Elgar Publishing Limited, 2016, p. 134.

② For example, Abyei Arbitration (Government of Sudan/Sudan People's Liberation Movement) on the Territorial Situations Prevailing in 1905, 2009, International Law Reports, Vol. 144, p. 571, para. 616. See also ICJ, the Case Concerning Rights of Nationals of the United States of America in Morocco, Reports, 1952, p. 189.

③ 仲裁庭也要利用特许协议的起草历史,可将其类比为《维也纳条约法公约》第 32 条下的准备工作。See R. Gardiner, *Treaty Interpretation*, Oxford, 2008, p. 99; and International Law Reports, Eurotunnel Arbitration, Vol. 132, 2007, p. 34, para. 94.

④ See M. E. Koppenol-Laforce, *The Property Aspects of an International Assignment and Article 12 Rome Convention*, 45 Netherlands International Law Review 129 – 137 (1998).

⑤ See RIAA, The Air Service Agreement (US/France) Case (1963), Arbitration, Vol. XVL, p. 51; see also International Law Reports, The Rhine Chlorides Arbitration, Vol. 144, 2004, p. 296, para. 70; see also The Broder and Transborder Armed Actions Case (Jurisdiction and Admissibility), Judgement, I. C. J. Reports, 1988, p. 90.

一般都是由受理案件的国际司法机构承担。它们一般也都依据《维也纳条约法公约》第31条和第32条澄清条约规则的内容或者争端当事方之间的分歧。但如果固守这些方法,可能产生“文本主义”。文本是条约的解释的出发点,但未必是其终点。缔约方细致地商讨条约的文本,以表达其目的,因此首先分析条约的文本是合理的。文本是必要的法律确信的工具以及缔约方意图的外化表现,它保障了规范性内容的可预测性,这也是缔约方在起草条约时所追求的。考虑到文本的合理含义取决于上下文与条约的目的,其本身并非解释性议题,即简单地采用词典中注明的词语的最常用含义。而文本表达的极有可能是最不常见的含义。因此,文本解释的原则应当是最为“惯常”使用的词语,这也是客观立法主义者所期盼的。

文本主义是一种法律形式主义理论,它意味着对法律规则的解读仅基于文本的字面意思,而不能带入一些非文本的资源,如立法意图、争端发生的背景等。但是,法律形式主义者认为,法律规则是做出法律裁判的绝对中心,法官裁决的过程只是发现事先存在的法律,将其通过形式逻辑的方式运用于具体的案件从而得出判决的过程。① 司法解释的文本主义也被称作狭义解释论,可能导致不切实际的适用后果。

正因为国际社会没有统一的司法机关,有关的国际司法机构才应发挥其主观能动性。司法能动主义是现实主义者所坚持的观点,认为法官在审理某一案件时,做出法律裁决过程应当包含一些更为宽广的观点。也就是说,在处理具体争议时,除了考虑既定的法律规则以外,还要考虑具体案件的事实、法律原则、案件的社会影响、伦理、道德、政策导向等因素,在综合平衡的基础上做出最后的决定,以弥补法律规则本身缺乏灵活性的不足。“立法总是具有目的性的活动,法律是被订立以回应实践难题的。”②虽然了解其目的有利于更好地解释条款,但技术上的解释很少孤立地出现,它总是必然地和文本解释或上下文解释结合出现。然而,正如前文对《维也纳条约法公约》将目的解释不作为重点解释导向的原因分析中所述,以条约缔结的目的为基础维度的司法能动主义方法就存在一个潜在的危险,即解释者可能会轻易涉足缔约方的目的并且赋予自身

---

① See Paul O. Carrese, *The Cloaking of Power: Montesquieu, Blackstone, and the Rise of Judicial Activism*, University of Chicago Press, 2018, p. 66 – 68.

② Robert Kolb, *The Law of Treaties: An Introduction*, Edward Elgar Publishing Limited, 2016, p. 145.

以立法职能。如此一来,一项司法解释可能实质上构成对于条约某一条款的修订。

无论是文本主义还是司法能动主义,首先需要弄清楚的是对数字产品的分类。互联网中的贸易活动可以分为商品或服务,这种区别不仅是理论上的,而且还具有深远的实践意义,当然包括数字贸易争端解决实践。早在2003年,在WTO框架内,安提瓜和巴布达(安巴)就美国封锁互联网赌博服务提起的申诉,认为美国不允许互联网赌博服务的跨境传输(cross-border transmission of internet gambling services)。[①] 对此,WTO争端解决机构认为,美国承诺提供"其他娱乐服务",这与通过互联网提供赌博服务完全相同。2007年WTO争端解决机构发布了安巴根据DSU第22条第6款申请仲裁的结果,认定在本案中,即便安巴遵循DSU第22.3条下的原则和程序对美国暂停《服务贸易总协定》(GATS)下的减让或其他义务,但其每年仍会丧失或减损2100万美元的利益,且情况足够严重,因而裁定安巴可请求DSB授权,以每年不超过2100万美元的数额暂停履行《与贸易有关的知识产权协定》项下的有关义务。[②] 这充分表明,在快速发展的互联网世界里,"美国—影响博彩服务跨境提供措施案"的结论并非解决国际政策制定和互联网问题的灵丹妙药,历时多年的争端解决程序依然站不住脚。[③] 但可以肯定的是,该案也提出了互联网产品(或信息产品或数字产品)的分类问题,如果它们被当作货物来对待,首先就会受到关税、最惠国待遇、国民待遇以及一整套非关税纪律的约束,如原产地规则、进口许可证、海关估价等;如果它们被视为服务,WTO成员将无法通过关税等边境措施对其进行监管,由此给予有关的国内监管措施相当大的回旋余地。[④]

需要特别指出的是,司法解释的文本主义通常被看作"墨守成规",而司法能动主义的主张通常被看作司法机构对其应遵守法律义务的实际背叛,是司法

---

① See James D. Thayer, *The Trade of Cross-Border Gambling and Betting: The WTO Dispute Between Antigua and the United States*, 3 Duke Law and Technology Review 1, 1 – 12(2004).

② United States-Measures Affecting the Cross-Border Supply of Gambling and Betting Services, Decision by the Arbitrator, WT/DS285/ARB, adopted December 21 2007, para. 6.1.

③ See Usman Ahmed, *The Importance of Cross-Border Regulatory Cooperation in an Era of Digital Trade*, 18 World Trade Review s99, s107 – s108(2019).

④ See Henry Gao, *Regulation of Digital Trade in US Free Trade Agreements: From Trade Regulation to Digital Regulation*, 45 Legal Issues of Economic Integration 47, 51(2018).

权力超越法律所设定的适当限制的表现。[①] 在解决数字贸易争端的司法解释实践中,应将两者相互结合、进行权衡,不能顾此失彼。对此,完全可以将善意原则作为司法解释的文本主义和能动主义的平衡工具。善意原则要求的核心是倡导对于条文的合理解释,即根据立法期待予以理解,但并不试图阻止条款或义务,并不受制于为了回避承担条约义务的条文本身。善意原则将强化普通意义上的条约的功能,但也避免过于僵化的文本解释。[②] 因此,从这一原则确立的主旨出发,使它成为调节司法解释的文本主义和能动主义之间关系的"平衡工具"。

## 二、国际渊源与国内渊源相结合

数字贸易意味着数据的跨境流动及其给消费者带来的影响。虽然在一些区域贸易协定或者双边贸易协定中存在数字贸易规则,但正如前文所述,迄今未有达成为世界各国统一接受的规则。就同一数字贸易规则看,如果渊源不同,可能就存在不同的释义或理解,"测其渊源,览其清浊"。因而,对于数字贸易争端解决中有关规则的澄清,需要考虑其国际渊源和国内渊源,而且在某种程度上,解决好这一问题,或可使有关的司法解释问题迎刃而解。

就国际渊源而言,无论是区域协定还是双边协定,由于缔约方之间在谈判过程中已经有过充分讨论和交换意见,甚或对于有关的数字贸易规则的内容有相应的注释说明或者备忘录,因而对相关规则的解释相对比较容易在争端当事方之间达成一致。但比较而言,其一,对双边数字贸易规则的解释难度会小于区域贸易协定的数字贸易规则的解释难度;其二,就设计和适用看,双边数字贸易规则优于区域贸易协定下的数字贸易规则,这不仅取决于它们先进的数字技术,而且取决于双方促进数字贸易的现实需要;其三,由于缔约方及数字产品范围都相对有限,双边数字贸易规则带来的贸易实际效果显然要小于区域贸易协定下数字贸易规则的作用。这些因素都会对数字贸易规则的解释产生影响。

就国内渊源而言,对数字贸易规则的解释可能存在较为复杂的情形,主要体现在对适用规则的依据、范围的分歧上。首先,各国对数字贸易的立场和管

---

① 参见林燕焱:《司法裁决中的能动主义》,载中国法院网,https://www.chinacourt.org/article/detail/2004/12/id/143110.shtml,2021 年 1 月 29 日访问。

② See Robert Kolb, *The Law of Treaties: An Introduction*, Edward Elgar Publishing Limited, 2016, p. 149.

制措施不同，导致对有关适用规则的释义可能存在狭义理解和广义理解，进而对相关的权利和利益期待和要求也就会有不同。其次，各国对于数字产品的不同理解，影响数字贸易的范围及程序事项，如数字产品的税收问题，对有关适用规则的解释也就存在不同的要求。最后，各国对于数据流动和隐私保护程度或标准的差异立场和规定，显然会导致对有关适用规则的不同理解，尤其在此类规则关涉数字贸易权利和利益的情况下，对有关适用规则的歧义可能分裂得更为严重。

### 三、条约解释的传统方法与信息技术相结合

一方面，数字贸易争端属于国际贸易争端的一种，因而对有关适用规则的解释也应遵循国际法上关于条约解释的原理和方法，这主要是指《维也纳条约法公约》第 31 条和第 32 条所规定的方法。同时，还需要考虑国际司法实践中产生的诸如演进方法、衡平方法等新解释方法的可适用性。

另一方面，对数字贸易规则的解释不可能脱离数字技术知识及其支持。可以毫不夸张地说，数字贸易就是由数字技术催生的一种国际贸易形式，其中必然包含诸多数字技术的信息和术语。尽管这些信息和术语在法律上表现为稳定性，如源代码转让、跨境数据流动等，但必须考虑互联网和数字技术发展对此类信息和术语的影响及其对既定数字贸易规则的影响。

在很大程度上，这种随着科技发展而对原有的贸易规则进行解释的方法可称为“演进方法”。但正如 WTO 争端解决机构在“美国—海虾案”“中国—稀土案”中阐释的那样，WTO 不反对甚或支持成员以 1994 年 GATT 第 20 条“一般例外”下“可以用竭的自然资源”为依据采取国内环境保护措施，但必须满足不对国际贸易构成变相限制或者不在情形相同的国家之间构成武断或不合理的歧视，或者说应以自由贸易为目标。这充分表明了演进解释方法所应遵循的基本规律。因此，数字技术的发展应服务于数字贸易自由化的目标，而不是成为数字贸易的障碍或壁垒。

这里更应该注意的是，各国由于数字技术发展水平、数字贸易规则及国内数字市场等的差异，其间进行数字贸易的过程和结果可能就存在一些不公平、不平衡的状况。在这种情况下，对适用的有关数字贸易规则的解释，应考虑采用“衡平方法”及其对争端当事方之间权利义务关系的积极影响。

## 本章小结

从经验角度看,WTO 争端解决的司法解释不仅遵循了国际条约解释的一般原理,而且根据国际贸易局势发展产生了新的解释方法。但在争端解决实践中,由于司法解释关系到法律推理、司法公正、裁决结果以及国际贸易关系的稳定,WTO 争端解决机构经常遭遇成员对其司法解释的不满或非议。这种情况一方面表明了司法解释对于当前争端案件的重要性,另一方面也反映了司法解释所面临的惯常困境。

随着数据作为生产要素投入的重要性及多方潜在使用此类数据的持续增长,数据传输、数据本地化、隐私保护、国家监管等的国际贸易新规则也随之产生。① 作为国际贸易争端解决的组成部分,数字贸易争端解决的司法解释对争端当事方来说也至关重要。尽管双边或区域贸易协定中包含数字贸易规则,但不能对其间的差异视而不见,也不能对此类差异带来的司法解释难题视而不见。即便 WTO 正在进行数字贸易的多边谈判,也不能一时改变迄今为止未有达成统一适用的数字贸易协定或规则的现状,因而更应该重视这一过程对未来数字贸易争端解决中的司法解释的影响。基于此,在数字贸易争端解决中,对有关适用规则的澄清不仅要顾及 WTO 贸易争端解决的司法解释方法,而且应根据数字贸易的含义及其发展较为全面地考虑所有既定的数字贸易规则,谨慎选择相应的解释方法。

"条约在解释或适用方面引起许多争议。虽然这两个术语通常是一并提及的,但严格地说,当含义清楚时,则适用该文本;当含义不清楚时,就必须对其进行解释。"②作为一种新兴的贸易方式,数字贸易的全球标准亟待统一,因为数字贸易的争端解决必须依赖于司法机构对双方于条约中订立的权利义务标准的适用、解释和推理。因而必须重视并解决条约解释与司法解释的互动关系、司法解释的边界厘定以及文本主义和司法能动主义之间的界限等问题。

---

① See WTO, World Trade Report: Government Policies to Promote Innovation in the Digital Age, 2020, p. 129.

② A. Aust, *Modern Treaty Law and Practice*, Cambridge University Press, 2000, p. 285.

# 第七章　数字贸易争端解决的线上程序

数字贸易的核心是数据的跨境流动。对线上开展的虚拟交易活动来说,要约(要约邀请)的发出与交易标的及其价款的接收均在线上程序中开展;并且,其证据的收集和存储也依托线上媒介开展,数字贸易争端解决过程中的司法解释也不可避免地涉及对数字技术、线上数据的认定和取舍。因而,对于数字贸易争端解决,线上程序是突破传统国际贸易争端解决方式的关键部分。在设计线上程序时,应考虑其必要性以及可行性方案。为此,可以从当前主要的线上争端解决程序入手,在已有的良好实践成果中分析经验和不足,借此探讨数字贸易争端解决采用线上程序的优越性与局限性,以满足数字贸易及其自由化进程所需的公正和效率。

## 第一节　数字贸易争端解决的标准程序释疑

数字贸易争端解决可能采用的程序步骤包括协商、调解、仲裁和司法裁决。① 根据"过程多元性"概念,解

---

① See C. Gill et al., *Models of Alternative Dispute Resolution: A Report for the Legal Ombudsman*, Legal Ombudsman, 2014, p. 16 – 21.

决争端的每个步骤都有其特定的形式、功能和限制。[①] 结合第二章阐释的对抗式与审问式程序设计的理念与功能差异，可以认为，总体上，协商、调解属于采用利益导向解决争端的模式；仲裁和司法裁决属于采用权利导向解决争端的模式。梳理数字贸易争端解决的标准程序，其线上或线下形式则可以由当事方结合具体案情予以自由选择。

## 一、数字贸易争端解决标准程序中的步骤

设计争端解决程序之前，首先须明确程序的参与方。除了第二章谈及的企业这一有限当事方以外，数字贸易争端解决应开辟专门的相关第三方参与的机制。从国内民事诉讼中的第三方分为有独立请求权的第三方和无独立请求权的第三方的角度进行类比，理论上按照是否能够在争端的案件诉求以外再提出独立的诉求这一标准，数字贸易争端解决的第三方也有两个分类。考虑到数字贸易争端解决程序涵盖诸多步骤，争端事由涉及复杂的利益和事实，在试运行阶段总体应当遵循“精简设计”的原则，仅允许无独立诉求的第三方参与程序规则，有独立诉求的第三方应另案处理，单独提出其不同于原案的诉求。

无独立诉求的第三方在提交有效材料说明其与特定案件的特殊关系，并在提出参与案件的申请后，经双方当事方许可后，原则上即享有列席或注册账号参与争端解决的程序流程，听取案件进展，就案件所涉事实发表意见、提供证据的权利。[②] 对于其发表的意见和提供的证据的采信由有权做出有约束力的争端裁决结果的主体予以定夺。无独立诉求的第三方无权对争端结果达成的因果逻辑推理和论证提出异议，也不能影响程序进度，更不能干预争端解决方案的落实和执行，同时也应当严格保守当事方和程序规则中按规定应予以保密的事项。

### （一）当事方协商作为可选性步骤

为了区别于 DSU 关于磋商程序的规定，这里不将协商作为数字贸易争端解决的必经步骤。DSU 以一系列已达成初步同意的协议文件为基础，争端当事

---

① See L. Fuller, *Mediation: Its Forms and Functions*, 44 Southern California Law Review 305, 305(1971); L. Fuller, *The Forms and Limits of Adjudication*, 92 Harvard Law Review 353, 353 – 409 (1978).

② 这里的特殊关系一般指存在利益联系的关系，或者争端解决的结果可能会对其利益产生影响的关系。

方开展协商并达成解决方案的可能性较高。而在数字贸易领域,各国在整体治理原则、对数字贸易的分类、监管政策以及市场准入要求等多个领域的分歧较大,而多边实体规则还在谈判中;少数区域贸易协定尚未获得较大范围的认同,其中关于"数字产品非歧视待遇""禁止披露源代码"等倡导贸易自由化的规定仅对协定的缔约国有效,适用范围也极其有限。因此,数字贸易争端当事方在部分争端事项上缺乏开展法定的强制性协商的基础。将协商作为争端解决的强制性步骤可能降低效率、激化矛盾,因而应结合个案情况,为争端当事方预留选择空间。

当事方若选择协商,一般情况下应是私下开展,也可以选择公开发布协商信息,允许相关利益主体旁听。协商成功则将最终结果以协议文本的形式予以固定,经双方签字确认后对双方均有效力,该案的争端解决程序终止;若协商不成功,也应当将协商过程中双方的重要立场观点和已得到彼此承认的证据材料固定、整理,双方签字确认后可以作为后续程序中的证据使用,避免重复劳动,以节约程序成本。

**(二)发挥调解的督促指引功能**

全球数字贸易的发展水平不平衡,各贸易国的可得利益差异大,加之各国关于数字贸易治理的立场分歧,可能存在某一当事方在参与争端解决过程中消极应对的情况。鉴于此,数字贸易争端解决需要包括调解在内的第三方纠纷解决机制发挥督促作用,于双方利益冲突中居间协调,辅助解决方案的达成。

原则上,调解员由双方共同在政治机构发布的人员名单中选择,若逾期未选出可由司法机构指定,即可由双方选择名单之外的人选担任,并将其报告给与建立线上程序有关的政治机构批准。但应注意的是,这一阶段的第三方调解结果并非争端解决的最终方案,而是充分尊重双方对彼此利益协调的选择,就个案中数字贸易争端的性质界定、调解的阶段性进展等方面做出的总结性报告。

**(三)改进仲裁专家组模式**

仲裁通常因为其具有的专业性以及当事方可享有的程序控制度,在贸易争端解决中被优先考虑。[①] 并且,数字贸易争端的独特属性决定了其更适合一个

---

① See Simon Roberts and Michael Palmer, *Dispute Processes: ADR and the Primary Forms of Decision Making*, Cambridge University, 2005, p. 264 - 269; Susan Blake, *The Jackson ADR Handbook*, Oxford University Press, 2013, p. 458.

专业、自主性强的纠纷解决机制。因此，在某种意义上，仲裁是最适于数字贸易的纠纷解决方式，主要职能包括：

第一，有条件地实行中期报告制度。DSU 和部分区域贸易协定实行仲裁专家组中期报告制度，向争端当事方提供阶段性反馈意见，以期提升争端裁决结果的质量。如前所述，伴随全球价值链的利益分配，企业日益成为数字贸易的重要参与方，可以以争端解决主体的身份参与争端解决程序。相较于主权国家，基于综合贸易实力的比较弱势地位，在缺乏充足司法资源且时间表又较为紧张的情况下，企业尤其是中小企业可能难以提供充分的实质性评论。因此，实行有条件的中期报告制度，有利于企业尤其是中小企业充分参与争端解决程序并维护其应有的权利和利益。

为平衡数字贸易争端当事方的地位，提升争端解决程序的公正性，节约司法资源、提升效率，应当有条件地实行中期报告制度，当争端当事方中仅有一方为企业时，结合企业当事方的具体意愿，酌情免除数字贸易争端裁决程序的中期报告环节。其他情况下，可以继续实行中期报告制度，以增强争端裁决结果的科学性与有效性。

第二，不采用二次审核机制。NAFTA 与 WTO 的争端解决机制中均包含“二审”程序。与 WTO 规定争端当事方选择性上诉不同，NAFTA 的“二审”为必经的步骤。[①] 前者由常设上诉机构成员就专家组报告（一审结果）中的法律解释和法律适用问题开展审查，NAFTA 则由原仲裁小组对初始报告开展进一步审核。NAFTA 争端解决程序的援用者稳定且有限，其二次审核程序实质上是对仲裁小组初始报告的再次核查。

然而，对于数字贸易争端解决而言，迄今缺乏统一适用的实体规则作为二次审核的根本依据；同时，增设二次审核机制既不利于提升其程序运行的效率，又不利于增强该程序的包容性。但是，可以增设数字贸易争端解决的准司法调查步骤，为仲裁专家组审查法律适用问题之外所涉事实调查分担压力。

综上所述，数字贸易争端解决的标准程序中的步骤包含选择性协商、调解及有条件的中期报告和二次审核机制的精简仲裁模式。由此，数字贸易争端解决的基本步骤安排已明确，但应细化探讨具体步骤实行中的规则设计。

---

① 仲裁小组做出初始报告后，还应根据争端当事方的请求积极审议该报告，或者适当展开进一步审查，再做出最终报告。

## 二、采用阶梯式流程解决数字贸易争端

原则上,争端解决程序应当是有层次的,且各层次之间采用由简易救济到正式救济的递进关系。为应对大量数字贸易争端,应阶梯式地划定不同阶段,使程序步骤发挥过滤功能,最大限度地减少需要处理的案件流。① 根据第二章中“利益先行,权利辅助”的程序设计理念以及先对抗后审问的程序选择,数字贸易争端解决的整体流程安排可遵循如下基本框架:一是在遵循争端当事方意愿的基础上引导争端双方协商,关注其间利益冲突的协调;二是在利益协商失败时,提供较低成本但能足以保障争端当事方权利的调解方法;三是注重补充环回程序设计,以鼓励当事方在程序流程中断或陷入僵局时恢复谈判。② 依据这一基本逻辑,数字贸易争端解决程序可以整体划分为三个步骤:第一步,需要争端当事方提交关于自己立场的说明,或者通过协商确定争端的根源,并据此对争端定性,其间政治机构可以将存在重大政治立场分歧的争端排除出管辖范围;第二步,视协商情况以及争端当事方意愿加入第三方调解,督促程序开展并引导其间满意的争端解决方案的达成;第三步,裁决与确认阶段,即仲裁专家组程序。

选择争端解决方法,需要考虑两个问题:一是争端本身的性质如何影响其援用的争端解决机制;二是在同一争端解决机制内,不同的解决方法如何影响其间的地位和权重比例。③ 以上对数字贸易争端解决程序的设计以促进性的方式开始,以约束性的正式决定或裁决为止。这一流程设计以当事方之间的直接利益沟通为主,第三方介入为辅,最大限度地降低处理数字贸易争端程序的综合资源消耗,以应对繁杂的案件数量;以利益协商为先、以权利认定为后的顺序,可以鼓励争端当事方以满足自身需求为出发点,开展精诚合作而非相悖对抗。

## 三、保证当事方参与程序的自主性

基于第一章中已经探讨的数字贸易规则发展的纵向需求——数字贸易争

① See Colin Rule, *Designing a Global Online Dispute Resolution System: Lessons Learned from eBay*, 13 University of St. Thomas Law Journal 354, 358 – 360(2017).

② See W. Ury et al., *Getting Disputes Resolved: Designing Systems to Cut the Costs of Conflict*, Jossey Bass, 1988, p. 19 – 20.

③ 参见郭玉军主编:《网络社会的国际法律问题研究》,武汉大学出版社 2010 年版,第 28 页。

端解决应适应数字经济环境的变化，及其横向需求——数字贸易规则适用亟须突破地域界限，数字贸易争端解决的程序设计应具有灵活性，并且赋予争端当事方一定的程序参与自由度。

其一，承诺争端当事方对程序进展的控制，允许双方决定何时进入流程的下一步骤。若争端当事方在协商阶段未对解决方案展开充分讨论，或尚未对彼此利益诉求形成清晰认知即进入调解步骤，将增加程序资源浪费（如选任调解员）；相反地，假如争端当事方已根据程序步骤各自的"功能和限制"完成既定任务，却难以继续推进流程，达成最终方案的期限将延长。为此，可以在程序步骤的具体时限基础上适当给予争端当事方掌握程序进度的自主权。争端当事方也有权提出程序中止的要求，更有甚者，当其认为必要时，也可以要求终止争端解决整个流程。此为当事方天然的无证自明的权利，也是国际法上"和平解决国际争端"义务的内蕴含义——争端当事方并不具有必须解决争端的义务。

保证争端当事方享有程序自由价值的同时，也应确保不损害争端解决的效率以及程序的公正价值。为避免一方恶意拖延程序进度，对每一程序步骤规定合理期限限制，超出期限范围的主张应视为无效，须重新提出程序诉求；为避免一方恶意加快程序进度，应为每一步骤配套增设评估环节，评估每一步骤的任务完成情况。对于期限尚未届满的程序，发布继续推进的建议或指导；对于已超出期限仍未完成的程序，应按照新的程序诉求处理。

其二，避免依据设计者本身偏好预先选择具体步骤，但应赋予争端当事方一定的自主选择步骤的权限。数字贸易争端具有文化背景多元性的特点，受不同文化因素影响的争端当事方可能具有不同的模式偏好。[①] 而不同模式在价值取向、功能界定以及运作方式等方面存在明显差异，争端当事方须结合个案中争端的性质从中挑选出最适当的方案加以运用，即数字贸易争端解决的程序设计可以允许针对特定情况的定制。特定情况主要包括当事方的文化喜好和情境差异引发的选择偏好。另外，数字贸易争端的标准事项类型多元，鼓励差异化争端解决更能促成有关协议的达成，进而提升当事方参与争端解决程序的满意度。

---

① See Chris Gill et al., *Designing Consumer Redress: A Dispute System Design (DSD) Model for Consumer-to-Business Disputes*, 36 Legal Studies 438, 459 (2016).

## 第二节　数字贸易争端解决线上程序的必要性

实践中,在线争端解决由来已久,并已取得丰硕成效。它已广泛应用于同步或不同步的通信领域,成为辅助协商、谈判、调解、仲裁的有力工具。尽管在线争端解决程序存在诸多局限性,但它有效、便捷以及数据友好的属性超越了传统线下程序。因而,通过结合对数字贸易争端解决的线上程序有效性的综合评估,可以论证其设计及适用的必要性。

### 一、当前主要的线上争端解决程序

当前主要的线上争端解决程序即为在线争端解决(Online Dispute Resolution, ODR),“它在技术层面上使用同步通信与非同步通信。”[①]同步通信指争议当事方与由争议解决机构指定的调解人或仲裁人之间随时互动,并保持高频沟通,如视频会议和即时聊天。然而,在非同步通信的情形下,信息交换以间隔或非连续性的方式进行,如电子邮件往来、电子文件交换。同时,争端当事方可以自由选择频率,以各种方式自由使用互联网或网络技术。换言之,在线争端解决不排斥“离线”(如面对面)方法,除了电子邮件、即时聊天和视频会议等在互联网上进行的方式以外,如果需要,各方也当然可以亲自会面进行互动。在不同模式的组合之下,在线争端解决涉及调解、仲裁和谈判,目标是实现争端解决。

ODR 技术在谈判中的发挥空间有限,主要集中于数字传输对当事方同频或不同频的交流的支持作用,其主要的适用对象仍然是调解和仲裁。争端当事方或协商或谈判实际上是双方互相提出要约、还价和让步的过程,以使其间能够达成和解协议。[②] 实践中,谈判这一方式给予争端当事方充分的自由出价与商讨空间,不掺杂任何第三方的干预,既保障了谈判的自由度,又保障了谈判的私密性。基于此,谈判可以被视为一个情绪化和复杂的决策博弈过程,有助于

---

① A. R. Lodder and J. Zeleznikow, *Enhanced Dispute Resolution Through the Use of Information Technology*, Cambridge University Press, 2010, p. 87.

② See M. J. Phillips and S. M. Gully, *Organizational Behaviour: Tools for Success, International Edition*, Gengage Learning, 2012, p. 12 – 14.

达成争端解决的最终协议。[①]

其一,ODR 中的调解的主要功能是在争端当事方之间开展基础但又广泛的协商。[②] 因而可以断言的是,调解是一种友好氛围下开展的私人程序。在此过程中,由中立的第三人担任调解人,调解人帮助争端各方讨论问题并试图解决争端。在这一过程中,争端当事方有机会提出自己的观点,提出证据,并主张有关的解决方案。调解可以完全在线使用互联网技术进行,或者在实际需要的情况下,争端当事方也可以在调解人的主持下亲自会面,达成双方都能接受的条件并解决争端。

如今,技术的进步可以促成争端当事方之间更好地连接或联系。除电子邮件外,聊天室和视频会议还用于即时消息交流以解决争端。这里,仅以提供了很多便利的视频会议为例,它不仅支持实时对话,还因其提供个人间的连接而实现虚拟的面对面互动交流。数字贸易争端解决的实践中,使用电子邮件、即时聊天或是视频会议,取决于争端的性质和相关人员的可用性。[③] 与其他争端解决方法不同的是,调解人并不具有做出决定的自由裁量权。

使用调解方法解决争端兼具自愿与不具约束力的属性。[④] 调解人主要使用电子邮件作为通信模式,争端当事方可以前去访问此类邮件,进而知悉彼此的陈述或诉求。调解人与争端当事方之间互动沟通,为争端解决进程制定共同规则,并通过确定和指出各方之间达成协议解决的可能性来帮助争端各方。调解人征得争端当事方同意后,可以评估争端当事方的权利和利益,并提出可能的解决办法。争端当事方除了做出解决争端的决定外,还必须达成解决方案,这一解决方案应当包含完整规范的协议文本。

其二,ODR 中的仲裁是在第三方居间调查相关证据后,就提请裁定的争端做出决定的过程。与传统的诉讼程序相比,仲裁程序既不那么正式,也不那么

---

① See A. Banwari, M. Shakeel and D. Verma, *Does Preference for Negotiation Style Depends on Religious Orientation*?, 15 International Journal of Applied Business and Economic Research 79, 79 - 95(2018).

② See K. Mania, *Online Dispute Resolution*: *The Future of Justice*, 1 International Comparative Jurisprudence 76, 76 - 86(2015).

③ See K. V. Hindrikis and C. M. Jonker, *Special Issue on Human Factors and Computational Models in Negotiation*, 21 Group Decision and Negotiation 1, 1 - 2(2012).

④ See M. Suquet et al., *Online Dispute Resolution in* 2010: *A Cyberspace Odyssey*?, in M. Poblet et al. (eds.), Proceedings of the 6th International Workshop on Online Dispute Resolution, Jurix, 2010, p. 1 - 12.

复杂,且可以在较短的时间内完成。与调解不同,仲裁员有权就争端做出决定;但又与调解类似,仲裁的过程既可以完全通过互联网技术(电子邮件、即时聊天或视频会议)在线完成,也可以在仲裁员在场的情况下促成争端当事方进行面对面的交流。

除了常规的协商、调解和仲裁以外,ODR 技术支持下的自动争议解决也是争端解决实践的一个重要组成部分。与前者相区分,这里的自动争端解决主要用于因条款未得到适当商定而产生争议的情况。① 在这种情况下,争端解决自动化系统(或者自动争端解决操作系统)的地位由辅助性变为平行式甚或是引导型,争端当事方可以在平台中实现对话与谈判。但与协商这一模式不同的是,自动争端解决操作系统增加了技术干预、算法规范的比重,在压缩争端当事方自由空间的同时,也消减了谈判模式中争端各方的情绪化表达,有助于促进争端各方达成双赢的局面或结果。

自动争端解决操作系统倡导综合运用多种软件包,支持通过盲选报价协助谈判。② 具体而言,在争端当事方于在线门户系统或软件中输入其对于争端解决的期待结果与底线后,相关软件会运用特定算法,分析各方的争端解决预期范围是否有重叠,由此判定当前争端事项能否在其间顺利解决。若争端当事方输入的预期相匹配或者有重叠,则软件在自动地做出分析之后发送争端解决结果;若投标条件或结果之间存在较大差距,则该次“争端解决投标”将被自动取消或者不给解决方案。

用于在线争端解决的自动化工具有多种:③第一,支持不透明双向竞价的系统工具。该系统工具邀请争端当事方,并要求其提交各自可接受的保密和解要约,确定双方可接受的条款,如来自加拿大安全电子谈判系统“智能解决”(Smartsettle)。④ 第二,起草协作的工具。它们能协助各方审查文件草案和表

---

① See A-M. G. Hammond, *How Do You Write "Yes"? A Study on the Effectiveness of Online Dispute Resolution*, 20 Conflict Resolution Quarterly 257, 261 – 286(2003).

② See F. E. Taylor, *Online Dispute Resolution*, *Conflict and Negotiation*, Sage Publication, 2016, p. 173 – 192.

③ See Frank Fowlie, *ODR and Ombudsmanship*, in Mohamed Abdel Wahab, Ethan Katsh & Daniel Rainey eds., Eleven International Publishing, 2016.

④ 智能解决(Smartsettle)倡导以和平、合作、智能的方式解决冲突或争端,争端范围涵盖家庭纠纷、财产清算、电子谈判、拍卖、环境资源保护、临床试验、政治谈判、保险争端、采购争端、域名争端、人力资源争端、建筑业争端、学生会争端、小额标的争端、不动产争端、合并与收购争端等。See Upgrading The Way The World Negotiates, https://www.smartsettle.com/, 2020 年 10 月 19 日访问。

格，以便友好地解决争端，如来自美国的在线争端解决系统“智能解决”（SettlementIQ）[①]、“微协议”（MicroPact）。[②] 第三，自动谈判。这些系统计算所有可能的结果，为争端各方提供参考，促进谈判过程与最终协议的达成，如上文提到的“智能解决”（Smartsettle）。第四，虚拟调解室。通过视频会议实时促进调解，如“在线争端解决集团”（ADR Group's ADRg）[③]、“虚拟法庭”（Virtual Courthouse）、“讯佳普”（Skype）。第五，仲裁系统。该系统可以从不同地点为仲裁员提供包括视频会议等在线进行仲裁程序的工具，如美国仲裁协会“案例探索者”（CaseXplorer）、“交通处罚法庭”（Traffic Penalty Tribunal）。第六，网上法院案件自助软件启动系统。在这一自助软件系统中，争端当事方或其法律代表通过在线工具提出索赔和证明文件，如“法院电子备案系统”（CE-File）。第七，在线法院。法官使用官方在线平台进行听证，并作出案件判决，无须与争端当事方进行面对面的互动交流，如“电子法庭室”（eCourtroom）。第八，协议监测。系统以合规和监测工具为依托，报告和分析有关适用协议以查明争端当事方违反该协议的行为，如“法律指南”（Rechtwijzer）[④]、“我们的家庭向导”（Our Family Wizard）。

## 二、数字贸易争端解决线上程序的利弊得失

如前所述，现有的争端解决方法主要有协商、调解和仲裁。在线争端解决方法覆盖的功能主要分成三类：其一，辅助判定某种行为是否构成对协议义务的违背。这一功能的行使一般以协议核查为基准，将争端当事方的行为与原始协议进行比对，比对结果可以作为辅助争端梳理的证据材料。其二，联络支持功能，这也是线上争端解决广为人知的、具有线下争端解决难以比拟的便捷性

---

① “智能解决”（SettlementIQ）囊括了盲报价、谈判和调解三大功能的在线争议解决平台。See Alternative Dispute Resolution Forum, https://www.settlementiq.com/, 2020 年 11 月 1 日访问。

② “微协议”（MicroPact）是一个用于案例管理和业务流程管理的低代码应用开发平台。See Illinois Department of Financial & Professional Regulation, https://www.micropact.com/, 2020 年 10 月 22 日访问。

③ 英国“在线争端解决集团”提供广泛的争议解决和调解支持服务，经过认证的专业人员基于其经验、专业提供覆盖全国的服务，使 ADR 集团成为有效管理和解决任何争议的首选。除此之外，ADR 集团也是英国历史最悠久的争议解决培训提供商，率先在民事、商业、工作场所和家庭领域开展广泛的综合培训计划。See Home-ADR-adrgroup.co.uk, http://www.adrgroup.co.uk/page/adrg-express-panel, visited on 12 November 2020.

④ See in detail Home-Rechtwijzer, https://rechtwijzer.nl/, visited on 16 January 2021.

的一种功能。具体表现是争端当事方及中立第三方(调解人或仲裁人)之间的远程联络互动借助平台提供的技术支持而开展。其三,争端解决结果的算法分析功能,即利用技术辅助,首先考虑争端当事方的意愿,兼顾整体利益的最大化,尽力达成为争端当事方承认的、可执行性较强的争端解决方案。这种功能的典型代表即上文所述的盲选报价系统,它实际上就是通过演算争端当事方的预期区间的重合可能性来推算争端解决方案达成的可能性。除此之外,自动计算所有可能的争端解决结果的"智能解决"(Smartsettle),也属于实现此类功能的有效工具。

数字贸易争端解决线上程序的功能和 ODR 系统的功能大同小异,两者实质上都是从核查、厘定争端的起源、推进争端当事方就争端解决方案的达成开展互动交流上,为争端解决的最佳方案提供智能化的决策支持。从功能发挥和程序开展的角度出发,探讨数字贸易争端解决线上程序的优势与不足,有利于为其规则与程序设计提供参考、支持。

**(一)数字贸易争端解决线上程序的优越性**

其一,线上程序有利于提升争端解决的效率。线上程序通常可以在较短的时间内解决争端。如前所述,数字贸易对争端解决效率有较高要求。数字技术的应用缩短了贸易运行的周期,而数字贸易争端的存续阻碍贸易流程推进,这将对以快捷迅速为标志和绝对优势的数字贸易带来难以估量的损失。同时,数字贸易争端解决对数字技术、互联网专业知识的需求增加。当前,数字贸易争端解决尚无专有规则,USMCA 和 CPTPP 的数字贸易章节尽管提到了争端解决甚至还考虑到个别缔约国在数字贸易争端上所需要的过渡期问题,但都将其大体归入适用于整个协定的争端解决机制之下,成为争端解决的一般安排事项。数字技术的应用是数字贸易的显著特征,革新传统的国际贸易规则应着力体现数字贸易的数字因素,并提升数字贸易争端解决的专业性。因此,采用线上方法不仅可以缩短争端解决的时间,有利于节约程序成本,而且可以将数字特性融入争端解决程序中,进而强化数字贸易争端解决程序规则设计的专业性。

其二,线上程序可以节约争端解决成本。与传统的贸易争端解决程序相比,在线争端解决的成本通常较低,对数字贸易企业、法律专业人员(律师)、监管机构以及法院等都产生了积极而深远的影响。一方面,处理客户、业务合作伙伴、供应商以及其他业务实体引起的争端已然牵涉大量时间、人力和物力,在全球价值链不断精细化、复杂化的数字贸易方式下,争端所涉的具体情形又关联多个地理位置。若囿于时空限制,应对这些争端将阻滞企业本身的运营步伐,并且在很多时候,陷于贸易争端使企业形象也岌岌可危。线上程序使企业能够更快地解决争端,从争端缠身的境况中尽早脱离。因此,企业通过运用并参与线上程序可以有效避免昂贵的争端解决成本和形象声誉损失。另一方面,除了争端的重要当事方企业以外,线上程序也降低了争端解决相关法律从业人员的司法成本。线上程序技术提高了其解决案件的效率,分散了其应接收的大量询问和投诉,并在时间表内提供令人满意的解决方案。与此同时,法律咨询人员的客户(服务对象)的满意程度有所增加。对数字贸易争端解决的线上程序的推广与适用无疑减轻了包括仲裁在内的机制性负担,并使其在解决争端方面更加有效。①

其三,线上程序给予争端当事方充分的参与权和控制权。援用线上程序的争端当事方可以深度参与争端解决的过程,并可以更多地依自由意志控制争端进程与结果,这显然有利于缓解争端当事方之间的不平衡地位。在数字贸易的争端当事方中,相对于国家而言,企业属于弱势方,其弱势地位主要体现在两方面:

一是掌握有关信息的丰富程度低于国家。作为"重复玩家"与实体,作为程序规则的制定主体,主权国家无疑会先于企业熟悉并掌握争端解决的程序规则。主权国家深谙政策如何作用于程序运行的最终结果及不同证据对裁决者的影响程度,这将造成一个力量悬殊的局面,即争端解决程序启动时,中小企业大多可能才刚开始认识规则,而基于对确定程序规则的责任,主权国家已经较为充分地了解其运作方式,对流程有相对清晰的认知。

二是占有并可以加以利用的资源数量低于国家。主权国家是争端当事方中更有能力应对持久并具有扩展性的争端解决局面的一方,其可聘请强有力的专业团体辅助争取利益;而多数中小企业可能并无充足的资金实力和综合能力以评估、委托专业的法律代理来帮助顺利推动争端解决进程。一个完善、公正的程序设计应当保障对参与者的无差别适用,而不论其资源掌握情况、教育背景。考虑到数字贸易争端当事方的复杂构成,争端解决程序不应预先向其参与者提出任何关于专业代理、对规则的认知、对先例的遵循以及证据提交等方面的特殊要求。信息网络支持的线上程序能够最大限度地实现公开、透明,为处

---

① See D. Verma and N. Pande, *An Exploratory Study off the E-Mail Writing Skills of B-School Campus Recruits in Contemporary Corporate India*, 12 LBS Journal of Management and Research 1, 1 – 5(2014).

于弱势地位的中小企业提供便利、专业的法律资源。例如，线上程序可以智能化地指导中小企业分阶段完成程序流程，其强大的数据库系统可以大大缓解信息不对称和法律资源缺失造成的争端当事方地位不平等。

若采取线下形式开展面对面的协商以解决争端，则线下地址的选择难以避免地可能使得当事方具有位置或环境优势，而这些优势与对该当事方有利的争端解决方案的达成之间的因果关系并不能得到量化，这将成为争端解决程序公正性的较大疑点。此外，数字贸易争端解决的线上程序也有利于程序的民主化、自由化的真正实现。节省大量的旅行时间和成本的线上程序能够最大限度地保证争端当事方在其方便的时候进行协商。总之，在线交流减少了面对面对抗力量的差异感和不适感，争端当事方将尽可能地被允许待在舒适区，这也是在线通信被称为"超人际通信"的重要原因。①

其四，线上程序有利于争端解决的数据收集。就整体过程看，线上程序为争端当事方提供便利平台的同时，也为在受控环境中的争端当事方提供有效沟通和交流。这一"受控环境"不仅包含能够控制通信的含义，而且天然地蕴含监控通信的作用。在这一意义上，数字贸易争端解决的线上程序是能够最大限度地监控、管理数据的形式。数字贸易争端解决依赖全面、客观的数据支持，而数据是数字贸易运行的核心与基础，解决数字贸易争端必定涉及对数据的分析与评判。但在实践中，数字贸易数据测算面临一些难题。这主要包括两方面：第一，数字贸易概念及其项下各贸易方式的界定标准不一，容易引发数据测算维度的分歧；在数字贸易缺乏为各国官方普遍认可的定义和范围的情形下，由国际组织因工作需要而拟定的不同定义，会在数字贸易的价值统计方面产生差异或歧义。第二，数字贸易缺乏官方统计数据，"只有少数国家，主要是发达国家对数字贸易的财税收入进行汇编"②。除美国国际贸易委员会发布的对于美国数字贸易市场的定量分析外，少有关于局部市场的数字贸易数据分析。③ 目前的研究大多依靠私人主体的数据测算，但其各自测算方法不同，地域覆盖范围又有限，因而使数据的可信度与科学性不那么确定。

---

① See J. B. Walther, *Computer-mediated Communication: Impersonal, Interpersonal, and Hyper-personal Interaction*, 23 Communication Research 3, 3 – 43 (1996).

② UNCTAD, In Search of Cross-border E-Commerce Trade Data, TN/UNCTAD/ICT4D/06, 2016.

③ See United States International Trade Commission, Digital Trade in the U. S. and Global Economies, Part 1, Investigation No. 332 – 531, July 2013.

数据流动是数字贸易发展的重要因素,对数字贸易的管理应着重关注其关键要素——数据。目前,各主权国家对这一新兴贸易形式的数据的掌握程度不同,这也是数字贸易争端显现的间接但又是极其重要的一个原因。数字贸易争端解决的线上程序便利数据的采集、跟踪与汇总,在促进统一全球数字贸易数据测算维度的同时,可以辅助数字贸易的争端预防与争端解决。

**(二)数字贸易争端解决线上程序的局限性**

其一,采用线上程序解决争端,需要关注争端当事方及其意愿表达的真实性。客观地讲,在线通信(电子邮件和视频对话)是滋生虚假信息和欺骗的“温床”,根据布勒(D. Buller)和勃艮第(J. Burgoon)的人际欺骗理论,欺骗在在线通信中更容易。① 欺骗是一种误差信息,由发送者故意传输,在接收者的头脑中产生虚假的信念。他们进一步指出,信息发送人可能采取三种策略来欺骗接收者:伪造(虚构)、隐瞒(隐瞒真相)或者模棱两可(避免问题)。另外,即使客观上能够保证信息的真实性与利益的非欺诈性,线上程序本身及借助这一程序获取的信息也很容易受到主观质疑,争端当事方对于线上程序的排斥情绪,进而可能阻滞争端解决过程本身。当这种情况出现时,线上程序的劣势将远大于现代技术支持或提供的优势,因而不得不予以警惕。

其二,线上程序虽然增强了争端解决的科学性,但也容易引发信息损耗。通过电子邮件或聊天室建立的在线通信,往往缺少除语言通信以外的其他线索。有研究表明,商业往来中的非语言交流占交流的90%,而口头交流仅占10%,包括着装、手势、面部表情、眼神交流甚或是语音音调或强度等在内的非语言暗示,实际上都是有效交流的重要组成部分,这些对于争端解决中的当事方尤为重要。② 如果仅通过电子邮件和聊天传达信息,则争端当事方对于消息的理解只能依赖于书面消息。③ 尽管数字技术可以支持远程视频沟通,但仍不能保证从视频沟通中获取的信息与面对面沟通获取的信息的对等性。换言之,对于借助相关媒介开展的人际交流的有效信息损耗程度难以具体量化。

---

① See D. Buller and J. Burgoon, *Interpersonal Deception Theory*, 6 Communication Theory 203, 203 -242(1996).

② See D. Verma and N. Pande, *An Assessment of Nonverbal Communication Skills of Business School Campus Recruits in India: Implications for Stakeholder Communication*, 3 International Journal of Intelligent Enterprise 251, 251 -264(2016).

③ See J. K. Burgoon and J. B. Walther, *Nonverbal Expectancies and the Evaluative Consequences of Violations*, 17 Human Communication Research 232, 232 -265(1990).

其三，数据的高速自由流动是隐私和个人信息面临强大威胁的直接原因，但由于各国对隐私保护的标准或规定存在差异性，必然会增加在数字贸易环境中保护隐私权的难度。在第三章“数字贸易争端解决的‘标准事项’范围”中已有所述及，但争端解决的线上程序无疑增加了争端当事方隐私泄露的风险，而争端当事方就争端解决方案的拟定过程仍需借助在线数字化工具，也无疑给争端复杂化再次“提供了新的契机”。

**（三）数字贸易争端解决线上程序的平衡建议**

如上所述，采用线上程序解决数字贸易争端具有诸多优势，如提升争端解决的效率、平衡争端当事方地位以实现程序的公正性、增强科学算法的辅助功能并加强对数据的收集管控等。然而，数字贸易争端本身发源于数字环境中，继续采用线上方法予以解决，这一过程将不可避免地面临诸如欺诈、信息损耗以及隐私泄露等高风险问题，由此加剧争端当事方援用线上方法的疑虑，并可能反作用于线上程序的展开，成为争端解决进程顺利运行的较大阻碍。但不可否认的是，线上程序符合数字贸易发展的总体方向，在设计争端解决的程序规则时，不应因噎废食地否定数字贸易本身应将争端置于线上的理念要求，而应因势利导、扬长避短，平衡线上与线下程序的优势与不足，在必要时可以将线上与线下程序结合起来。为此，笔者建议从以下几方面平衡两者的优缺点：

首先，应发挥数字技术对防范欺诈漏洞的保障作用。这也是提升国际社会对于解决数字贸易争端线上程序的公信力的重点。其一，在事实层面，加强对争端当事方以及利益相关第三方的身份、提交资料的真实性等的核查。在技术上，可以设置保密强度较大的身份验证，并在审核后授权参加线上程序，并应不定时抽检程序参与者的身份真实性。在线审核提交的资料时，应重点加强对资料来源的核验，包括对初始资料或者加工过的第二来源资料的剖析，如剪辑、合成还是人工创制等；在核验此类资料构成成分的基础上，设定对于资料采信的标准，按照初始资料采信程度高于第二来源资料的准则评定。由此，要求争端当事方尽量降低对提交证据或资料的“人工添加”成分，以此限缩线上程序欺诈行径的可发挥空间，从源头上创设、控制一个有较高信任度的数字贸易争端解决的线上环境。其二，在法律规则层面，明确规定相关参与方实施程序欺诈的责任，将争端解决程序的欺诈本身纳入争端裁决的评判标准。具体而言，可以配合严厉的甚至是与争端解决方案直接挂钩的惩罚性措施。例如，可将欺诈的主观故意作为对当事方的过错评定标准，以此核算其在争端解决过程中应承担的责任，从而加大对线上程序正义的保护力度。

其次，利用线上算法的科学价值，注重弥补同等情况下以线下形式开展的程序中本应获取的信息的损耗。线上程序的信息损耗包含两个方面：一是互联网技术淡化了面对面沟通中的神色、声色等身体语言的作用。对这一问题的解决只能依赖远距离传输技术的不断革新以及争端当事方选用的在线交流设备，并尽可能地还原线下的交流体验，提升远距离传输的有效性。二是数字表达方式的选取失误使信息的捕获变得迟钝、曲折。应当说明的是，数字表达选取失误是一种结果评价。适合于不同争端案件的线上表达方式不尽然相同，甚至是同一类型争端的不同案件对于表达方式的要求也都参差不齐。例如，因数字产品市场准入标准不一而引发的争端，可能 A 争端案件中的当事方所在国家已明确颁布执行数字贸易市场准入法律或政策，这仅需要通过邮件或是智能系统以表达本国立场即可。而 B 争端案件涉及当事方各国有关规定的灰色地带，如规定私人主体在某一事项中具有自由裁量空间，而争端当事方都有意向将自由裁量建立在彼此出价的基础上，而彼此出价又涉及利益交换与博弈，而这一过程如果能借助互动性更强的线上程序将会收获更大效益。因此，对于数字表达方式的选取也是一个需要谨慎为之的事项，也事关争端解决的最终成果。

有调查表明，电子邮件在贸易运营的联系中占主导地位，而大多数贸易冲突皆源于对电子邮件的误解。因此，培养电子邮件写作技能非常重要。[①] 有关电子邮件的大多数争端案例中，第一种情形是因用词不当而产生的冲突，即接收方误解电子邮件中某些用语的预期含义，或者电子邮件的编写者在电子邮件中使用了错误的语句表达方式。第二种情况是对电子邮件接收对象的把握出现偏差引发的冲突，多见于信息共享的贸易语境。例如，电子邮件向多人提供共享信息，然而某些信息可能是针对特定人拟定的，这种情形下很容易造成该特定人误解发送邮件者的真实意图，导致情绪动荡和冲突，并影响贸易各方之间的关系。由此，贸易参与者必须严肃对待电子邮件的编写，并谨慎核查发送的邮件信息。

线上解决争端成效的保障应当以提升争端解决相关参与者的技术友好性为基础。尽管采用电子邮件形式可能难以避免地发生用词不当和收件人的理

---

① 20 名来自不同公司和印度市场营销、销售、金融、人力资源、软件开发等不同领域的高级专业人员在互动式个人访谈中指出了电子邮件在贸易领域中的重要地位。See Lucinda Case, *The Impact of ODR Technology on Dispute Resolution in the UK*, Thomson Reuters (Spring 2016), https://blogs.thomsonreuters.com/legal-uk/wpcontent/uploads/sites/14/2016/10/BLC_ODRwhitepaper.pdf.

解偏差,但必须承认的是,面对繁多的电子邮件交换数量以及因仓促而引发的邮件沟通不到位,可以通过重新编写电子邮件来进行补救,或者通过语音视频、线下会面等方式来澄清观点和意向。为了解决争端,应当引导当事方遵循既定的已核验的科学有效的沟通模式——"双重关注模式"和"合作解决冲突模式"。前者以在争端当事方的需求和期望之间取得平衡为目标,在协商策略中选择同时关注己方和对方的利益关切,从而达成友好的解决方案;后者可以与双重关注模式形成补充性配合,既在合作解决冲突方面自信于己方的需求,同时也应尽可能理解、同情对方的需要或要求。除争端当事方外,包括调解员和仲裁员在内的争端参与方都应当倡导这种争端解决的沟通模式。

当调解员就位解决争端时,可以据情增加解决问题的灵活性,将调解方法与仲裁方法相结合。调解人主要利用调解方法解决问题,但若调解难以达成争端解决协议,调解人将做出决定并将其传达给有关人员。① 哈蒙德对在线调解和调解员发挥作用的过程进行了研究,指出调解员需要养成在网络环境中处理争端的意识和思维,并善于运用自己的沟通行为处理分歧。② 因此,培养良好的听取信息的技巧和询问相关问题的能力,对于引导各方公正合理地解决当前争端至关重要。

最后,从技术和规则两个层面对线上程序的隐私保护问题给予充分关注。值得注意的是,线上程序隐私泄露的责任主体包括争端当事方和第三方,但若从技术层面消弭其中存在的漏洞,则与隐私保护有关的数字贸易争端可能就不会或者少有发生。因此,就程序规则设计而言,不应夸大线上程序会增加隐私泄露的风险,而应尝试将线上程序的开发完善与数字基础设施建设相结合,探索加强数字贸易及其争端解决中涉及的隐私权保护的路径和方法。除此之外,应当增强争端当事方乃至所有数字贸易企业对线上争端解决程序的信赖感,鼓励采用数字技术支持下的现代形式,并减少有关的法律和政策障碍,以此为那些因顾虑数字方法的局限性而不敢或不愿援用线上程序的争端当事方提供机会。③

---

① See What Are the Different Types of Conflict Resolution?, http://www.wisegeek.com/what-are-the-different-types-of-conflict-resolution.htm, visited on 26 May 2020.

② See A-M. G. Hammond, *How Do You Write "Yes"? A Study on the Effectiveness of Online Dispute Resolution*, 20 Conflict Resolution Quarterly 261, 261 - 286 (2003).

③ See K. Mania, *Online Dispute Resolution: The Future of Justice*, 1 International Comparative Jurisprudence 76, 76 - 86 (2015).

## 第三节　数字贸易争端解决线上程序的尝试应用

线上方法契合数字贸易争端解决适应性强、效率高的诉求，因而线上程序设计的目标应该是使争端当事方轻松地报告问题，并尽快达成双方满意的解决方案。对于时间表的要求，应当摒弃传统国际贸易争端解决规则以天和月为主要时间单位的规定，改为小时或天为时限的计量单位。另外，设计线上形式的争端解决程序以及争端当事方之间的沟通，也应该充分考虑参与方在不同表达形式下的通信环境和互动频率，如双方所处的通信环境是否同步。在非同步通信沟通的情况下，应为争端当事方预留一定的准备时间以及能够完整地表达其观点和立场的空间。相较于同步通信，程序设计应为电子邮件、信息留言、上传书面材料等形式的非同步通信考虑时间成本，以便确定是实时还是延迟进行沟通或交流。基于此，笔者认为，数字贸易争端解决的线上程序分为两种类型：一是与线下标准程序平行的线上应用，可称为"线上程序的平行式应用"；二是与线下标准程序交叉的辅助性应用，可称为"线上程序的辅助性应用"。

### 一、数字贸易线上程序的平行式应用

线上程序的平行式应用是标准程序的线上版本，它同样应包含争端识别、争端当事方协商、调解、仲裁专家组等步骤。其中，争端识别步骤包含裁决者接收"数字贸易争端"解决申请与识别争端属性两项。因此，最能凸显数字贸易争端解决高效诉求的设计方案应是将争端解决程序的启动与交易起始设置为相同位置——数字订单下达的平台，由此可轻易实现在线接收争端解决的申请。

接到申诉方的争端解决申请后，线上程序操作系统即可判定提交的争端事项是否属于前述的数字贸易争端解决的标准事项，并协助进行争端归类工作。线上程序有强大的数据库支持，可以识别申诉状中的关键词，并自动提供程序步骤的指导说明、相关立法与实践，并初步评估争端解决的可行模式，以争端处理建议的形式向争端当事方提供适于当前争端的解决模式。当同一个案件可以采用多种争端解决模式时，线上程序操作系统可以列表形式列出，并附加对各模式的功能与权限范围的简要说明，由争端当事方自主选择。

若争端当事方同意进行在线协商,即可利用 Skype 等类似的交流软件。[①]所用交流软件应当支持私密对话和公开对话两种形式,允许争端当事方自主选择其间互动以及材料上传的保密程度。争端当事方既可私下达成一致的利益主张,形成具有双方认可的效力的协议,就此结束争端解决程序;也可申请从私密对话转为半公开对话,并申请调解员加入,以跟踪争端解决的进展,获取一般信息,并由此进入解决程序的第二个步骤——调解。此时,线上程序设计既可以组织在线调解,也可以为争端当事方提供线下调解的申请通道,连通线下与线上程序。

当程序进入最后步骤,即评估争端解决进程并确认争端解决成果,线上程序就可以充分利用包括交易平台、搜索引擎或其他具有在线服务提供或线下服务预定功能的软件在内的数字贸易平台。当争端当事方均为企业时,即可以利益为导向在平台内部做出裁定。同时,还应警惕平台运营机制对其争端解决公正性产生的负面影响。[②] 在实践中,平台内部解决争端往往不会禁止争端当事方求诸其他救济途径。为缓解数字贸易争端繁杂案件的压力,可以由相关的政治机构基于审慎考核评定,授予部分平台裁决权限,鼓励企业特别是中小企业的数字贸易争端当事方诉诸这一模式,并由司法机构对双方满意的解决方案进行认证,增强其效力。

## 二、数字贸易线上程序的辅助性应用

数字贸易争端解决以小时或天为标准的时间表要求,可以确保程序的高效运用,同时也要求争端当事方能就有关问题迅速做出回复或反馈。为此,数字贸易争端解决的线上程序可以从两方面辅助展开:一是线上程序的辅助性应用应包括对争端当事方参与的支持;二是对程序开展的费用管理。

其一,线上程序为争端当事方提供在线指南,确保其在争端解决程序开启时明晰各个步骤及其功能,避免因对各步骤权限范围的模糊认知而导致失误性

① See J. van Veenen, *What Dispute Tasks to Support with ODR, and How to Support Them*, in M. Gramatikov (ed.), Costs and Quality of Online Dispute Resolution: A Handbook for Measuring the Costs and Quality of ODR, Maklu, 2012, p. 71.

② 由于平台负责发布并管理商家信息、受理消费者用户注册登记等业务,难以被视为完全客观的第三方裁决主体。See Maz Iqbal, *eBay: Biassed, Incompetent, Indifferent or All Three? The Customer and Leadership Blog*, https://thecustomerblog.co.uk/tag/ebay-bias-against-sellers/, visited on 13 April 2019.

的解决方案。同时，这一线上程序的辅助性应用也利于数字贸易争端中处于劣势一方能轻松地对其权利、证据义务、程序步骤和可能的结果等展开“自我教育”。

其二，线上程序可以为费用管理提供便利。充足的资金是争端解决程序顺利运行的保证，但设定计费标准应以充分市场调研为前提。有研究表明，通过减少与用户之间不必要的联系可以减少线上争端解决的成本投入。[①] 因此，将线下程序的成本管理转移到线上应该是解决资金不够充足问题的简便有益的一种方法。具体而言，就是以整体评估成本代替逐案计量成本。基于数字贸易活动大多依赖平台的事实，应预先要求平台参与者按照合理比例分摊争端解决程序的费用，并将其作为注册进入平台开展交易的前置条件。同时，还应按一定的时间周期清算争端解决程序的实际花费，要求争端当事方按比例补缴。

## 本章小结

根据利益调和为主调、权利诉求为补充的原则，规划并设计包含协商、调解、仲裁专家组等方法在内的数字贸易争端解决的标准程序。但值得说明的是，在这些方法中，协商并非强制性先行步骤，调解也不是仲裁专家组的先行步骤，它们仅是诸多可选性争端解决的步骤。争端当事方在步骤的选择和进度的把握上具有较大的自主性，且这一争端解决程序允许利益相关方或第三方的参与，但任何第三方的参与都不能对由争端当事方合意主导的争端解决进程或步骤选择产生决定性的影响。

设计数字贸易争端解决的线上程序，可以从当今较为成熟的在线争端解决模式中获取有益的经验，后者已经以其超越人际通信的特点、高明的科学算法系统实现了争端的高效解决。但同时，在线争端解决模式也存在欺诈行为难以杜绝而引发的公众信任感危机、沟通中的有效信息遗漏、程序参与的隐私保护等一系列难题。通过扬长避短，平衡线上形式争端解决的优缺点，首先应利用数字技术防范欺诈漏洞，加强对争端解决参与方的身份、提交的材料的真实性的核查，明确欺诈的法律责任，将其与争端裁决的结果相关联，以此提升线上数字贸易争端解决程序的公信力。同时，还应注重弥补信息损耗，从技术和规则

---

① See Colin Rule, *Designing a Global Online Dispute Resolution System: Lessons Learned from eBay*, 13 University of St. Thomas Law Journal 354, 359 - 360(2017).

两个层面充分关注线上程序的隐私保护。

在“阶梯式”程序思维中,应先厘清引发争端的事实问题,再根据争端当事方的意愿及其间的博弈情况,逐步增加第三方调解的参与程度,以发挥其督促、引导的作用。最后,展开对所有厘清的事实、经论证后的争端解决方案的评估与确认,至此完整的线上争端解决程序即可完结。将数字贸易争端解决线上程序视为有层次的对象,可以删繁就简地设计有关规则,并逐步过滤争端案件的数量和争端当事方的诉求,以应对数字贸易及其争端解决所需要的高效率和公正性。数字贸易争端解决的线上程序包括与线下标准程序平行的线上应用及与线下标准程序交叉的辅助性应用。前者是协商、调解、仲裁专家组等方法的线上形式,是利用互联网技术对传统线下模式的智能转换;辅助性应用是为线下形式的程序开展提供技术帮助,包括在线指南、费用管理、智能决策算法等。

# 第八章　数字贸易争端解决的线下程序

尽管线上方法对提供平行式与辅助性的程序支持都有重要意义，但仍有批评者认为，线上程序阻隔了面对面的互动，因而应避免使用网络裁定争端。① 这一全面否定线上程序优势的说法虽失之偏颇，但也佐证了线下程序存在的必要性。

数字贸易争端解决的线下程序仍有其存在的必要性。争端的解决过程主要涉及沟通和规则的谈判与解释适用，而面对面交流更能直观地传递信息，并给予争端当事方充分的信赖。除此之外，对于引发争端的规则、情境核查也可能需要线下的实际走访。线上与线下程序各有优势，何时采用线上与线下争端解决模式，②涉及两者的衔接标准与原则，并由此引发一系列重要的问题，例如，如何在线上程序和线下程序之间进行选择、如何在这两个程序之间实现良好衔接等。

---

① See F. Gascon Inchausti, *Specific Problems of Cross-Border Consumer ADR: What Solutions?*, in M. Sturner et al. (eds.), The Role of Consumer ADR in the Administration of Justice, European Law Publishers, 2015, p. 55.

② 此处的线上程序特指线上程序的平行式应用部分，即与线下标准程序的功能重合的部分。

## 第一节　数字贸易争端解决线上程序与线下程序的关系

如前所述,数字贸易争端解决的线上程序已然发展完备,并且具有高效、智能化处理争端的特点。基于“司法经济”的考虑,应当对应用线下程序的选择设置相对高一些的门槛,同时确立可操作性强的线上与线下程序的衔接、转换规则。并且,线上与线下程序均是争端解决程序的形式载体,争端当事方的程序自由权利应当涵盖对于形式载体的自主选择。总之,二者的选择和衔接应当围绕必要性因素、争端当事方的自主选择权的实现以及线上与线下程序之间标准的选择与转化规则等方面展开。

### 一、选择数字贸易争端解决线下程序的必备要素

从理论上说,线上方法在技术层面已囊括数字贸易争端解决程序的每个环节,并且,线上程序已然十分契合产生于数字环境中的数字贸易争端对于争端解决的高效率、高适应性的要求。因此,基于程序设计与应用的经济考虑,数字贸易争端解决的程序选择应当以线上程序为主导,以线下程序为补充。换言之,线下程序的开展应符合必需性、有益性、可行性的要求,并且,必需性、有益性和可行性三个要素依次顺位排列,不能变化。

这里的必需性是指争端当事方对于线下程序具有排他的需求,仅采用线上程序难以满足其要求。必需性的表现形式通常是由争端当事方主动提出就某一步骤采取线下程序的申请。这里的有益性是一种对线下程序开展的实际成效评估,有较为可信的证据证明前述争端当事方的特定需求仅在线下程序中才能得以解决,并且线下程序的实际成效也构成对于线上形式的有益补充,即可断言线下程序具备互补性。有益性的评估主体一般是客观中立的第三方,它既可以在当事方提出参与线下程序的申请后就其成效展开评估,也可以是第三方在综合分析各方面因素后主动开展对线下程序成效的评估,并借此向争端当事方提出转换程序模式的建议。而可行性是从成本承担的角度出发,分析争端当事方能否承担既定的线上方法转为线下程序的经济与时间协调成本。

一般而言,必需性和有益性是选用线下程序的积极因素。必需性和有益性的不同之处在于,前者是进入线下程序的唯一积极因素,仅当成本评估结果为欠缺可行性时,才不予选用线下程序。与之相比较,后者不能单独构成选用线

下程序的正当理由，而需获得争端当事方的共同同意。

这里的可行性是不选用争端解决线下方案的消极因素。具体而言，即使满足了必需性要素，或者符合有益性与争端当事方的共同同意两个因素的结合，但若缺乏具体实施的可行性，仍然不能选择线下开展数字贸易争端解决的程序。基于此，可以简要地将选择数字贸易争端解决线下程序的必备要素归纳为两个公式：必需性＋（有益性）＋可行性＝采用线下程序；有益性＋当事方同意＋可行性＝采用线下程序。①

## 二、以争端当事方的意愿为程序选择的首要标准

国际争端解决的终极目标并不在于争端解决方案的达成，而在于争端解决方案的落实，从而使失衡的权利义务关系回到法律规定的状态。国际法是主权国家意志协调的产物，从总体上看是平权法，因而国际争端解决方案或裁决结果的有效实施就应当充分尊重反映争端当事方意愿的真实选择，或者真实的意思表示。这一标准，也应适用于数字贸易争端当事方对线上与线下程序的选择上。

承认争端当事方的意愿在选择线上或线下程序时的主导地位之后，接下来值得探讨的另一个问题是：如何确保争端当事方能真实表达自己的意愿？争端当事方真实地表达自己的意愿可能受到包括社会、政治、舆论等多重因素影响，这可能是社会学、政治学等其他学科的研究范围，不属于本章致力于分析的领域，在此不予过多探讨。但就数字贸易争端解决的程序与规则而言，如何确定当事人意愿表达的真实性是一项关键性任务。

这一任务主要涉及核对当事方的观点、立场表达与统计结果的一致性。为此，应当充分发挥线上形式的争端解决程序能契合这一任务的功能。在争端解决程序开启之前，争端当事方可以远程匿名表达己方关于程序模式应用的选择，并表达对于程序模式的第二意愿，同时设定高级别的密钥以便利后期核查。若各当事方的匿名选择相符，则毋庸置疑地应按照其确定的共同意志展开争端解决程序；若各当事方的匿名选择出现分歧，则可以依照其确定的第二意愿予以沟通与协调。以上为程序开启的前置步骤，而这些步骤均可借助数字技术在线上进行。这不仅是基于节约程序成本以提升效率的考虑，更是对争端当事方

① 这里将“有益性”置于括号内，是因为这一要素是否存在对于线下程序的选用与否并无直接相关性。

参与程序的自主性予以保障的科学性安排。在这种安排之下,争端当事方的真实意愿得以顺畅表达,为争端解决程序的正式展开打下坚实的基础。

### 三、不同程序步骤的线上与线下模式选择

如前所述,数字贸易争端解决的标准程序共有三个步骤:确定争端类型、促进争端解决方案达成以及裁决与确认阶段。标准程序的三个步骤应依其顺位展开,同时每一个步骤或方法又具有线上和线下两种模式。而通常情况下,应当以线上程序为第一顺位的模式选择,线下程序作为后续保障或第二顺位选择。这是因为线上程序的开始与贸易争端产生的位置相同,即均在数字平台;并且线上程序运用了智能算法,能够批量、高效并以相对低廉的成本处理争端。当线上程序难以完全解决数字贸易争端时,及时提供线下渠道可以保障程序的可持续性,促成双方满意的争端解决方案的达成。

实际上,这相当于具有同等内容但运用不同模式的两条流程按步骤序列并行开展,由此便产生了实践难题,即如何在一种程序步骤的线上方式与其他步骤的线下方式之间排列先后顺序。结合第二章论述的"利益先行,权利辅助"的争端解决程序设计理念,笔者倾向于倡导当事方按照利益导向的线上程序、利益导向的线下程序、权利导向的线上程序、权利导向的线下程序这一标准顺次选择。如表1所示,经双方协商(非前置步骤)仍无法达成解决方案时,原则上顺次选择开展在线调解、线下调解、线上仲裁专家组、线下仲裁专家组。实质上,就是按照表格中自上而下,自左向右的方向依次展开流程步骤。值得说明的是,这一顺位仅为一般性规定,在数字贸易争端解决的实践中,应注意保障援用步骤或方法的灵活性,给予争端当事方程序选择自由。

**表1　数字贸易争端解决程序(设计)**

| 争端解决理念 | 标准程序步骤 | 线上程序 | 线下程序 |
|---|---|---|---|
| 权力导向 | 确定争端类型 | 协商 | 协商 |
| 利益导向 | 促进争端解决方案达成 | 调解 | 调解 |
| 权利导向 | 评估与确认阶段 | 仲裁 | 仲裁 |

## 第二节　数字贸易争端解决的线下补充程序

根据前文对于数字贸易争端解决的标准程序的分析,线下方法的基本流程

与之相同,也包含协商、调解、仲裁等步骤。与之不同的是,由于面对面沟通补足了电子媒介缺乏的社会存在感,将更容易建立信任和人际关系。① 为此,应当充分发扬线下程序在建立信赖感和人际关系网络方面的优势,着眼于数字贸易争端产生的主要原因,如各主权国家的政策立场差异、全球贸易市场尚未就特定的技术问题达成统一观点等,探索以小带大、互联互动的谈判机制,并探讨"法庭之友"参与及其意见采纳的可能路径。

## 一、建立数字贸易政策澄清与谈判的专门通道

国家是国际法规范形成的起点,也是国际法运行的受力点,更是国际法规范目标设定的关键因素。② 在数字贸易方式下,"管理和制造技术的国际流动性提高"③,由此引发的一个矛盾是主权国家政策的有界性与数字贸易活动无界性之间的冲突。这也构成了数字贸易争端解决的标准事项,具体范围可参见第三章中的梳理。因此,除了贸易活动中各方利益冲突引发的争端以外,数字贸易的分歧和争端大多源于各国有关政策立场的差异。例如,中国数字贸易政策的突出特点是对个人信息和隐私数据流动进行保护,进而保障国家安全和公共利益这两个价值。然而,美国模式着重在"跨境服务贸易"章节中引入机制性的创新元素,以推动数字服务贸易的自由化发展。④ 2019 年 4 月,欧盟就 WTO 电子商务谈判提出了初始提案,涉及领域大体可归纳为电子商务良好环境的塑造、消费者权益保障、全球电子商务壁垒的消除以及更新 WTO 电信规则。⑤ 由此可见,欧盟的立场则倾向于欧盟境内政策的一致性和良好的社会实效,但实际上它选择了一条"折中的道路"。

从当前情形看,主权国家的政策立场差异是数字贸易争端的根源,这同时

---

① See S. S. Keisler and L. Sproull, *Group Decision Making and Communication Technology*, 52 Organizational Behavior and Human Decision Processes 96, 96 – 123(1992).

② See Armin von Bogdandy and Sergio Dellavalle, *Parochialism, Cosmopolitanism, and the Paradigms of International Law*, in M. N. S. Sellers(ed.), Parochialism, Cosmopolitanism, and the Foundations of International Law, Cambridge University Press, 2011, p.66 – 68.

③ R. Baldwin and J. Lopez-Gonzalez, *Supply-chain Trade: A Portrait of Global Patterns and Several Testable Hypotheses*, 38 The World Economy 1682, 1682 – 1721(2015).

④ 参见李杨等:《数字贸易规则"美式模板"对中国的挑战及应对》,载《国际贸易》2016 年第 10 期。

⑤ See WTO, EU Proposal for WTO Disciplines and Commitments Relating to Electronic Commerce, INF/ECOM/22, adopted 26 April 2019.

也意味着,私人主体当事方在争端解决中将面临根本性的困难,那就是缺乏执行力量和资源扶持。因此,在设计数字贸易的争端解决规则与程序时,应考虑建立专门机制,以联通私人主体当事方和主权国家。一方面,主权国家可以通过这一专门机制澄清私人主体当事方对数字贸易政策的误解,进而使因误解而引起的数字贸易争端能迎刃而解。另一方面,这一专门机制可以厘定争端解决裁决结果执行情况的国内界限。由此,可避免争端解决方案因国内政策限制而落于空谈,促进提升争端解决方案的科学性和可执行性。

除了努力实现"以政策立场协调化解贸易争端"之外,也可以尝试发掘这一专门机制,以发挥"以贸易争端解决促进政策立场谈判"的效应,探索从个案争端解决迈向数字贸易政策立场沟通与谈判的路径。就这一专门通道的构建而言,既可以诉诸现有的贸易谈判机制,包括 WTO 谈判平台以及 WTO 有关成员订立的区域贸易协定中数字贸易或电子商务章节下的协商机制,也可以"另起炉灶",设置专门针对与数字贸易争端解决有关的政策立场协调和规则谈判机制。

## 二、拓宽"法庭之友"线下程序的参与路径

除各主权国家政策立场的分歧外,数字贸易争端解决的另一大难题是新型贸易方式下行业规则和专业知识与技能的缺乏,这将影响争端解决中对于专项复杂问题的判断和评估,因而应该增强数字贸易争端解决的专业针对性。换言之,应扩展参与共同裁定的人员结构范围,以制衡平台或系统自主裁定的主导地位。作为能够提供专业书面指导意见的重要参与者,"法庭之友"机制已经在多国国内和国际司法实践中得到广泛运用,包括联合国国际法院在内的诸多国际司法机构都注意到法庭之友频繁参与国际争端的趋势。① 在数字贸易争端解决的规则与程序设计中,应促进实现法庭之友的善意参与,以应对或解决前述与数字贸易相关的专业问题。

### (一)"法庭之友"参与数字贸易争端解决的理论依据

按照《布莱克法律词典》,"法庭之友"是基于对当前争端案件的强烈兴趣或专业需要,请求法院或者受法院要求提交书面陈述的非争端当事方的人员的

---

① See Eric De Brabandere, *NGOs and the "Public Interest": The Legality and Rationale of Amicus Curiae Interventions in International Economic and Investment Disputes*, 12 Chicago Journal of International Law 85, 86 – 87(2011).

简称。虽不是争端当事方,但"法庭之友"被允许在争端解决过程中提交书面陈述,并且法院或法庭允许审阅或参阅该书面陈述。随着国际司法活动的增加,诸多非政府组织作为"法庭之友"更多地参与到争端解决程序中。例如,过去10年来,在一些仲裁案件中,非政府组织积极参与,以便就与争端案件有关的公共政策、公共利益等问题向争端解决机构提供专业知识。甚至,"法庭之友"的范围已经扩大到政府间国际组织或机构,例如,在国际投资争端解决中心(International Center for Settlement of Investment Dispute, ICSID)审理的"AES Summit Generation Limited 和 AES-Tisza Eromu Kft 诉匈牙利共和国案"中,欧盟委员会就获得了法庭之友的地位,以书面陈述形式论证匈牙利与外国投资者之间的长期购电协议违反了欧洲共同体法律。①

"法庭之友"在争端解决中的"存废"问题一直以来都为国际社会所争议,WTO 多哈回合谈判中的讨论也难以就此达成共识。针对"法庭之友"机制的疑虑,主要包含两个方面:

其一,如何应对寻求"法庭之友"地位的第三方的增加和多样化引发的一系列复杂问题,即这些第三方可能代表的利益的性质、其参与的积极影响和消极后果以及今后对待法庭之友的不同方式等。② 从广义上讲,"法庭之友"相当于争端当事方之外的第三方,由于与争端所涉的具体利益相关而主动或受邀参与争端解决程序之中。此处的第三方应区别于第七章中的"程序第三方",后者属于狭义上的第三方,但基于程序精简、专案专裁的设计理念,其仍然不能在争端解决中提出独立诉求,仅就特定的利益与争端当事方之间存在某种关联。

然而,由于在数字贸易争端解决中增加"法庭之友"的初衷是提供专业技术等背景信息支持或指导,因而对"法庭之友"的权限范围谨慎地进行限缩,包括不能提出独立诉求、不能干预程序进度、不能有碍于双方满意的争端解决方案的达成。由此,可以推导出数字贸易争端解决中的"法庭之友"应与争端案件本身不存在任何利益关系,仅允许其提供专业知识的书面支持;若查明具有利益相关性,即应列为程序第三方。在这一意义上,"法庭之友"和程序第三方的区别在于两者与案件的利益相关性,以及由此影响其各自提交的书面材料的证据

---

① See AES Summit Generation Limited v. Republic of Hungary, ICSID Case No. ARB/01/4.

② See Eugenia Levine, *Amicus Curiae in International Investment Arbitration: The Implications of an Increase in Third-Party Participation*, 29 Berkeley Journal of International Law 200, 201 – 202 (2011).

可信度。在这种规则安排之下，数字贸易争端解决中“法庭之友”的消极影响主要是增加了正式展开程序步骤前的利益相关性审查，并需要根据审查结果承认或否认其“法庭之友”的地位或者在程序中转化为利益相关的第三方。

其二，“法庭之友”的存在可能会冲击争端解决程序中仲裁步骤本身的保密性特征。作为一项以保密和自主控制程序为其鲜明特征的司法活动，引入“法庭之友”相当于在仲裁程序之中又增加了第三方参与的因素。这是否会打破仲裁程序因其私密属性而成为当事方的倾向性选项的优势地位不得而知，除了探索是否能够在维持仲裁程序原有特征的前提下增设第三方参与机制的路径，还需要澄清数字贸易争端解决允许“法庭之友”这一第三方加入的理论前提——“法庭之友”可增加争端解决方案的整合性，并借此打消争端当事方对于引入第三方参与包括仲裁在内的争端解决程序的顾虑。

一般认为，“理想的争端解决机制是可以把争端引向低成本的程序，同时应当保证具有呈现整体结果的可能性”①。谈判、磋商等两方对话的实质是“讨价还价”，即便谈判可以取得最为理想的结果，但再成功的价值索取型谈判产生的也只能是分配性结果，即一定量资源的分配能满足一方谈判立场的利益或需要。而最为理想的价值创造型谈判产生的结果是达成一份既具有整合性又具有分配性的协议，继而将增加后的资源总量分配给谈判双方。② 结合“法庭之友”引入的初衷——为争端解决涉及的技术性难题提供专业支持，可知“法庭之友”的引入对于数字贸易争端解决而言是十分必要的。在这种情况下，若任由当事方独立、自主地表达各方立场和主张，则会造成价值索取型谈判，其达成双方满意的解决方案的进程必然是迟缓的，并且该解决方案属于典型的资源分配型结果，难以实现对资源的创造性整合。而“法庭之友”可以从专业技术层面厘清争端的某些事实本质，提供更多元的选择和更开阔的解决思路，争端谈判的价值创造属性由此提升，这对当事方而言是更为优质的选择。

**（二）对“法庭之友”参与数字贸易争端解决的基本要求**

数字贸易及其争端解决的特点决定了专业技术人员参与的重要性，因而相较于其他争端类型，可以适度扩充“法庭之友”的人员构成和程序参与程度。狭

---

① K. A. Slaiku and R. H. Hasson, *Controlling the Costs of Conflict: How to Design a System for Your Organization*, Jossey-Bass, 1998, p. 4.

② ［美］珍妮·M. 布雷特：《全球谈判：跨文化交易谈判、争端解决与决策制定》，范徵等译，中国人民大学出版社 2005 年版，第 2～3 页。

义的“法庭之友”仅包含上文所述的作为第三方向法庭提交书面材料，并且特指由当事方或法庭召集的专家人员；而广义的“法庭之友”可以扩充至非争端案件第三方的庭外技术专家，参与方式往往以主动申请提交书面材料为主。

就狭义上的“法庭之友”的参与而言，应允许争端当事方自主选择维护、代表己方立场的能直接参与数字贸易争端解决程序的技术型专业人员。这些人员应是由责任感强、有较为丰富的数字贸易经验的个人组成“数字贸易技术专家团”，但应独立于前述数字贸易争端解决的调解与仲裁人员名单之外。当申诉方提交数字贸易争端解决的诉请并达成遵循本规则开展对话的合意后，当事方可以聘请在数字贸易技术领域具有专业知识的专家、学者以及该社团成员作为“法庭之友”，从技术层面辅助参与数字贸易争端的解决；在取得另一当事方和争端解决系统的资质审核后，注册登录本规则下设的智能数字平台，共同处理并裁定当事方提交的争端。

另外，广义的“法庭之友”的参与应当以争端案件广泛的知情权为基础，只有增加数字贸易争端中具有重大代表性案件的透明度，才能吸引更大范围的“法庭之友”的主动参与。这种方式有利于促进争端解决方案获得更强大的智力支持，并在全球范围内形成判例的示范效应。在具体操作上，系统和裁定人员可以综合判定、甄选对于关切数字贸易重大规则发展方向的代表性案例，在征得争端当事方同意并对敏感信息脱密处理后，安排线下程序的开展。同时，还应设置线上、线下两个程序的开放听证入口，吸纳全球范围内的建设性意见，群策群力达成相对最为科学的争端解决方案。

## 第三节　数字贸易争端解决的机构设计

虽然可以合理信赖争端当事方解决争端、维护交易秩序的积极目的，但完全依赖当事方推进争端解决程序则有较大的不确定性，也难以完全保障程序的公正性。争端解决机构的设置在一定程度上反映了争端解决机制的完备性，且在数字贸易争端解决中也是不可或缺的。数字贸易争端解决的机构设计不是专门根据线上和线下进行功能设置的区分，而是仅就同一机构设立线上和线下的不同存在形式。换言之，除了线下实体机构的办事处以外，还应设立对应的线上程序管理部门。

## 一、数字贸易争端解决机构设计的功能构想

数字贸易争端解决的需求是高度适应性、高效率以及增设企业参与的渠道。据此设计的争端解决程序规则将利益导向与权利导向相结合而设计线上与线下争端解决程序,同时增加包括企业当事方在内的争端当事方的资格条件或者适格性标准。在此基础上,设计的争端解决机构应服务于争端当事方的需求,并应遵循有关的程序规则。

### (一)推动争端解决程序进展

推动程序进展是争端解决机构的应有权利和义务,也是参与争端解决程序的直接途径。争端解决机构主动发挥对争端解决步骤的推动作用,是对于数字贸易争端解决高效率的需求的回应。具体而言,机构可以从督促、指引两方面发挥对程序的推进作用。

督促功能主要由事务性机构完成,具体的职权事项主要包括根据争端解决的时间表,对临近时间节点而尚未做出新的程序进展努力的争端当事方采用适宜的通信手段予以提醒,促使其加快程序参与的材料提交或立场、观点表示。同时,对于可能收到的延迟程序进度的答复,该机构应予以充分"消化",并及时反馈给另一当事方,尽可能地提早安排相应对策。

引导这一功能的发挥是伴随整个争端解决过程的,同时也应当具有个性化程度的差异。对于争端当事方迟延反应做出下一步争端解决步骤或者在某个环节中对于争端步骤的具体任务设定构成误解以及当事方主动询问程序参与的相关问题的情况,该机构即可发挥其功能,指定特定的线上机构落实线上程序的智能引导职能,或者在线下成立专门工作组,用于具体规则的释疑和宣传工作,增加数字贸易争端解决程序规则的普及率。

该机构的职权范围是与功能相对应的一个概念,功能是其可发挥作用的积极表达,而职权范围(或称权限)是机构可发挥作用的消极表述,更是一种对于"机构无权行事"的事项的特定表述。数字贸易争端解决的规则和程序应当具有高度的横向与纵向的适应性,即具有适用的空间范围和时间范围。因此,即使是为了提升争端解决的效率,若特定事项有损数字贸易争端解决程序规则在横向或纵向的适应性,也应当将其列于争端解决机构的权限范围之外。例如,不能将范式化的程序运行指南作为对当事方参与程序进度的引导手册,不能僵硬地要求当事方必须按照特定格式提交文件,也不能对争端解决的同等内容在

不同步骤要求重复提交不同格式。除此之外，争端解决机构也不得“超前”引导争端解决的程序进度，造成对当事方程序参与自由的实质性干扰或者破坏。

**（二）监督保障程序公正**

监督并保障程序公正是数字贸易争端解决的必要环节，这在第二章第一节“数字贸易争端解决的价值立场”中已详细述及。数字贸易争端解决的程序设计应当以自由和公平作为价值导向，在设计线上、线下的标准程序过程中，通过关注争端解决的效率实现，已完成了对自由价值的“皈依”，而对程序公正价值的追求仍需要争端解决机构监督保障。前已论及，程序公正的标准包括尊重、话语权、一致性、中立、可纠正性。为此，争端解决机构大体上需要从以下三方面做出努力：

其一，谨慎选任争端解决的调解与裁判人员，在资质审查之外，还应对其在参与案件过程中的表现予以监督，并定期对有关人员开展增强其中立性的专业培训，以此保证其背景中立，在全面、充分地掌握所有情况后做出案件裁决。在调解中，调解员应以中立的方式为争端当事方提供平等的陈述案情、理解对方论点的机会。

其二，关注程序设计的价值倾向性，及时防止可能引发的非一致性待遇、对裁决结果错误的不可纠正性以及不合理地损抑争端当事方的话语权的程序漏洞。理想的程序公正标准应当是，不考虑社会和经济地位地向争端当事方提供公平待遇，使其平等地获得所有文件、证据和补救措施。线上操作系统、裁决者和中立者不同于争端当事方，应随时准备在发生利益冲突时保持透明。① 线上程序可能将权力从对面对面沟通感到舒适的一方转移到对技术感到舒适的另一方，或者转移给“书状”内容陈述清楚的当事方。这种情况可以参考采取最精简的争端解决步骤，只要求当事方向操作系统提交基本数据和诉求。② 这一操作系统将最大限度地减少使用技术的各方之间的差异，有利于消除权力失衡，从而促进和保障公平。

此外，该机构可以在查漏补缺的基础上广泛参考其他具有代表性的司法机

---

① See Leah Wing, *Ethical Principles for Online Dispute Resolution: A GPS Device for the Field*, 3 International Journal of Online Dispute Resolution 12, 12 and 27(2016).

② See Ofir Turel and Yufei Yuan, *Online Dispute Resolution Services: Justice, Concepts and Challenges*, in D. Marc Kilgour and Colin Eden(eds.), Handbook of Group Decision and Negotiation, Springer, 2010, p.429.

构的成功经验。例如,在线争端解决国际委员会(International Commission for Online Dispute Resolution,ICODR)发布的有关程序公正性的标准值得借鉴,包括当事方应有平等合理的机会陈述其案件、当事方的观点及其所有相关文件、当事方的权利应受国际公共政策保护、争端解决程序应是负担得起的和可访问的、程序时长不应超出合理预期、各方应发出足以准备其答复的合法通知和证据及案件相关文件、应向双方提供通信机会和基本文件、尊重各方的自主权等。①

其三,加强对争端当事方的引导,说明程序公正对于争端解决结果的达成甚或争端解决体验感的提升的重要意义,引导双方彼此尊重各自的程序权利。除此之外,机构应以允许灵活性和尊重选择来实现最低公平原则,在标准程序之外,允许各当事方根据争端事项协商选择程序步骤,使其对程序进度和自己的解决方案意向拥有更多控制权。②

**(三)政治协调与程序规则修订**

发挥政治协调与程序规则修订的作用是争端解决机构职能之重要所在。根据国际法,国际贸易争端解决的程序规则也是国家间意志协调的产物,而国家间意志协调的产物也包括与此类规则相伴的负责政治协调的国际论坛、国际组织或国际机构。

就数字贸易争端解决而言,政治协调是指各个主权国家、潜在可能成为争端当事方的企业之间在规则的制定方面的博弈,包括规则的起草与订立以及争端解决的费用缴纳份额分配等,而程序规则的修订也是争端解决机构应当负责组织安排的重要任务。在正式发起程序规则的修订工作程序之前,争端解决机构可以对先前程序已运行过程中接收到的当事方、第三方、"法庭之友"乃至前述三种范围之外的其他人员的反馈意见进行收集、整理与归纳,在此基础上发布关于程序规则修订的草案征集通知,并根据各方书面提案拟出新的规则草案以供各方谈判,进而通过反映争端当事方共同意志的决策方法确立新的规则。

---

① See Soo Hye Cho, *International Commercial Online Dispute Resolution: Just Procedure through the Internet*, Umi Dissertation Publishing, 2011, p. 64.

② See Amy J. Schmitz, *Building Trust in Ecommerce through Online Dispute Resolution*, in John A. Rothchild (ed.), Research Handbook on Electronic Commerce Law, Edward Elgar Publishing Limited, 2016, p. 329.

## 二、采用混合型机构的模式设计

如前所述,数字贸易争端解决采用混合型争端解决模式和先对抗后审问的流程。混合型模式下的争端解决机构有两大类,分别负责促成谈判解决以及对贸易争端做出有约束力的裁决。

对于数字贸易争端解决而言,作为权利义务关系依据的国际统一实体规则迄今尚未到位,司法型模式的机构设置目前恐难成行。但是,以权力为导向的政治型模式的机构设置也可能会诱发一系列更为敏感的问题,尤其表现为国家间通过政治手段向对方施加不平等贸易的压力,进而损害数字贸易互利共赢和快速发展的长远利益。因此,遵循"折中"原则的混合型模式最适于数字贸易争端解决,通过政治型机构促进争端当事方之间的初步协商,并配以司法机构以期公正严明且争端当事方满意的解决结果。

## 三、数字贸易争端解决机构的司法克制

"依据体系不健全的规则处理复杂的国际贸易争端,需要裁决者即兴扮演条约起草者的角色。"①与此相关的一个问题是,司法机构应该如何保持合理的司法克制?这是因为,对规则的解释与创新适用可能产生不止一种结果,发挥司法能动性可能招致司法越权的批评。为应对这种情况,除了由主权国家通过达成条约规则授权成立裁判机构外,数字贸易争端解决的规则与程序中也应设计有关的政治机构。②

成熟的司法机构设置应确保职责分配明确、权力互相制约并能协同实现公平公正的裁决目标。这一机构设置既应支持程序顺利开展,又能有效预防司法机构权力分配不平衡引发的内部资源消耗。作为对司法机构的有效制衡,政治机构主要发挥两方面作用:其一,辅助争端解决程序或步骤的展开,如帮助司法机构澄清规范性文本的歧义、划定争端解决排除管辖的事项范围;其二,统筹管理线上的混合型争端解决机构,监督其发挥作用。基于此,建议于线下成立政

---

① Weihuan Zhou and Henry Gao, "*Overreaching*" or "*Overreacting*"? *Reflections on the Judicial Function and Approaches of WTO Appellate Body*, 53 Journal of World Trade 951, 976(2019).

② 司法机构塑造国际法的内容和结构,因此其裁判权也应适当尊重国家主权。See Fuad Zarbiyev, *Judicial Activism in International Law: A Conceptual Framework for Analysis*, 3 International Law Dispute Settlement 247, 247 - 248(2012).

治型机构,处理与争端解决有关的一般性行政事务,组织召集全体会议商定司法机构的管辖范围、司法机构对规则歧义进行澄清的标准等问题,并且在必要情况下接收纸质材料,辅助办理争端解决程序事项。政治机构在为司法解释提供指导时,应尽量避免制造“建设性的歧义”,应使用明晰的措辞阐释各方数字贸易政策立场的差异。① 而面对当前数字贸易较为艰难的多边谈判局面,完全杜绝立法歧义恐怕不太可能,因而政治机构应尽力巧妙回避,为数字贸易争端解决程序划定暂不予受理的范围。多边贸易体制(GATT/WTO)的争端解决实践表明,“政治性强的争端”案件,不宜通过司法程序来裁定。② 在争端解决程序开展前,政治机构应组织争端当事方针对核心的数字贸易政策立场问题进行探讨,以此为基础进入司法程序,或可避免司法协调功能外溢为司法越权。另外,还可以赋予政治机构在特定情况下否决司法机构决定的权限。在数字贸易的全球实体规则尚未统一、权利义务范围尚不明确的情况下,若司法机构的裁决涉及“法官造法”,政治性机构有权对其决定做出部分无效或不具约束力的决定。

## 本章小结

数字贸易以其强大的数字技术实现了国际贸易往来的高速运行和急速量化,在这一贸易方式下产生的争端当然可以由线上程序予以高效处理。然而,不得不承认的是,面对面的沟通即使在数字化如此发达的信息时代仍然具有无可比拟的优越性,突出表现为沟通者之间的信赖感和信息的无损性。既然数字贸易争端解决的线上程序和线下程序都有其存在的必要性,那么当事方在具体的争端解决实践中应该如何对其进行选择,以及程序设计者如何处理其间的衔接规则是首先应该考虑的问题。为此,笔者建议,应围绕着尊重争端当事方程序选择的自由意志、选择线上程序的必备要素、线上与线下程序并行时的选择顺位逻辑设计有关的程序规则。

既然线下程序是建立在必要性因素、当事方的自由意志以及线上线下程序选择的后位顺序(相对于线上程序而言)的基础上,在对其做出具体程序步骤的

---

① 该歧义将累积司法机构自由裁量的负担,迫使其不断在司法解释和司法立法中做出权衡。

② 参见王丽华:《国际司法机构的扩散与国际贸易争端解决方式的协调》,载《前沿》2010年第14期。

安排时,应当把握将其作为线上程序的补充性步骤这一基调。根据第三章“数字贸易争端解决的‘标准事项’范围”可知,数字贸易争端产生的原因主要包括主权国家对待数字贸易的政策立场差异以及数字贸易行业标准的不统一引发的冲突。因此,线下程序应当充分发挥面对面沟通的优势,从建立数字贸易政策澄清和主权国家的立场谈判专门机制及拓宽法庭之友在线下程序中的参与路径两个方面,提升数字贸易争端解决方案的达成效率。

程序设计中的重要环节是争端解决机构的职权范围和法律地位。为保持线上与线下机构的功能的一致性,不再于线上线下分设不同职能和权限的机构。换言之,此种安排相当于设立“两班人马,两种形式,一种功能”的争端解决机构,根据争端解决的具体需求和情境发挥作用。具体而言,争端解决机构应当具有推动程序进展、监督保障程序公正、提供政治协调和规则修订的功能。在“利益先行,权利辅助”的争端解决模式之下,构建混合型争端解决机构与之最为契合。与传统国际贸易相比,由于数字贸易模式尚无体系化的全球性规则,更没有充足的数字贸易争端案例可供参考、引证,争端裁定需要发挥司法能动性,对当前受理案件予以定性、定量的释疑和分析。这一过程可能出现“司法造法”的现象,因而数字贸易争端解决机构的设计也应当充分关注对司法能动性的合理克制。

# 第九章　数字贸易争端裁决结果的承认与执行

“任何争端解决机制，最终都要依赖公共制裁和公共垄断权力。”[①]数字贸易争端裁决结果的承认与执行是争端解决程序设计的最后环节，但却是衡量争端解决成效的关键指标。就数字贸易争端解决而言，程序对于贸易自由、贸易公平的保障最终还应回归争端解决成果的落实。

有关裁决结果的承认与执行，需要回答的几个关键问题包括：当事方承认与执行裁决结果的依据是什么？裁决结果的具体表现形式是什么？执行阶段的开始是否应当以承认为前提？包含协商、调解和仲裁在内的数字贸易争端解决机制应当如何保证裁决结果的顺利、有效执行？如何评估裁决结果的执行对数字贸易及其自由化的影响？

## 第一节　数字贸易争端裁决结果的分类及其适用性

承认数字贸易争端裁决的法律后果是执行，前者是

---

① Alan Scott Rau, *Understanding* (*and Misunderstanding*) "*Primary Jurisdiction*", 21 American Review of International Arbitration 47, 47 – 48(2010).

认可裁决结果效力的静态行为,而执行是指争端当事方付出动态行动以恢复利益损失、补偿受害权利。因此,数字贸易争端裁决结果的承认是执行裁决结果的前提与必经阶段,也是裁决具有执行力的重要依据。这一依据主要来自两方面:其一,数字贸易争端当事方的契约精神。争端当事方向争端解决机构提出申诉,并选择参与争端解决程序,即表明其自愿受到最终裁决制约的意思承诺。其二,数字贸易争端裁决结果的司法性。数字贸易争端解决机制下的机构、程序规则均建立在多边协商的基础之上,并将以条约或协议的形式予以固定,因此具有国际法上的效力,这也是数字贸易争端裁决结果能够得到承认和执行的重要原因。

### 一、数字贸易争端裁决结果的类型

依据第三章分析、列明的数字贸易争端解决的标准事项,争端的主要类型包括与数字贸易的市场准入有关的争端以及与数字贸易监管措施有关的争端。与其相对应,争端解决的裁决结果有不同类型。

对于前者而言,裁决结果主要包括要求降低或撤销被诉方对于境外数字产品的市场准入标准,并视情况裁定是否要求被诉方向申诉方进行利益补偿(或赔偿)。要达成这一争端类型的解决方案,应当由争端当事方充分提交彼此同时作为缔约国加入的双边或者诸边协议文本,澄清它们在具体领域里既定的规则或标准,说明本案中各方采用的市场准入要求是否违背该既定规则或标准。关于补偿和赔偿的数额可以参照其他行业市场准入标准的差异予以裁定,对于恶性提高标准以谋取不正当利益的行为,在补偿相应损失后,还应要求额外赔偿一定数额的罚金。

对于后者而言,裁决结果主要为判定贸易一方主体是否存在侵权行为,如侵犯知识产权、个人隐私、国家安全等。若存在侵权行为,应责令停止,并建议被诉方政府及时修改完善其数字贸易监管政策或措施,并视情况裁定是否应对申诉方进行利益补偿和赔偿。

### 二、数字贸易争端裁决结果的适用性

从广义上讲,根据争端解决方案在哪一个步骤中达成这一标准划分,数字贸易争端解决的结果包括双方和解协议、调解书、仲裁裁决三大类。其中,双方和解协议和调解书由当事方在中立的调解员主持下达成,并由争端解决机构予

以认证。但双方和解协议和调解书应以保密为原则,以公开为例外。而对于仲裁裁决,除当事方有特别约定的情形外,应当予以全球范围性公开。对于保密裁决结果的承认可以选择两条路径:其一,在申请承认与执行的法院处有选择地披露、脱密;其二,申请承认与执行前即放弃对于该争端解决方案的保密。然而,第二种路径极有可能损害本案中另一当事方的利益,有引发新的争端的可能性。

通常情形下,双方和解协议仅限于特定主体之间就特定领域的约定,除非当事方另有约定。而在数字贸易争端解决尚未有统一实体规范的情况下,仲裁裁决具有较强的适用性,它可以对后续争端解决方案的达成发挥一定程度的引导和借鉴意义。从这一意义上讲,虽然数字贸易争端解决程序与规则设计鼓励争端当事方尽早在谈判、协商、调解等非评估性步骤中达成争端解决方案,但这些争端解决结果未经过权威裁判,具有极强的"私"的属性,难以在全球范围内推广适用。它们虽然在个案中实现了高效处理,但从长远来看,对于全球数字贸易争端解决的实体规则成型与统一无太大影响力。为此,数字贸易争端解决机构还可以在不违背保密性原则的基础上,对此类以非裁决形式达成的代表性争端解决方案予以汇编,以期实现示范效应。

### 三、对数字贸易争端裁决结果的承认

对数字贸易争端裁决结果的承认,不同于对外国法院判决的承认。后者是涉外民事争议解决的内容,是指一国法院依一定的法律程序承认外国法院已经生效的判决。而且,在外国法院的判决的承认方面不存在公认的国际法,而只是由各国法律规定或通过双边协定解决,同时各国国内法上还都规定某些承认的条件,如是否存在条约或互惠关系、外国法院是否有管辖权、判决或裁定是否已经发生法律效力、审判程序是否公正、是否违反国内法的基本原则或国家主权和安全及社会公共利益等。① 承认外国判决就是要承认其具有同本国判决相同的效力,防止判决一方当事人在外国就相同事实在相同当事人之间提起新的诉讼。

由于数字贸易争端带来的广泛影响,对裁决结果的承认方式必然以多边程序规则的要求和有关仲裁协议为依据,但均可称为"法律上的明示承认",即被

---

① 参见何其生:《电子商务的国际私法问题》,法律出版社2004年版,第320~328页。

诉方(无论是国家有关政府部门还是国内法院)应按照数字贸易争端解决多边程序规则或者仲裁协议条款的要求,向申诉方明确表示接受或承认裁决结果,并将其承认的决定以电子和书面两种方式通知争端解决机构。裁决结果无论是基于争端解决的多边程序规则还是仲裁协议,都需要国家有关机构或部门的审核、批准和登记,并据此采取有关措施,支持裁决结果的效力。

在数字贸易实践中,也可能存在对争端裁决结果不承认的情形。根据传统国际贸易争端解决实践并结合数字贸易的国际法律环境,不承认的情形一般包括:其一,被诉方对裁决中的法律适用和法律解释有歧义,这显然与争端解决机构的司法解释和法律推理有关。其二,认为裁决结果显失公平,例如,裁决结果是在被诉方缺席且未得到合法传唤的情况下作出的。其三,裁决结果违反被诉方国内法的基本原则,或者危害其主权、安全和社会公共利益等。

## 第二节　数字贸易争端裁决结果的执行及其保障

### 一、执行阶段的开始

执行阶段应当以对裁决结果的承认为前提,具体表现为争端当事方对裁决结果进行签字确认,表明愿意接受其约束。然而,此处仍需区分裁决结果与执行方案,前者是对利益扭曲或者权利侵蚀状态的司法回复,并提供行动指南;而执行方案则是双方进一步商定出的具体行动计划,包括针对特定部门或行业拟采取的具体措施及其时间表。成功拟订执行方案是执行阶段正式开始的起点。

不同的国际贸易协定对裁决结果执行方案的裁决主体的规定不同。NAFTA 规定专家组报告仅作为参考意见,最终执行方案由争端当事方协商拟订。[①] NAFTA 允许争端当事方参与拟订执行方案这一制度安排具有特殊性,因为它以存在紧密经贸联系的北美三国为基础,争端解决机制下的当事方几乎是稳定不变的。但是,数字贸易争端解决的当事方在地域、文化、综合贸易实力等方面存在差异,这就决定了争端当事方构成的复杂性。由争端当事方自主协商执行方案可能降低争端解决的效率,并容易引发新的争端。因而,为增强争端解决程序的实效性,数字贸易争端裁决结果与具体执行裁决均应由仲裁专家组做出。

---

① See Article 2018.1, NAFTA.

除此之外,国际贸易协定对裁决结果执行期起算的规定也各不相同。在DSU规定的机制中,开启执行阶段的步骤是DSB通过的专家组或(和)上诉机构的报告;而在大多数的优惠贸易协定中,执行阶段是从争端当事方收到仲裁专家组报告时起算。① 对于数字贸易争端裁决执行期采用以“当事方收到仲裁专家组通知”为开始标志的标准,此处的“收到”包括线上和线下报告的任一种形式。

就裁决执行期的起算而言,原则上应当自当事方确认收到裁决结果时起开始执行。具体实施可根据裁决结果的性质分步骤开展。例如,对于维持市场准入标准、立即停止侵权行为等裁决可立即执行;对于利益补偿、改革监管政策、扩大市场准入等裁决可结合难易程度以及申诉方的意愿分步骤实施,以期提升裁决结果执行的实效性。

## 二、对争端裁决结果“执行不能”

被诉方一般应承担执行裁决结果以外的附随义务,包括在执行裁定前通知申诉方、争端解决机构,以及在未执行裁决或“执行不能”的情况下向争端解决机构定期汇报进展,以督促裁决结果能够落实到位。除此之外,被诉方还应向申诉方通报其执行措施。一般情况下,这种义务发生于收到通知时至启动执行措施的时间段内,通知的内容包括执行所需的合理期限、具体执行措施以及完全执行裁决前提供临时补偿的具体建议。

在数字贸易争端解决中,被诉方通知义务中的执行内容应当涵盖执行意向、执行进度和“执行不能”三部分。执行意向和执行进度两项义务仅在执行阶段开始时以及执行期届满时履行;而对于“执行不能”这一问题,被诉方可于执行阶段的任意时段通知申诉方和争端解决机构,以期获得它们的谅解和实质性支持。

关于“执行不能”的界定,实际上就是数字贸易争端裁决结果可执行性的例外情形。由于数字贸易争端不同于传统的国际贸易争端,裁决结果可执行的例外情形也有所不同。这大致可以两个方面进行界定:一是因数字贸易技术引发的“执行不能”。数字贸易严重依赖于互联网和信息技术,但互联网和信息技术对数字市场的运行会产生“看不见”的消极影响,如果这种消极影响足以使争端

---

① 参见[美]西蒙·莱斯特、[澳]布赖恩·默丘里奥编著:《双边和区域贸易协定评论和分析》,林慧玲等译,上海人民出版社2016年版,第363页。

裁决结果的执行无法进行,或者客观上不具备数字市场的运行环境,那么就会造成“执行不能”,尤其是关于数字市场的准入承诺。二是因国内数字贸易政策调整而引发的“执行不能”。虽然 WTO 成员在数字贸易政策立场上分歧较为严重,但不能忽视的是 WTO 正在进行的数字贸易多边谈判对各成员国内数字贸易政策产生的影响。事实上,WTO 成员都随着互联网和信息技术的发展而不断调整对数字贸易的支持政策或限制措施,以确保跟上互联网高新技术发展的步伐。一方面是互联网和信息技术发展的无限可能性,另一方面是国家随此类技术发展而调整的数字贸易政策。在这样富有弹性且充满不稳定性的数字贸易环境中,极有可能使争端裁决结果中所认定的违法违规违纪情形不存在,从而产生“执行不能”。但无论是哪一种情况,“执行不能”都必定会对申诉方的权利和利益产生影响,因而需要充分的证据证明裁决结果不能被执行,并且在通知申诉方“执行不能”时,需要附上此类证据及与此有关的详细说明。

由于“执行不能”关涉申诉方的权利和利益,也关涉争端解决机构及其裁决结果的权威性,还需要通过线上或线下方式就此进行谈判或协商,以求得申诉方的谅解;或者通过协商,拟订双方满意的新的执行方案。这一过程还需要争端解决机构的介入,而它在这种情况下的角色就相当于调解人,目的是协调、帮助并促成争端当事方就当前案件的执行情况达成满意的结果。

## 三、给予政府申诉方的补偿救济

国际贸易规则受到公正、稳定、严格的遵守,并能巩固既有成果,指引期待的国家行为模式,但实现却面临缺乏有效的惩罚性机制的阻碍。[①] 因此,增强数字贸易争端裁决结果的执行保障十分关键。在主权国家作为申诉方而企业或者其他主权国家作为被诉方的情况下,建议国家能充分发挥其参与协商谈判的优势。争端当事方可在新的利益对比局势中展开对落实执行方案的谈判,并且可以基于预期利益的损失提出适当的利益补偿。

### (一)采用补偿措施

根据 DSU 规定,若被诉方未能在合理期限内执行专家组或上诉机构的建议或裁决,根据申诉方的请求,应在合理期限届满前进行补偿性谈判,包括在贸易机会、市场准入等方面做出的与申诉方所受损失程度相当的优惠待遇。这种

① 参见何志鹏:《国家利益维护:国际法的力量》,法律出版社 2018 年版,第 104 页。

临时性安排蕴含了利益平衡的理念,有利于促进全球数字贸易治理体系的包容开放,有利于促进全球数字贸易自由化。

相对于争端解决的协商、调解阶段,争端解决机构和专业人员对补偿阶段谈判的参与和介入程度较低,因为这一谈判阶段具有更强的政治性和更大的自由度。应当注意的是,警惕国家或政府申诉方利用其强大的政治经济实力压迫相对弱势的国家或企业执行方,以取得不平等要价的情况。为预防这种情形发生,可以在裁决和执行方案中预先设定双方的最低承诺标准,并开放争端解决方案执行的申诉通道,以供执行方就执行补偿谈判中的利益胁迫或权利受损重新诉诸司法途径。

**(二)以充分经济补偿代替贸易报复措施**

WTO与一些区域贸易协定都规定,在满足一定条件的情况下,申诉方可依据争端解决机构授权而采取中止减让及其他有关义务等贸易报复措施。然而,当前全球数字贸易的整体发展水平还不均衡,数字产品的非歧视待遇和数据的跨境流动在世界范围内还面临重重阻碍,大多数字贸易争端也源于此。若采用中止减让及其他有关义务等贸易报复措施,不利于同类型争端的消减,同时将阻碍数字贸易规则的良性发展。即便贸易报复措施对于威慑被诉方妥善执行争端裁决结果具有一定的成效,但贸易制裁会降低社会福利,因而也暂时不予采用。[①] 另外,实践中实施贸易报复措施大多将历经被诉方的通知、当事方申请协商、专家组进行个案裁量等程序步骤,这显然会产生较大的成本支出,不利于数字贸易争端的高效解决。

从横向比较看,美国缔结的对外贸易协定均规定有经济补偿的措施。[②] 这种措施以做出中止减让的通知为起算时间点,被诉方可以通过选择实施这一措施,达到阻止对方实施中止减让及其他义务等贸易报复措施的效果。这一尚未被DSU采用的措施,对数字贸易争端裁决结果的执行保障具有一定的借鉴意义,且在数字贸易争端解决中具有较强的适应性,可以弥补大多数利益损失,减缓被诉的国家当事方在数字贸易政策或措施上进行调整的紧迫压力。但同时,

---

① 参见王丽华:《国际司法机构的扩散与国际贸易争端解决方式的协调》,载《前沿》2010年第14期。

② See Article 20.11.6, U.S. – Morocco FTA; Article 21.11.6, U.S. – Australia FTA; Article 22.15.6, U.S. – Chile FTA; Article 20.6.6, U.S. – Singapore FTA; Article 20.16.7, The Dominican Republic-Central America FTA.

通过施加经济压力,可以间接地激励主权国家完善与数字贸易配套的法律体系建设,促进全球数字贸易自由化发展。

总之,从保障裁决结果的有效性以促进数字贸易自由化的目标看,现阶段还不宜采用包括中止减让及其他义务等在内的贸易报复措施。当裁决结果未被执行或者"执行不能"时,选择对政府申诉方给予充分的经济补偿,可以对以互联网和信息技术支持的数字贸易自由化起到积极的推动作用。

## 四、激励企业当事方执行裁决结果

裁决结果的执行保障是数字贸易争端解决规则与程序设计中的重要环节。为提升全球数字贸易的治理水平以及企业的执行实效,可以从提升利益相关性、增加正向激励、增加负面激励三个层面加强结果执行的力量根基和惩治后盾。

### (一)完善与利益关联的数字平台保障机制

数字贸易活动依靠数字化平台开展,而数字贸易争端解决以"利益导向"为首选。联合数字平台与企业利益模式来保障数字贸易企业对争端裁决结果的承认,可以促进裁决结果自动而有效的执行,并且从一开始就应与数字贸易企业的交易相联结。完善这一与企业利益关联的保障机制的关键步骤,也可以强化作为虚拟市场的数字平台的公共安全。目前,一些在线市场还未有有效执行争端裁决结果的平台基础支持,因而建议规划并建立相应的执行信用与跟踪机制。①

在这一问题上,可以将构建"反馈评级系统"作为保障数字平台安全以及督促企业执行裁决结果的重要手段。在这一系统中,贸易双方在交易完成后分别对自己的交易伙伴进行评价,并且将争端裁决结果的实施情况纳为反馈系统的重要组成部分。这一反馈评级机制应与"利益导向"相关联,对于吸引潜在的交易伙伴有重要意义;同时也将争端解决成效与平台市场利益相连接,利用平台上的数字贸易企业用户的活跃交易愿望,落实争端解决方案,获得数字贸易企业的积极反馈,进而保障它们的商业信誉及其在数字产品市场的份额。

---

① 例如,一些网站不允许买卖双方在交易完成后追究其交易伙伴的责任、用户未实名、商家信息未对消费者开放或提供虚假信息等。See Amy J. Schmitz, *A Blueprint for Online Dispute Resolution System Design*, 21 Journal of Internet Law 3, 17 - 18(2018).

### （二）设计信任标识以增加正向激励

信任标识是培育良好的争端裁决结果执行保障机制的宝贵工具。由国际性权威组织或公共机构作为主体，向及时执行争端裁决结果的企业颁发信任标识，通过增加正向激励保障争端解决结果的有效执行，并提升数字贸易环境中的双方互信。

在具体操作上，可以借鉴国际上已有的经验和做法，也可以新建一个统一的信任标识评定与管理系统，引入私人实体、政府监管机构以及外部审计师合作模式，实行对信任标识系统的综合管理。其基本内容包括：第一，数字贸易参与者通过订立协议的方式，承诺同意遵循相关信用规定以及争端解决程序标准，从而获得张贴信任标识的资格。第二，由公共或私人联盟监督该系统的运行，以数字方式批量完成工作，辅之以人工监督。[①]

### （三）以虚拟市场的除名作为负向激励

有研究指出，"如果数字贸易争端当事方选择在线仲裁或其他形式的具有约束力的裁决，可以通过使用将当事方排除于虚拟市场之外的威胁，保障裁决的有效实施"[②]。以易贝（eBay）平台的争端解决机制为例，其推行一定程度上受益于平台本身的运营成功的案例。[③] 同样地，这一原理也可应用于保证企业当事方对数字贸易争端裁决结果的执行。换言之，不必通过强制令强迫企业执行裁决结果，而是利用企业用户不愿损害其在B2C、B2B社区中的持续可获利益，采用负向激励模式，以去除平台相威胁，切实保障争端裁决结果能得以有效执行。

同时，应当给予企业用户重返数字贸易市场的机会，对于后期补充完成执行方案，并积极向申诉方提供足额的经济补偿，或者能够就其未能在执行期限内履行执行义务的行为提供合理理由（包括不可抗力或者重大意外事件等因素）以及可信证据的企业，可以依据"企业申请—平台审核通过—平台公示期满—准许重返数字产品市场"的步骤对其实行重新开放。

---

① See Amy J. Schmitz, *A Blueprint for Online Dispute Resolution System Design*, 21 Journal of Internet Law 3, 8 - 10(2018).

② E. Katsh et al., *E-Commerce, E-Disputes and E-Dispute Resolution: In the Shadow of "eBay Law"*, 15 Ohio State Journal on Dispute Resolution 705, 710(2000).

③ 有大量易贝（eBay）用户表示，他们参与其争端解决程序的意愿在很大程度上源于希望继续使用eBay平台。

## 本章小结

争端裁决结果的承认与执行是争端解决程序设计的落脚点，应当兼具连续性、激励性、惩罚性的效应。连续性是一套完整的数字贸易争端解决程序所必需的，是程序逻辑的体现；激励性是保障程序公正，由此鼓励个案中利益、权利受损的当事方对该程序规则做出积极的正向评价，提升该程序的适应性；惩罚性是针对在数字贸易中为贸易利益而进行不正当或者恶性竞争的当事方，同时对潜在的数字贸易参与者施加警戒，以期规范、治理数字贸易的全球市场，实现以发挥争端解决程序的作用来带动形成为国际社会统一接受的数字贸易实体规则的愿景。

仲裁裁决结果因其具有契约性和司法性而具有了可执行性的效力，执行阶段的开始则根据裁决结果达成的执行方案为起点。这个执行方案应当具体、切实可行，并得到争端当事方的认同。执行方案的具体落实可能与标准程序规则存在一定差距，但为最大限度地保障申诉方在程序流程进展至此的利益（包括该案原本损失利益和已投入的程序成本），允许政府申诉方充分发挥其政治谈判的优势，在新的利益局势下重新开展谈判。另外，基于支持数字贸易自由化的价值出发点，为避免各主权国家因争端裁决结果执行不力而报复性地筑高数字贸易壁垒，应以充分的经济补偿代替贸易报复措施。

对于作为执行方的企业当事方，应充分发挥激励措施和惩戒机制相组合的优势，构建与企业利益相关联的“反馈评级系统”，连接争端解决成效与平台的市场利益及影响力，促使企业执行方高效落实争端解决方案。同时，可以探索建立统一的信任标识评定与管理系统，发挥对企业执行方案的正向激励，还可以建构虚拟市场除名的威慑机制，促使企业当事方有效执行裁决结果。

# 第十章　数字贸易争端解决中的透明度要求

由于国际贸易本身包含的经济利益以及国家主权的作用,透明度在促进贸易公平、防止贸易歧视等方面具有重要作用。自第二次世界大战结束以来,以GATT体制为中心,在国际贸易领域已经建立起了一套关于透明度的法律制度,广泛地适用于国际贸易的各个方面。数字贸易因其具有的技术性质以及国家之间对数据跨境流动的分歧主张,迄今尚未就透明度问题有特别的规定或要求。但作为大型区域贸易协定(如CPTPP、USMCA等)的组成部分,数字贸易行为或活动必然也应适用此类区域贸易协定关于透明度的规定。

作为国际贸易领域的重要内容,贸易争端解决中的透明度问题一直令人关注,这又充分体现在对WTO争端解决机制的改革问题上。但毫无疑问的是,如果WTO争端解决机制改革涉及透明度问题,那么肯定也会影响数字贸易争端解决中的透明度问题。这里的关键问题是,由于数字贸易与传统的国际贸易不同,数字贸易争端解决也有自己的独特性,因而对于透明度的程序和规则要求应有所不同。

## 第一节　国际贸易中的透明度要求及其争议

在国际贸易中，没有哪个贸易企业愿意同对外贸易法律和政策不透明的他国企业进行业务往来。一国的对外贸易法律和政策，往往决定了国内外企业共处的市场竞争环境，而法律和政策不公开、不透明，就无法营造公平竞争的市场环境。基于国家的经济主权，任何国家都有权力制定对外贸易法律和政策，以此影响、管理国内国际市场。为了使贸易法律和政策协调一致，便于贸易企业之间的业务交往，国家间达成的区域、多边贸易协定中，往往会对透明度问题作出具体规定。

### 一、多边贸易协定中的透明度要求

GATT 诞生后，尽管有第 10 条关于缔约方影响多边贸易措施的透明度的规定和要求，但随着缔约方的增加，透明度一直是多边贸易体制关心和关注的问题。GATT 第 10 条规定：缔约方有效实施的关于海关对产品的分类或估价，关于税收和其他费用的征收，关于对进出口货物及转移支付的规定、限制和禁止，以及关于影响进出口货物的销售、分销、运输、保险、仓储、检验、展览、加工、混合或使用的法令、条例等一般援用的司法裁决及行政决定，都应迅速公布，以使各国政府及贸易商知悉；一缔约方政府或政府机构与另一缔约方政府或政府机构之间缔结的影响国际贸易政策的现行协定，也应予以公布。这一规定表明，无论是原有的 GATT 缔约方或者后来的 WTO 成员，它们所适用的任何可能影响国际贸易流动的法律和政策都应予以公布，使其他所有成员及其贸易商对此有尽可能多的了解，以便确定它们正面对的贸易条件和市场竞争环境。

实际上，从 1947 年开始，GATT 秘书处就曾多次提出 GATT 所要求的通知义务的问题。1964 年 3 月，GATT 缔约方全体通过了《关于贸易信息和贸易促进咨询服务的报告》和《在贸易信息和贸易促进领域进行合作的建议》，提议缔约各方立即向秘书处提交其影响多边贸易规则实施的法律、条例、决定、指令和有关协议。1979 年 11 月东京回合谈判结束时，GATT 缔约方全体通过了一项《关于通知、磋商、争端解决和监督的谅解》，要求缔约方在采取影响 GATT 运行的贸易措施时，应尽可能通知秘书处，且应在这些措施实施前通知。1980 年 3 月，GATT 通过了总干事《关于通知和监督的建议》，要求缔约方按照具体的时间表进行通知,并要求每半年举行一次会议,专门审议多边贸易制度的进展情况。1989 年 4 月,GATT 通过了《关于加强 GATT 制度的决定》,编写了《国际贸易环境发展概览》,总结了 GATT 的主要活动,并集中报告了影响多边贸易制度的重要政策问题。自此,这项活动与贸易政策审议机制一起,取代了上述开会审查的制度。①

WTO 多边协定对透明度的要求,不仅继承于 1994 年 GATT,而且在乌拉圭回合谈判达成的其他多边协定甚或诸边协定中都有相应规定。例如,《适用卫生与植物卫生措施协定》(Agreement on the Application of Sanitary and Phytosanitary Measures)(以下简称《SPS 协定》)第 7 条"透明度"规定:各成员应依照附件 B 的规定通知其变更了的卫生与植物卫生措施,并提供有关其卫生与植物卫生措施的其他信息。另外,在 GATS 和 TRIPs 中,都根据协定的主题对透明度有大同小异的规定。同时,还通过《贸易政策审议机制》来强化 WTO 成员在对外贸易法律和政策方面承担透明度的义务。换言之,作为 GATT 的继承者,WTO 在透明度问题上更进一步,主要是通过两种方式予以保障:一是各成员政府必须通过经常性的"通报义务",向 WTO 及其他成员通知其有关(影响 WTO 多边规则和纪律)的法律和政策;二是 WTO 对各国的贸易政策进行定期审议,即贸易政策审议。WTO 成员对外贸易法律和政策的透明度,不仅是 WTO 的一项基本原则,而且是 WTO 最惠国待遇和国民待遇等原则得以实现的重要保障。

然而,"原则中有例外"是 WTO 法律制度的一个重要特点。透明度原则是有一定范围的,而 WTO 所要求的例外情形集中于商业机密上。在这一问题上,WTO 并不要求成员公开那些会妨碍国内法令执行、违反公共利益、损害某一公司或企业的正当商业利益的机密资料。例如,GATS 金融服务第一附件第 2 条规定,"本协议的任何规定均不得解释为要求成员披露与个人客户的事务和账户有关的信息,或任何公共实体持有的任何机密或专有信息";GATS 电信服务附件第 5.4 条也规定,"在保证成员采取的措施不构成任意或不合理的歧视或变相限制贸易服务的情况下,可以为确保信息安全与保密而采取必要的限制措施"。

在多边体制内,关于透明度问题的争端案件并不少见,如"美国—内衣案""欧共体—特定海关事项案""阿根廷—皮革案"等,都与 GATT 第 10 条所规定

① 参见胡加祥、彭德雷:《WTO 贸易政策的透明度要求:法律原则与中国实践》,载《时代法学》2012 年第 1 期。

的透明度有关。

## 二、区域贸易协定中的透明度要求

区域贸易协定中的透明度问题，包括两种情况：一是 WTO 成员参加的区域贸易协定应通知 WTO 秘书处；二是影响区域贸易协定缔约国之间贸易关系的法律和政策，应使其间相互知晓。

对于第一种情况，WTO 总理事会早在 2006 年 12 月 14 日就为所有区域贸易安排设立了新的透明度机制，要求有关成员应及早公布其参加的任何区域贸易安排并向 WTO 通报，供 WTO 成员进行审议：其一，WTO 区域贸易协定委员会将根据 WTO 秘书处的事实介绍，审议通报属于 GATT 第 24 条和 GATS 第 5 条的区域贸易协定；其二，贸易和发展委员会将审议属于授权条款（发展中国家间贸易安排）的区域贸易协定。

根据这一文件，WTO 成员应按"早期通知"和"正式通知"的要求，将其参加谈判、签署和适用的区域贸易协定信息以 WTO 的一种官方语言（英语、法语或西班牙语）通报 WTO 秘书处，包括其正式名称、范围、签署日期、任何预期生效或临时申请的时间表、相关联系点和（或）网站地址以及任何其他相关的不受限制的信息。为此，这一透明度机制鼓励各成员以电子形式提交有关新谈判或新签署的区域贸易协定的资料，如以电子邮件方式发送相关新闻稿副本或官方网址至 WTO 秘书处区域贸易协定工作组。WTO 秘书处将在 WTO 网站上公布这些信息，并定期向各成员提供一份摘要。① 在通知时间表方面，这一机制要求一般不迟于缔约方批准区域贸易安排或任何缔约方就实施区域协定相关部分作出的决定，也不迟于缔约方之间实施优惠待遇之前，并提供全文以及任何相关的附表、附件和议定书。在可能的情况下，最好采用电子格式提交，包括有关官方互联网链接的参考资料，鼓励各成员使用区域贸易协定委员会认可的区域贸易协定的通知格式。

在第二种情况下，区域贸易协定规定的透明度要求一般都比较详细。如 CPTPP 第 26 条第 2 款"透明度和反腐败"中，要求"每一缔约方应保证迅速公布其有关本协定所涵盖任何事项普遍适用的法律、法规、程序和行政裁定，或以可使利害关系人和缔约方知晓的其他方式提供……就一方中央一级政府关于本

① See WTO, Transparency Mechanism for Regional Trade Agreements, WT/L/671, adopted 18 December 2006.

协定涵盖的任何可能影响双方之间贸易或投资的事项,各方应在官方刊物或官方网站(最好是在网上)刊登或发布,并将其合并为单一门户网站”。

尽管区域贸易协定的缔约方数量有限,但它们都在遵循 WTO 多边协定关于透明度的规定的同时,结合区域贸易实际,对透明度问题作出了更细致的规定,使其在法律上和实践中更具可操作性。但必须指出的是,由于区域贸易协定的封闭性质,其缔约方不可能像今天的 WTO 多边协定那样不断增加,因而在制度上,不需要照搬 WTO 关于透明度的更具体的要求,如在缔约方境内设立咨询点、对缔约方实行贸易政策审议等。从这个角度看,区域贸易协定关于透明度的规定,更加务实,也更具可操作性。因而它们也不像 WTO 那样,需要将透明度作为一个重要的改革议题,引发成员间的深度谈判,并有可能产生新的多边规则。

### 三、WTO 透明度问题的改革主张

当前,对于 WTO 体制改革,各主要成员都提出了自己的主张或方案。它们在提高贸易政策的透明度问题上,基本持有一致的看法和要求,而最具代表性的当属欧盟的有关建议。

欧盟于 2018 年 7 月 5 日发布的《欧盟关于 WTO 现代化的建议》中,除了与国有企业补贴有关的透明度改革建议外,着重提出了 WTO 体制的透明度的改革建议。欧盟认为,WTO 的一项基本任务是监督成员是否执行 WTO 协议以及它们是否遵循 WTO 的通知规则,使其贸易政策保持透明。尽管欧盟投入了大量资源来完成及时通报,但其几个主要贸易伙伴并没有充分履行通报义务,其贸易行为仍然不透明,这使欧盟无法监督它们遵守 WTO 规则的情况,欧盟企业无法获得如何进入这些贸易伙伴市场的信息,也无法同这些贸易伙伴的国内企业在平等的基础上竞争。为解决这一长期存在的问题,欧盟建议改进或建立以下通知做法:其一,建立更有效的委员会级别的监督机构,负责监督有通知义务的 WTO 协议的所有委员会应定期审议个别通知和有关成员的一般表现。虽然存在贸易政策审议机制,但在消除 WTO 成员间的差距方面还不够有效,因为现有规定不允许秘书处进行质量评估,也不要求各成员负责解释其表现不佳的原因。因而欧盟建议,WTO 秘书处应对收到的通知和评论答复作出更多的质量评估,建立由 WTO 管理的单一公共数据库,将不遵守规定的情况置于该监督机构的横向审查之下,以便其他 WTO 成员在有关会议和书面报告中能发表更多

的检查和审议意见。其二,改善通报遵守情况的激励措施,包括运用技术援助、讲习班和专门的非正式讨论等来分享信息和最佳做法,并更广泛地传播相关的良好结果。但从目前情况看,那些严重违反了多边贸易体制精神和规则的成员不承担任何后果,这样只会招致其他成员的抱怨,因而建议利用相关文件来强制 WTO 成员遵守通知的程序。[①]

WTO 理事会也通过了一个提高透明度的议案,将 WTO 货物贸易协定分成《农业协定》及其他协定,并就 WTO 成员对这两类协定的通报义务及其时间表提出了具体建议,对不遵守时间表的成员还建议采取惩罚性措施,包括不允许在 WTO 机构的任职提名。这些建议和主张,一方面反映了多边贸易体制多年来在透明度问题上似已积重难返,另一方面也意味着在未来的国际贸易中透明度问题可能引发更多的贸易争端。

## 第二节　传统国际贸易争端解决中的透明度

为了国际市场的公平和无歧视竞争,透明度问题是国际贸易领域内的一个永恒话题。在传统国际贸易争端中,透明度问题主要涉及三个方面:其一,是否违背与透明度有关的规则和纪律,或者违背透明度规则所要求的通报义务;其二,履行透明度义务过程中的商业机密保护例外;其三,国际贸易争端解决中的不透明带来的问题。就多边贸易体制而言,争端解决机构裁定的有关案件的执行情况如何?既然已经发生了诸多与透明度规则有关的争端案件,那为什么此类争端还会频繁发生?传统国际贸易争端解决的规则与程序的透明度如何影响有关案件的裁决?WTO 争端解决机构的当前危机是否涉及透明度问题?增强 WTO 争端解决机制的透明度是否可以帮助解决或化解其当前危机?

### 一、关于透明度义务的强化问题

从 WTO 争端案件看,成员间关于透明度义务的分歧和争端一直存在,主要涉及对透明度义务的范围、程度等的不同理解和做法,因而需要集中解决的问题是:在法律上如何界定透明度?在实践中如何确定透明度义务的范围和性

---

① See The European Council, *WTO Modernization: Introduction to Future EU Proposal* (Concept Paper), June 28, 2018, http://trade.ec.europa.eu/doclib/docs/2018/september/tradoc_157331.pdf.

质？从当前WTO成员提交的透明度改革建议以及WTO总理事会拟订的建议案看，透明度问题除了原有的多边规则和程序外，还应该涉及具体的多边协定，如《农业协定》(Agreement on Agriculture)、《补贴与反补贴措施协定》(Agreement on Subsidies and Countervailing Measures)、《SPS协定》等，实际上就是努力解决透明度的范围界定问题，使透明度义务变得更具可操作性。

在WTO体制内，成员间关于透明度问题的争议大多集中于未有履行通报义务上。但就GATT第10条的规定以及贸易政策审议机制的工作结论看，任何成员对外贸易法律和政策的透明程度还取决于履行通报义务的成员的意愿。因此，无论WTO如何改革透明度规则或者如何加强履行透明度义务，包括所有其他成员给予的评估、对履行义务良好的国家给予激励措施等，对于成员管辖范围内的事项还是无法从根本上予以解决。这就预示着，在未来的国际贸易中，透明度将依然是一个无法完全克服或彻底解决的问题。

从多边贸易体制的发展历史及其作用看，如今的多边贸易规则已经成为绝大多数成员接受并依其改革国家对外贸易法律和政策的依据，由此使各国对外贸易法律和政策的趋同性大大增加，并由此极大地促进了全球宏观经济政策的协调一致。在WTO法律制度中，与透明度有关的规定散落在WTO诸多多边协议中；在WTO争端解决实践中，透明度问题不断出现在各类案件当中，尤其是"欧共体—特定海关事项案"，已将透明度规则的适用范围扩大到WTO成员的国内海关管理制度，同时贸易商的合法预期也被纳入透明度义务适用的范围。① 这里，透明度义务范围被扩大只能是为了更公正地解决争端，确保争端当事方之间权利和义务的平衡。

但不可否认的是，如果为了增强对外贸易法律和政策的透明度而对国家施加太多义务，或者为保障或增强透明度而设置过高的义务门槛或者标准，或者通过评估手段、激励措施、惩罚措施将透明度要求变成一种强制性义务，则极有可能成为WTO有关成员尤其是强势成员干涉他国经济主权范围内事项的法律依据。而在贸易保护主义、国际贸易霸权尚无法克服或根除的情况下，对透明度义务的强制性要求可能会侵蚀或者破坏国际市场的公平竞争。

---

① See WTO, European Communities-Selected Customs Matters, WT/DS315/15, adopted 14 December 2006.

## 二、关于透明度争议中的商业秘密例外

根据 GATT 第 10 条第 1 款的规定,各成员承担透明度义务时,商业秘密当然应被排除在外,或者说是透明度义务的例外。从国际法角度看,这一规定可以被看作一项一般法律原则,即被“文明各国所承认者”。那么,这里的问题是:如何界定商业秘密?商业秘密在法律上有何特征?商业秘密与国家对外贸易法律和政策之间的关系如何?商业秘密能否成为不履行透明度义务的“保护伞”?

商业秘密是企业的财产权利,它关乎企业的市场竞争力,对企业的发展至关重要,有的甚至直接影响到企业的存亡。中国原国家工商行政管理总局《关于禁止侵犯商业秘密行为的若干规定》(1998 年)(中华人民共和国国家工商行政管理局令第 86 号)第 2 条规定:本规定所称商业秘密,是指不为公众所知悉、能为权利人带来经济利益、具有实用性并经权利人采取保密措施的技术信息和经营信息。这不仅是对商业秘密构成要件的法律规定,也表明了商业秘密的基本特征:其一,秘密性。这一特征表明,保密信息不能从公开渠道直接获取,这是商业秘密的最核心的特征,是商业秘密维系其经济价值和法律保护的前提条件。商业秘密的权利人依其自身采取的保密措施,实现其对技术信息和经营信息的垄断控制权,以维持其在市场竞争中的优势地位。其二,具有经济价值。这一特征表明,商业秘密能为权利人带来经济利益,而那些不具有经济价值的信息则不属于商业秘密。正是由于商业秘密能给人带来经济利益,才会出现商业秘密的侵占和争夺。商业秘密的价值性不仅包含现实的价值,还包含潜在的价值,因而需要用动态的、发展的眼光来分析,而不能仅局限于看它当前是否已商用化,也不能以该企业的盈利或亏损来衡量。其三,应采取合理的保护措施,包括订立保密协议、建立保密制度、采用保密技术等合理的、明确的保护方法,以此来维护权利持有人的经济利益。这里的技术信息和经营信息,包括设计、程序、产品配方、制作工艺、制作方法、管理技术、客户名单、货源情报、产销策略、招投标中的标底及标书内容等信息。①

在国际贸易中,几乎所有的国家都在其对外贸易法中设有关于商业秘密保护的条款。例如,《中华人民共和国对外贸易法》(2016 年)第 13 条规定:对外

① 参见《中华人民共和国反不正当竞争法》(2019 年)第 9 条。

贸易经营者应当按照国务院对外贸易主管部门或者国务院其他有关部门依法作出的规定,向有关部门提交与其对外贸易经营活动有关的文件及资料;有关部门应当为提供者保守商业秘密。在对外贸易调查问题上,该法第39条规定:有关单位和个人应当对对外贸易调查给予配合、协助,国务院对外贸易主管部门和国务院其他有关部门及其工作人员进行对外贸易调查,对知悉的国家秘密和商业秘密负有保密义务。

必须承认,基于国家经济主权的作用,为了尊重和保护商业秘密,甚或为了保障国家经济安全或利益,国际贸易中关于透明度义务的要求将会长期存在,与之有关的贸易争端也将不时发生。

### 三、传统国际贸易争端解决程序中的透明度

长期以来,上诉机构被誉为WTO争端解决机制这顶“皇冠”上的明珠,而WTO争端解决机制则被认为是世界范围内效率最高、裁决结果执行情况最佳的国际司法机构。但自2017年以来,WTO上诉机构的危机暴露了其中存在的一些棘手问题,使WTO争端解决机制的透明度问题也成为被重点关注的对象和倡议改革的内容。

WTO体制一直倡导“规则导向”(rule-oriented)和“成员驱动”(member-driven),因而WTO争端解决程序具有很强的司法性质,尤其表现在由专家组程序和上诉机构程序组成的“两审终审制”上。但是,上诉机构的危机在一定程度上削弱了WTO争端解决机制的司法性质,并凸显争端解决程序中的透明度问题。在过去几年里,WTO成员、非政府组织、贸易企业、学界等都希望提升争端解决程序的透明度,以便能及时获得有关信息,促进争端解决程序的客观、公开和公正,由此更有助于国际贸易的顺利进行。尽管根据DSU的有关条款,WTO争端解决机构及时发布了有关信息,如磋商申请书、被诉方答辩状、专家组的中期报告等,使争端解决程序有了一定的透明度,但争端解决是一个复杂的事实认定、法律适用和法律推理的过程,因而争端解决程序各阶段会议的内容、争端当事方的诉求和推理、证据采信、法庭之友的作用、专家组专家或是上诉机构成员的意见等不涉及商业秘密的事项,外界对此大都一无所知。

WTO争端解决机制所具有的司法性质,决定了其争端解决程序必须保持相应的透明度,这是保障国际司法公正性的一项基本条件。透明度在争端解决机制中具有特殊价值,因而应该按有关规则,以保护争端当事方的秘密(含国家

秘密、商业秘密等)为“红线”,对这一过程的各个程序公开进行重新设计,包括对磋商、专家组、上诉机构、执行等阶段的资料和文件公开,还包括将争端解决各阶段会议的主要内容进行脱密后向争端当事方、第三方以及其他成员境内的咨询点公开,由此保证所有 WTO 成员了解多边贸易规则和纪律的实施、适用或执行现状,或可在一定程度和范围内预防有关贸易争端的发生。

从当前情况看,WTO 争端解决程序的透明度较以前有很大进步:其一,争端解决的文件公布正变得更加积极,外界可以及时地了解或获取信息;其二,争端解决裁决书上已经公开专家组成员名单,方便外界对专家的言论进行监督;其三,允许非当事方、律师和非政府组织参与其中,确保裁决的公正性。特别地,根据 DSU 第 13 条的规定,争端解决机构有权向有关非政府机构寻求信息,这也为“法庭之友”参与争端解决过程提供了契机,有助于提高争端解决程序的透明度。

当然,这里值得一提的是由 WTO 上诉机构发布的争端解决年度报告。从过去公开发布的报告内容、目前上诉机构停摆及其未来恢复的可能性看,这种年度报告对于维持争端解决程序的透明度似乎不具有太多的实质意义,因为它们更像是上诉机构的年度工作总结,或者说是向争端解决机构或 WTO 成员提交的“年度考核表”。

## 第三节 数字贸易争端解决中的透明度义务

既然数字贸易是国际贸易的组成部分,就必然存在透明度问题。比照前已论及的有关内容,数字贸易中的透明度问题包括两个方面:一是各国基于国际贸易关系而产生的在数字贸易法律、法规和政策上的透明度义务及其引发的贸易争端问题;二是数字贸易争端解决程序中的透明度问题。鉴于数字贸易与数据管辖权、商业秘密、线上和线下解决程序等之间的关系,数字贸易争端解决中的透明度问题也不同于传统的内容和要求。从当前情况看,尽管 WTO 主要成员在其制定、发布的数字贸易法律、法规和政策中大都包含关于透明度的规定,但此类规定是贸易伙伴之间的相互要求还是针对各自国内的市场管理?对这一问题的分析和解答,对于澄清数字贸易争端解决中的透明度问题以及如何满足相应的透明度义务要求都至关重要。

## 一、WTO 主要成员对于数字贸易的透明度要求

数字贸易的透明度无疑与国家对数字产品性质、贸易数据管理等息息相关。就数字产品性质而言,WTO 主要成员之间还存在一定的分歧,这种分歧又随之集中于是否对数字产品征收关税和国内税的问题。对于贸易数据管理,它往往与其国家和地区对数据管理的透明度存在关联。

2018 年,印度公布了《个人数据保护法案》。该法共 15 章 112 条,其中第 7 章规定了透明度和责任措施。这是在遵循数据本地化原则基础上充分保护个人信息的条件下做出的透明度规定。它要求数据信托人(data fiduciary)须采取合理步骤,以维持其处理个人资料的一般做法的透明度,并须以一种可指明的且易查阅的形式提供下列资料:其一,收集个人一般资料的类别及收集方式;其二,处理个人一般资料的目的;其三,在特殊情况下处理的任何类别的个人资料,或为处理任何特殊目标而造成重大损害的风险;其四,数据主体权利、行使程序以及任何与之有关的详细信息;其五,向管理局提出申诉的权利;其六,如适用,可根据该资料信托人的资料进行的任何评级;其七,在适用情况下,资料信托人执行的有关个人资料跨境转移的一般资料。资料信托人须通过定期通知,并以明示的方式,将处理与资料委托人有关的个人资料的重要操作行动通知资料委托人。① 对于该法中的这些规定,有以下几点需要特别注意:其一,它是建立在第 29 条"隐私设计"的基础上,是在满足对隐私保护的限制性条件下对数据信托人施加的透明度义务;其二,数字贸易的数据信托人当然包括服务于数字贸易的第三方平台;其三,数据资料包括有关个人(包括贸易企业或经营企业)有关资料的跨境转移;其四,管理当局提出的有关数字贸易的数据资料。

近年来,欧盟一直努力成为全球数字的引领者,并一直努力塑造数字经济的全球模式。为此,它不仅大力支持发展中国家的数字化措施,而且制定数字标准在全球推广适用。欧盟于 2019 年 4 月提交给 WTO 的《关于电子商务的联合声明:欧盟关于 WTO 电子商务纪律和承诺的建议》指出,透明度应是"除 GATS 关于电信的附件第 4 条和本原则中有关信息发布的其他规定外,与公共

---

① See Article 30, The Personal Data Protection Bill of Republic of India, 2018.

电信输送网络或服务有关的任何措施均应向公众开放”[①]。欧洲委员会于2020年2月发布的《塑造欧洲的数字未来》认为,科技改善了每个人的日常生活,每个人的生活都在经历数字化转型,而欧盟的数字战略将使其符合欧盟的价值观,为人类、企业和地球服务,并使企业在公平的条件下开始、成长、创新和竞争。欧盟认为,为了打造公平竞争的数字经济,一个开放、民主和可持续的社会能够使一个充满活力的创新和快速增长的初创企业和中小企业群体获得融资和扩张,为此需要通过制定数字服务法,加强网络平台的责任,明确网络服务规则,确保欧盟规则适用于数字经济的目的,确保所有公司在欧洲公平竞争,增加对高质量数据的访问,但同时应确保个人和敏感数据得到保护。[②] 迄今为止,欧盟对于个人数据的保护是世界上最早的,也是最为严格、最为完整的。

澳大利亚对外缔结的自由贸易协定中,大多包含为实现电子商务或数字贸易所应遵循的一些关键条款,具体为:《东盟—澳大利亚—新西兰自由贸易协定》第10章、《澳大利亚—智利自由贸易协定》第16章、《澳大利亚—美国自由贸易协定》第16章、《澳大利亚—中国自由贸易协定》第12章、《韩国—澳大利亚自由贸易协定》第15章、《澳大利亚—日本经济伙伴关系协定》第13章、《马来西亚—澳大利亚自由贸易协定》第15章、《新加坡—澳大利亚自由贸易协定》第14章、《澳大利亚—泰国自由贸易协定》第11章等。它们均包含透明度义务的一般性目标,即各国应向公众提供与电子商务或数字贸易有关的任何措施,包括线上;在可能的情况下,应就透明度问题提供提前发表和评论的机会。

“CPTPP包含了透明度要求,可以为越南或马来西亚等独裁或封闭政权国家的贸易和互联网相关政策的制定带来急需的阳光、正当程序和更多的政治参与”,防止数字贸易保护主义(digital protectionism)。[③] CPTPP第10.11条规定,政府在管理跨境数据流动时,应以透明的方式进行。通过这样的要求,CPTPP

---

① Joint Statement on Electronic Commerce, EU Proposal for WTO Disciplines and Commitments Relating to Electronic Commerce, Communication from the European Union, INF/ECOM/22, 26 April 2019.

② See in detail European Commission, Shaping Europe's Digital Future, 19 February 2020, https://ec.europa.eu/info/sites/default/files/communication-shaping-europes-digital-future-feb2020_en_4.pdf.

③ See Susan Ariel Aaronson, *What Might Have Been and Could Still Be: The Trans-Pacific Partnership's Potential to Encourage an Open Internet and Digital Rights*, 2 Journal of Cyber Policy 232, 232(2017).

有助于确保所有服务提供商和互联网用户能够及时了解此类规定,并在国家当局允许的情况下,在此类规定生效前发表评论。“在这方面,CPTPP在推进一些公民权利和政治权利以及改善治理方面可以大有作为”,并“确保最佳创新而非贸易壁垒或法律审查对数字市场增长的作用”。通过透明度义务要求,CPTPP成员也有可能减少审查和过滤,从而促进互联网开放和数字权利,但政策制定者不能总是依赖贸易协定来捍卫可能存在限制数据跨境流动的国家的互联网开放。[①] 此外,与所有贸易协定一样,CPTPP也规定了例外情况,即当政策制定者认为为了实现重要的国内政策目标有必要限制跨境信息流动时,政府可以采取有关的限制措施。

USMCA没有关于透明度义务的专门规定,但在第29.8条“良好管制实践”中对规则透明制定问题给予了较为详细的规定,且适用于数字贸易和争端解决条款。该条要求,当监管机构制定有关的法规时,应在正常情况下公布:其一,该法规的条文及其影响的评估(如有的话);其二,该法规的解释及正在考虑的任何主要替代办法;其三,对监管当局用以支持监管的数据及其他信息的分析和解释;其四,可能就该法规的有关问题需要与监管当局联系的信息。在缔约方公布此类信息的同时,还应公开该法规的支持数据及其他信息和科学技术分析,也包括任何的风险评估。同时,如果一方预期发布的法规草案将对贸易产生重大影响,通常应安排一段时间来接受提交书面意见和其他评论。这些关于法规透明度的规定与WTO的透明度要求基本相同,但USMCA更加现代化(包含数据和技术信息),并注重透明度中存在的可预见性——正在形成的国内法规对缔约方之间贸易关系的影响。

## 二、数字贸易透明度义务的争端解决

如前所述,透明度义务是传统国际贸易争端的一项重要内容。在很大程度上,国家对外贸易法律法规的不透明或者公布不及时,可能蕴含在违背多边协定下透明度义务的基础上为不公平贸易创造有利的竞争条件和竞争环境。这种情况必然会增加国际市场的不稳定性、不可预见性,增加国际贸易企业的成本支出,进而增加消费者的负担。这也是目前WTO主要成员将透明度问题作

① See Susan Ariel Aaronson, *What Might Have Been and Could Still Be: The Trans-Pacific Partnership's Potential to Encourage an Open Internet and Digital Rights*, 2 Journal of Cyber Policy 232, 233(2017).

为 WTO 改革方案中一项重要议题的重要原因。

对于数字贸易争端解决中的透明度义务的争端,最为关键的问题是与数据披露、信息技术披露、数据跨境流动等有关的法律法规的公布或通报。从实践看,由于法律法规的制定和公布往往落后于技术,基于数字技术发展的数字贸易实践中的问题会非常明显地反映出受制于后来的有关法律法规。这不仅表现在各国、各地区的有关规定都存在分歧或差异,而且与互联网和信息技术的发展水平密切相关。

从法律层面看,由于数字技术发展的不均衡,与之有关的数字贸易的法律和政策也都不在同等水平上(或者说在略有差距的水平上)。因此,在双边或者区域贸易协定下,缔约方在数字贸易问题上承担透明度义务的要求应该低于货物、服务等其他实体性贸易领域的要求。可以肯定地说,如果透明度义务或要求均基于一个贸易协定中的一般性或者统一性规定,那么在数字贸易实践中就易引发争端;但如果将数字贸易条款作为透明度义务的例外,就极有可能违背该贸易协定的宗旨和原则。因此,在数字贸易的透明度义务争端上,应秉持“具体问题,具体分析”的原则和立场,具体包括:

其一,透明度义务上的差别待遇。这里所说的差别待遇,是由数字技术差异和立法差异决定的。鉴于国家经济主权的作用及国家对经济利益的追求,互惠待遇是国际贸易关系得以存续的“核心要件”,而互惠在国际法上被定义为一国给予另一国及其国民相当于该另一国给予该国及其国民的相应待遇。实际上,WTO 协定包含的特殊和差别待遇条款,旨在增加发展中成员的贸易机会,承诺运用政策工具给予发展中和最不发达国家一定的过渡期,并据情提供技术援助。[①] 发达国家和发展中及最不发达国家之间基于正式的“互惠”关系在殖民主义时代表现为不平等条约,但在数字经济时代应表现为贸易协定下的平等的经济交往。对于科技发展水平和经济实力悬殊的国家,如果在透明度义务上适用互惠或非歧视原则,对因低水平数字发展技术产生的低水平立法的国家尤其是最不发达国家,就不可避免地会造成实质性歧视。基于自由竞争的原则或要求,数字技术发达的国家可轻易地凭借其技术实力,通过订立贸易协定,“一刀切”地、合法地要求数字技术发展欠佳的国家承担与数字贸易有关的法律法

① See WTO Committee on Trade and Development, Implementation of Special and Differential Treatment Provisions in WTO Agreements and Decisions, WT/COMTD/W/77, adopted 25 October 2000.

规的透明度义务,进而极有可能造成不公平的市场竞争条件,在国际贸易领域形成真正的数字“鸿沟”,致使两类国家之间的经济差距加速扩大。因而,在“透明度义务”的统一规定下,还应根据各国的数字技术发展水平,评估其有关数字贸易法律法规对数字贸易的影响差异,进而要求承担相应的义务。

其二,透明度义务中的例外情形。在一般情况下,贸易协定关于透明度义务的规定中都有关于秘密信息保护的例外规定,即不要求缔约国或有关国家在公布或通知有关的法律法规时“披露那些会妨碍法令的贯彻执行、会违反公共利益或会损害公私企业的正当商业利益的秘密信息”。但对于数字贸易中的秘密信息该如何界定,迄今未有明确的定义和范围。这是因为,数字贸易与数字技术覆盖的数据信息、数据流动等息息相关,而这些信息可能包含贸易企业的商业秘密或者会妨碍法令执行、违反公共利益等的秘密信息,而且对于数据跨境自由流动,迄今并未完全在主权国家之间达成一致共识。目前,尽管美国、澳大利亚、日本等国承认数据跨境自由流动,尽管欧盟在与数字贸易有关的数据流动的规定上不再完全坚守“数据本地化”原则,但绝大多数发展中国家和最不发达国家因其数字技术落后于发达国家,在与数字贸易有关的机密信息保护上就不可能像发达国家那样能够通过数字技术进行脱密处理,这也是目前 WTO 成员在数字贸易多边谈判中最为棘手的问题之一。因此,即便是在透明度义务的一般规定下存在商业秘密例外,但从数字贸易的内容、范围及可自由化程度上看,这种例外的事项和范围肯定也有所不同,进而必然会给数字贸易透明度义务的争端解决带来某些不可逾越的障碍。

这里更需要关注的是,数字贸易的透明度义务中与知识产权保护有关的问题,尤其是源代码与算法的保护问题。源代码和算法既是保障数字贸易安全有序开展的基础,也是数字版权和商业秘密保护的关键。在 TRIPs 之下,源程序或源代码作为软件的一部分而受到著作权法的特别保护,但因受限于协议缔结时的技术发展水平,它对源代码及程序算法的披露和保密并未作明确规定。①

根据 USMCA 的数字贸易条款,缔约方不得将强制披露源代码或算法作为在其领土内进口、分销、销售或使用软件或含有软件的产品的条件,否则就构成典型的数字贸易壁垒。因而,缔约方之间不得要求转移或访问由另一方个体所拥有的软件源代码,或源代码中所使用的算法。同时,在遵守防止未授权披露

① See Articles 10 and 14, TRIPs.

等保障措施的前提下，也不得阻止一方的监管机构或司法机关要求特定主体保存并提供软件的源代码或源代码中的算法。换言之，对源代码的完全披露将导致对核心算法的泄露；反之，对核心算法的披露虽然不至于使源代码完全公开，但也实质性影响了源代码的保护。[①] 由此，对于数字贸易透明度义务的争端，就会遭遇法律与技术之间的差距而可能无法从根本予以解决。

但必须注意的是，基于上述两方面内容，在数字贸易透明度义务上的“具体问题，具体分析”可能造成透明度义务的“碎片化”现象，导致承担义务上的不公平、不平等、不均衡，进而增加争端解决的负担。在很大程度上，数字贸易中的透明度义务都与数字技术发展水平相关，那么肯定性的结论是：只有促进提高了数字技术并确保数字技术在全球发展的大致平衡，数字贸易中的透明度义务才能够较好地落实，才能够将数字贸易中的透明度义务争端频次降至最低。

### 三、数字贸易争端解决程序的透明度问题

基于网络技术，数字贸易争端解决可分为线上程序和线下程序或者二者的结合，它们都涉及争端解决程序的透明度问题。与传统国际贸易争端解决相比较，数字贸易争端解决程序要求在每一个节点上都及时公布有关内容。原因在于：

其一，数字贸易争端的敏感性。数字贸易的标的尽管可大可小，但在数字技术时代，争端诉求、法律适用、裁决结果等均具有敏感性，尤其是其中涉及的与数字贸易有关的技术或者知识产权问题。数字贸易严重依赖于数字技术，数字技术的发展必然带来数字贸易的变化，或者说数字技术的变化会迅速导致数字贸易发生变化，但包括透明度在内的数字贸易规则具有相对稳定性。这种客观因素必然使数字贸易争端及其解决招致各方关注，并因而具有无比的敏感性。

其二，数字贸易争端解决专家的资质问题。因为数字贸易争端案件本身包含技术问题，被选中作为争端解决专家的资质更应该受到重视。他们除了法律上的资质外，还应该具备一定的数字技术知识，或者可以直接引进数字技术的专门人才作为专家组成员，并应占有一定比例。为了裁决案件的公正性，对于

---

① 参见孙益武：《数字贸易中的知识产权议题》，载《南京大学法律评论》2019 年第 2 期。

争端解决案件的法律适用与法律推理,专家们也可以发表意见或声明,并将其作为裁决报告的附件供参阅,但不能影响裁决结果的公平、公正。

其三,数字保护主义对争端解决的影响。在数字贸易中,政策制定者可能会发现或者很容易断定另一个国家正在实施数字保护主义,但很难证明该国政府有意扭曲贸易。例如,如果某国政府对互联网进行审查,可能是为了保护公民或消费者免受某些有害信息的侵害,但在客观上可能对数字贸易造成限制或障碍。尽管有时可能难以证明另一个国家正在以扭曲贸易的方式行事,但数字贸易企业会发现正在增加的数字保护主义。例如,2014 年,美国国会要求国际贸易委员会调查美国主要贸易伙伴的有关做法,发现 49 个国家采取了“数字保护主义”政策,但它们均认为此类政策是保护隐私和网络安全稳定的必要措施;在 2017 年的报告中(基于 2016 年的贸易数据),美国还发现其许多贸易伙伴存在数字保护主义,包括印度尼西亚、俄罗斯、欧盟和土耳其。① 面对数字贸易保护主义,更需要强调透明度,也需要有足够的证据证明其对数字贸易过程的扭曲,进而才能更好地解决数字贸易争端。

其四,数字贸易争端裁决结果的执行问题。裁决结果的执行是贸易争端解决程序不可或缺的组成部分,对裁决结果的执行情况可以在整体上影响争端解决的程序。由于数字贸易都是线上行为,数字贸易争端解决程序可以是线上、线下或者二者相结合,因而对于裁决结果的执行情况应及时予以公布,包括裁决结果中的执行建议、被诉方采取的执行措施以及争端解决机构对执行情况的评估报告等。这不仅关系到数字贸易的可持续性,也关系到涉案国家国内有关的数字贸易企业的商业信誉。

## 本章小结

透明度是谈判和缔结双边、区域或多边贸易协定不可缺少的组成部分,更是国际贸易争端解决中需要认真对待的事项。在传统国际贸易法律制度之下,透明度义务可以通过争端解决予以“拉平”,但透明度义务的例外情形也会影响争端解决的过程和结果。

鉴于数字贸易活动对互联网和数字技术的严重依赖,数字贸易争端解决中

---

① See USTR, 2017 National Trade Estimate Report on Foreign Trade Barriers, https://ustr.gov/sites/default/files/files/reports/2017/NTE/2017%20NTE.pdf, visited on 5 June 2020.

的透明度问题显得十分重要,这尤其体现在数字贸易透明度义务的争端和数字贸易争端解决程序的透明度等方面。数字贸易透明度义务的争端解决,需要考虑基于数字技术而产生的差别待遇,也需要考虑与数字技术有关的知识产权保护或者秘密信息保护的例外情形。它们不仅使数字贸易争端解决变得复杂,而且使这一程序中的透明度问题变得敏感。

# 第十一章 数字贸易争端解决中的隐私权保护

数字贸易的基础是数据跨境流动及相关服务提供。但从互联网产生并广泛应用时起,国际社会就关注跨境数据流动中的隐私和个人信息保护。而且,在已经缔结或生效的双边或区域贸易协定中,隐私条款和消费者条款、个人信息条款经常被放在一起,如 CPTPP 第 14.7 条和第 14.8 条。因而本章所论“隐私权”也包含在线消费者、个人信息、个人数据等,或者表述为“隐私和个人信息”或“隐私与个人数据”。

已有调研结果发现,源自恶意网络攻击的数据泄露不仅是引发数据泄露事件最常见的根本原因,因之而付出的代价也最惨重。除此之外,人为错误和系统故障导致的数据泄露事件占总量的近一半。大规模数据泄露最令人担忧,因为对于获取这些数据的实体以及这些信息随后被如何使用,人们确实知之甚少。这些担忧促成了提供适当隐私保护的数据保护法的出台,进而使数据保护要求成为数字贸易的巨大挑战,而最麻烦的是当数据保护需求包括某种形式的物理本地化时带来的数字贸易争端。① 如今,几乎所有国家或地区都设有规范或

① See Usman Ahmed, *The Importance of Cross-Border Regulatory Cooperation in an Era of Digital Trade*, 18 World Trade Review s99, s111(2019).

监管个人数据的措施，因而必须考虑与之有关的隐私权保护及其给数字贸易争端解决带来的一些棘手问题。

## 第一节　与数字贸易有关的数据跨境流动及隐私权保护

迄今为止，国际社会尤其是 WTO 主要成员对数据跨境流动（cross-border data flow）的概念界定还存在差异，尚未形成统一认知。综合比较来看，国际上对数据跨境流动的内涵与外延界定主要包括两类：一类是数据跨越国界的传输、处理与存储；另一类是尽管数据尚未跨越国界，但能够被第三国主体进行访问。无论哪一种形式，都无法逾越数据跨境流动中的隐私和个人信息保护问题。

### 一、隐私权保护与数字贸易的数据跨境流动

一般认为，隐私是一种与公共利益、群体利益无关，当事人不愿他人知道或他人不便知道的个人信息，是当事人不愿他人干涉或他人不便干涉的个人私事，以及当事人不愿他人侵入或他人不便侵入的个人领域。学界普遍认为，"隐私权"一词源于 1890 年沃伦（S. D. Warren）和布兰迪斯（L. D. Brandeis）在《哈佛法律评论》上发表的《隐私权》一文，它是指独处的权利。[①] 随着国际经济社会的发展，人们对隐私权的定义、范围以及价值等有了进一步的认识。

在国内法上，隐私权是指公民享有的私人生活安宁与私人信息依法受到保护，不被他人非法侵扰、知悉、收集、利用和公开等的一种人格权。通过宪法和法律规定，让隐私权赋予权利人对私人生活的控制权，这种控制权包括防御他人窃取个人隐私与是否向他人公开隐私及公开范围的决定权。隐私权的常见类型包括个人生活自由权、情报秘密权、个人通讯秘密权、个人隐私利用权等。[②] 它们充分表明了隐私权所具有的自由、秩序、尊严等价值。

鉴于隐私权所具有的价值，它必然也是国际法或者说是国际人权法保护的重要内容。1948 年《世界人权宣言》第 12 条宣示：任何人的私生活、家庭、住宅

---

① See S. D. Warren and L. D. Brandeis, *The Right to Privacy*, 4 Harvard Law Review 193, 193－220(1890).

② 参见张新宝：《隐私权的法律保护》，群众出版社 1997 年版，第 3～5 页。

和通信不得任意干涉,他的荣誉和名誉不得加以攻击。1966 年《公民权利和政治权利国际公约》第 17 条规定:"任何人的私生活、家庭、住宅或通信不得加以任意或非法干涉,他人的荣誉和名誉不得加以非法攻击;人人有权享受法律保护,以免受这种干涉或攻击。"而且,《儿童权利公约》第 16 条也明确规定:"儿童的隐私、家庭、住宅或通信不受任意或非法干涉,其荣誉和名誉不受非法攻击;儿童有权享受法律保护,以免受这类干涉或攻击。"诸如此类的规定,都充分表明隐私权保护的国际性、普遍性,即一方面基于国家的属人管辖权和属地管辖权,需要将此类规定通过转化或纳入方法,使其成为国内法的组成部分,以便保护人权;另一方面,在当今互联网时代,尤其是随着数字贸易的发展,隐私权保护必然是一个极其重要的国际法律问题,需要参与数据跨境流动的国家及其企业采取相应措施,保护与数字贸易有关的隐私权。

对数据跨境流动的普遍理解,是数据通过互联网技术进行跨越国界的传输、访问或处理。数据有序跨境流动,有利于全球数据资源的开发利用和开放共享,有利于信息化产品和服务跨境运营与商业拓展,有利于推动信息网络技术、产品和服务的创新发展,进一步提升经济效率和社会福祉。而数字贸易就是跨境数据流动的产物,反过来,它也严重依赖于持续、安全的数字技术和数据跨境流动。但在范围和内容日益扩张的跨境数据流动中,如何辨识和保护个人数据进而保护隐私权,已成为数字贸易发展与治理的重要环节。

2018 年 5 月生效的欧盟《一般数据保护条例》认为,个人数据是指与已识别身份或可识别身份的自然人(或者数据主体)有关的任何信息。而可识别的自然人是直接或间接可以确定的人,特别是通过参考诸如名字、身份证号码、位置数据、在线标识符等或者参考该自然人的物理、生理、遗传、心理、经济、文化或社会身份等多个特定因素可以确定的人。这一释义,显然包含一些重要的隐私信息。因而,要想了解和确定隐私权保护的必要性和重要性,首先必须明晰数据跨境流动过程的风险。

数据跨境流动风险主要集中于数据的传输、存储和应用 3 个环节。在传输上,数据跨境过程环节多、路径广、溯源难,传输过程可能被中断,数据也面临被截获、篡改、伪造等风险。对于存储,因其受数据存储当地防护水平、监管措施等因素的影响,容易出现数据泄露等情况。在应用方面,跨境数据的承载介质多样、呈现形态各异、应用较为广泛,数据所在国的政策和法律存在差异,导致数据所有权和使用权之间的权限模糊,存在数据被滥用等风险。总之,数据跨境流动可能会引发用户数据被泄露、滥用等隐私权保护问题,并由此会给数字贸易企业带来技术管理、资产管理和组织管理上的挑战。①

可以肯定地说,与数字贸易有关的隐私权保护问题,已成为国内法和国际法不可或缺的组成部分。早在 1980 年,OECD 就建议,"从商业到客户"的电子商务应按照公认的隐私原则在 OECD 的指南下管理个人数据的隐私保护和跨界流动。到了 1998 年,OECD 建议成员应特别考虑《关于全球网络中的隐私保护部长级宣言》,为消费者提供适当和有效的保护。② 从电子商务到数字贸易,不仅意味着互联网技术的进步,而且意味着电子数据的进一步拓展及其跨境流量的增加。作为较早保护数据跨境流动的国际文件,OECD 的系列指南为保护与数字贸易有关的隐私权提供了基础依据。甚至在缔结 GATS 之时,就通过第 14 条"一般例外"规定,在此类措施的实施不在情形相同的国家之间构成任意或不合理歧视的手段或不构成对服务贸易的变相限制的前提下,本协定的任何规定不得解释为阻止任何成员采取或实施以下措施:为使与本协定的规定不相抵触的法律或法规得到遵守所必需的措施,包括与保护与个人信息处理和传播有关的个人隐私、保护个人记录和账户的机密性以及安全等内容有关的法律或法规(第 3 款)。

## 二、与数字贸易有关的隐私权保护的性质和范围

从全球科技发展史看,传统国际人权法对隐私权保护及其规定,必定与当今时代所使用的互联网和数字技术无关(即便是国际人权条约缔结之时存在国际通信、国际电信业务的事实)。如今,基于互联网和信息技术,为推动国际贸易而发生的数据跨境流动,不仅表明了包含隐私的个人信息在全球范围内的快速和广泛传播,而且意味着隐私权伤害范围的扩大和伤害程度的加重。

无论在哪个空间(虚拟或者现实),隐私都属于一种具体人格权,而人格尊严是人格权客体即人格利益的基础,因此隐私权自然体现出人之尊严,保护隐私权即保护人之尊严。隐私权包括多种内容,体现了现代文明的一种生存艺术,与此相联系,隐私权也就意味着对他人的尊重。如果法律不保护某些只属个人领域的利益,那么人格尊严将荡然无存,而一旦它们与数据跨境流动

---

① 参见王娟娟、汪海:《充分重视数据跨境流动的风险》,载《经济日报》2019 年 5 月 15 日。

② See OECD, *Guidelines for Consumer Protection in the Context of Electronic Commerce*, 2000, https://www.oecd.org/sti/consumer/34023811.pdf, visited on 17 December 2020.

相联系而遭遇泄露、滥用或者个人数据侵犯,对人格尊严带来的伤害必然更加严重。

近年来,在数据跨境流动中,个人数据被泄露、滥用的情况不断发生,除了给个人的财产安全带来潜在威胁外,其中某些信息的泄露和滥用更涉及对隐私权和个人数据的侵犯。个人数据侵犯是指违反安全规定,导致传送、储存或以其他方式处理的个人数据意外或非法销毁、遗失、更改、未经授权披露、盗窃或查阅。① 而侵犯隐私权造成的影响往往是巨大的。2018 年,使用脸书(Facebook)的 5000 万名用户的信息泄露,某分析公司不仅借此对用户的偏好、行为倾向等进行了私自分析,更有可能干预了美国当年的政治大选。2022 年 9 月 27 日,发生在美国对甲骨文公司(Oracle America Inc.)提起的诉讼中,原告严厉指控该公司非法跟踪互联网用户。具体来说,原告指控甲骨文公司使用跟踪技术收集了 50 亿个互联网用户的详细数据,并将其汇编到数据库中。同时,该公司还对其收集的信息进行了分析和评估,以创建每个数据主体的档案,除了姓名和地址,所有类型的互联网活动都被记录下来,如购买行为、全球定位系统(GPS)数据和健康信息——甚至是跨设备的记录。②

随着数字贸易的快速发展,与之有关的隐私数据安全事件在全球范围内呈现强劲增长的态势,这一表现在 COVID－19 疫情严重的 2020 年尤为突出。中国瑞星(Rising)发布的《2020 中国网络安全报告》指出,中国国内大量外贸物流企业遭遇了来自尼日利亚“钓鱼组织”的攻击。其中,在 2020 年 6 月,上海某航运集团与一家国外物流公司进行合作交易往来过程中,因被网络“钓鱼组织”攻击,险遭 5 万多美元的经济损失。随后,经过瑞星公司调查发现,攻击者通过“爬虫”或搜索、黑市购买及间谍软件窃取等方式获取大量邮箱地址,通过专业的工具抽取所有与该邮箱进行通信的邮件地址,随后将各种商业间谍软件或“钓鱼网站”投递至这些邮箱中,以窃取受害者电脑中的浏览器、邮件、账号密码、缓存文件(cookies)、键盘记录和屏幕截图等重要信息,从而源源不断

---

① See Decision of the Secretary-General on the Protection of Individuals with regard to the Processing of Their Personal Data, Annex XII to the Staff Regulations, 3 May 2019, https://www.oecd.org/general/OECD-Decision-Processing-Personal-Data.pdf.

② See *Oracle: Tracking Technologies Encroach on Internet Users' Privacy Rights*, https://www.edoeb.admin.ch/edoeb/en/home/latest-news/aktuell_news.html#-680554325, visited on November 22, 2022.

地获取大量的凭据信息。攻击者有选择性地以外贸企业、货物代理、物流运输等国际贸易链条上的公司和企业作为攻击对象，监控这些公司员工邮箱的通信活动，查找有关资金往来的邮件记录，在合适的时机介入并进行诈骗活动。①

与数字贸易有关的隐私权保护，通常与对个人数据的保护息息相关。在OECD《秘书长关于与处理个人数据有关的个人保护决定》中，个人数据被定义为，与可辨识身份或可识别身份的个人有关的任何信息。那么，从广义上讲，与数字贸易有关的隐私权的保护，就是对数据跨境流动中的个人数据的保护，尤其是对个人敏感信息的保护，具体包括：其一，显示种族出身、政治观点、宗教或哲学信仰、工会会员资格的个人数据；其二，个人遗传资料及个人生物特征数据，以唯一识别个人；其三，有关健康和个人性生活或性取向的个人数据。与个人信息保护相关联，《美日数字贸易协定》的主要规则包括防止强制泄露专有的计算机源代码和算法、促进政府产生的公共数据（government-generated public data）的公开获取、承认有关依赖于与用户交互的互联网平台上的第三方内容的民事责任规则，尤其要确保适用于数字市场的可强制执行的消费者保护，包括隐私和未经请求的通信保护。基于此，双方应促进执行机制的互用性与适用法律的一致性，如适用APEC的《跨境隐私规则》，并通过适用有关法律，对那些使用加密技术的商业产品的创新予以保护。②

如今，隐私权被视为与言论自由、信息自由等处于同等地位的人的基本权利，不同国家在不同程度上也都建立了保护其公民隐私权的法律体系。但不可否认的是，与数字贸易有关的隐私权保护不能摒除与此有关的个人权利的享有，重点包括访问权（right to access）、异议权（right to object）和数据携带权（right to data portability）。这些权利在某种程度上反映了OECD于2013年修订的《隐私保护与个人数据跨境流动准则》中的“个人参与原则”。但无论如何，隐私权作为法律概念本身的模糊性、不同国家对隐私权理解的差异性等，加上各国支持数字贸易需求的数据跨境流动原则和措施分歧，都决定了各国难以在全球范围内实现对隐私权保护范围的统一认识

① 详见国家信息中心联合瑞星公司：《2020年中国网络安全报告》，2021年1月。

② See USTR, *Fact Sheet on U. S. – Japan Digital Trade Agreement*, https://ustr.gov/about-us/policy-offices/press-office/fact-sheets/2019/october/fact-sheet-us-japan-digital-trade-agreement, visited on 22 February 2021.

和要求。

## 第二节　数据跨境流动中的隐私保护措施差异及其对数字贸易的影响

随着互联网承载的商业规模的发展,世界各国并非没有意识到跨境数据尤其是隐私数据的安全问题,但迄今对数据跨境流动中的隐私权保护在国际范围内仍未有形成完整体系。一方面,隐私权的保护范围在信息化社会不断被扩充,而各国对隐私权的界定上还存在差异;另一方面,各国的数据隐私立法旨在保障本国公民的隐私权和数据安全,由此导致了隐私权保护立法上的差异甚或冲突。

### 一、数据隐私保护措施的国际差异

#### (一)美国的隐私盾框架计划及其困境

美国对于隐私保护十分重视,并就个人信息保护制定了部门隐私保护方法。早在 1996 年,美国国会颁布的联邦法律《健康保险携带和责任法案》(Health Insurance Portability and Accountability Act,HIPAA)就对受保护健康信息的使用和披露作出了规定,旨在为各种医疗机构及商业合作者提供病人隐私保护方面的行动指南,包括对于生物医学研究在研究机构管理和运营、数据收集和传送、研究花费、跨学科跨机构的研究、研究时间等方面的规定。美国 1998 年出台的《儿童在线隐私保护法》(Children's Online Privacy Protection Act,COPPA)规定,美国 13 岁以下用户的个人信息需要征得父母同意才可以收集。美国 1999 年《金融服务现代化法案》(Financial Services Modernization Act),又称为《格雷姆—里奇—布里雷法案》(the Gramm-Leach-Bliley Act),规定金融机构应确保客户数据安全保密,必须将数据保存在隐蔽的媒介中,必须采取特定的安全措施来保护数据存储及传输安全。除了较为完备的立法之外,美国隐私法的另一个重要特征是联邦贸易委员会(Federal Trade Commission,FTC)、卫生与公众服务部以及其他联邦和州监管机构有针对性地执行隐私保护要求。① 尽管美国缺乏综合性的隐私保护立法,但基于隐私监管机构的积极作用以及美国隐私权保护系统,美国实际上存在一种强大的“实质隐私”制度。②

“隐私盾”(Privacy Shield)计划由美国商务部下属的国际贸易管理局(ITA)管理,使美国境内的企业能够加入其中一个或两个隐私保护框架。加入隐私保护框架的任何一个美国企业都需要向商务部自我认证,并公开承诺遵守框架的要求。虽然加入隐私盾计划是自愿的,但一旦有资格的企业公开承诺遵守框架要求,该承诺将根据美国法律强制执行。甚至在2016年7月12日,欧盟委员会认为,欧盟与美国之间的贸易壁垒是一个巨大的障碍,但隐私盾合作框架足以使数据传输符合欧盟法律。2017年1月12日,瑞士政府宣布批准瑞士—美国隐私盾合作框架,作为将个人数据从瑞士转移到美国时应符合瑞士要求的一种有效的法律机制。

然而,到了2020年,欧盟和瑞士相继公开否定隐私盾框架下彼此合作的有效性和必要性。2020年7月16日,欧盟法院发布决定,宣布欧盟委员会2016年7月12日发布的第2016/1250号决议在隐私盾框架下完全无效(sufficient invalid),隐私盾框架不再是在将个人数据从欧盟转移到美国时符合欧盟数据保护要求的有效机制。但在实践中,这一决定并没有减轻欧盟—美国隐私盾参与者在欧盟—美国隐私盾框架下的义务的压力。2020年9月8日,瑞士联邦数据保护和信息委员会(Federal Data Protection and Information Commissioner, FDPIC)发布了一份终止瑞士—美国隐私盾框架计划的意见。该意见认为,根据瑞士联邦数据保护法案(Federal Act on Data Protection, FADP),在隐私盾框架中,将个人数据从瑞士转移到美国应寻求法律顾问的指导,但这一要求并不能缓解参与《瑞士—美国贸易协定》的互联网企业的压力,因为它们的隐私保护

---

① 例如,2018年年初,美国行业监管机构儿童广告审查组(Children's Advertising Review Unit, CARU)向美国联邦贸易委员会投诉,指责中国某企业开发的一款社交软件国际版收集儿童用户信息,违反了美国的《儿童在线隐私保护法》。经调查,FTC认为该款软件收集用户的姓名、头像、电话、邮箱等信息,允许用户评论互动,而账户状态又是默认公开的,那么用户的个人资料、相片就可以被其他用户浏览。而其中最大的问题在于如果用户是儿童,则会暴露儿童隐私于公众面前。基于此,FTC对该中国企业处以重罚,借此警醒所有包含儿童用户的在线服务商,在美国一旦违反儿童隐私法,后果则极为严重。参见严监管:《美国的〈儿童在线隐私保护法〉》,载搜狐网,https://www.sohu.com/a/340551772_120304891,2020年12月27日访问。

② United States International Trade Commission, *Digital Trade in the U. S. and Global Economies*, Part 1, Investigation No. 332 - 531, July 2013, p. 9 - 14.

义务不仅在瑞士而且在美国,也就是说隐私盾框架并没有为从瑞士到美国的数据传输提供足够的保护。迄今,美国商务部仍在继续管理隐私盾计划,包括处理提交的隐私盾框架自我认证和重新认证申请,并维护加入隐私盾框架计划的企业清单。①

事实上,美国关于电子商务或数字贸易的立法不同于欧盟的"家长式事前做法"(paternalistic ex ante approach)或者"包揽式预防性做法",这充分反映了美国为了建立全球自由贸易框架而采取的"不干涉的做法"。这种方式是由美国全球电子商务框架建立的,而该框架则是由一个跨部门的电子商务工作组经过 18 个月的磋商后制定的。基于私营部门主导电子商务和行业自律的原则,美国主张政府避免对电子商务的不当限制;如果政府有必要进行干预,它们应支持和建立一个可预测的、最低限度的、一致的且简单的法律环境。

**(二)欧盟对数据跨境流动中的隐私权保护措施及其影响**

早在 2010 年,欧盟通过的《欧盟 2020 战略》(Europe 2020 Strategy)就提出了 7 项旗舰倡议,并据此通过了《欧洲数字议程》。作为《欧盟 2020 战略》的组成部分,这一议程是一套完整的行动计划,旨在刺激数字经济并应对社会挑战,最终目标是建立欧洲数字单一市场。该数字议程由以下 7 个支柱支撑:一是实现数字单一市场;二是采用欧盟互用性(interoperability)策略和架构,以加强互用性和标准;三是通过加强泛欧网络和信息安全政策、网络安全平台及泛欧计算机应急反应小组,加强网上信任和安全;四是通过采用欧洲无线电频谱政策,促进视频会议所需的快速和超快速互联网接入,宽带将为那些较为孤立的社区带来机会,促进欧盟经济;五是促进研究和创新,增加私人和公共信息和通信技术投资,以开发新一代基于网络的应用和服务;六是加强数字扫盲、技能和包容,加强对数字扫盲过程的认识和评估,增加弱势群体的参与能力;七是互联网治理的国际化。根据欧盟 2012 年数字议程大会(the Digital Agenda Assembly)的结论,为了应对不完善的泛欧政策框架,使"数字行业对欧洲复苏的贡献"最大化,欧盟委员会更新了其数字章节,通过了 7 项新的优先事项。②

---

① See Data Privacy Framework Program, https://www. privacyshield. gov/Program-Overview, visited on 2 March 2021.

② See Despina Anagnostopoulou, *The Digital Agenda of the European Union and the Digital Policies of the USA*, in L. W. Zacher(ed.), Technology, Society and Sustainability, Springer, 2017, p. 59 – 63.

数字单一市场是《欧洲数字议程》的第一支柱。根据欧盟委员会 2015 年所下的定义，数字单一市场是“确保人员、服务和资本自由流动的市场，在这个市场里，无论国籍或居住地，个人和企业均可以在公平竞争、高消费水平和个人数据保护等条件下无缝地进入和进行线上活动”。数字单一市场的目标是消除合法数字内容及在线服务跨国界自由流动的障碍，促进音乐下载业务，建立一个单一的在线支付领域，并进一步保护欧盟消费者的网络空间。① 从后续发展看，《欧洲数字议程》已成为数字时代更新欧盟单一市场规则的最强大动力。

欧盟认为，在当今数字化和互联互通的社会中，需要确保所有公民都能使用数字化产品和服务，同时保护他们的数字身份和隐私，如《一般数据保护条例》和拟议中的隐私条例，旨在改善欧盟的网络安全、隐私和包容性。早在 2002 年，欧盟通过的《关于隐私和电子通信的指令》（《隐私指令》）（Directive on privacy and electronic communications），就为电信公司和互联网服务提供商等电子通信服务提供商如何管理其用户数据制定了规则。该指令的主要内容包括：其一，通信的保密性。欧盟成员国必须确保在公共网络上的通信的保密性，特别是禁止在未经有关用户同意的情况下监听、窃听和储存通信。其二，网络及服务的安全性。公共电子通信服务提供者必须采取适当措施保障其服务的安全。其三，数据泄露的通知义务。如果供应商遭受安全破坏，导致个人数据丢失或被盗，必须通知国家有关当局，甚至在某些情况下，还需要通知订阅者或者个人。②

为了提振欧盟公民对数字单一市场的信心，欧盟迫切需要建立一个连贯性的法律框架，以保护数据跨境流动中的隐私和个人信息。2012 年 12 月，欧盟委员会发布了《欧盟在线权利法典》（Code of EU Online Rights），编纂了一些基本权利和原则，以保护欧盟公民在加入和使用互联网并获得网络服务时的权利。但这些权利和原则并不是真正的新事物，而且不好把握，因为它们已经分散在欧盟电子通信、电子商务和消费者保护领域的各种指令、规定和公约中。此外，欧盟有的成员国在将欧盟最低限度协调指令转换为国内法时，可能引入比其更

---

① See The Ubiquitous Digital Single Market, http://www.europarl.europa.cu/factsheets/en/sheet/43/the-ubiquitous-digital-single-market.

② See in detail Directive 2002/58/EC of the European Parliament and of the Council Concerning the Processing of Personal Data and the Protection of Privacy in the Electronic Communications Sector, 12 July 2002.

高水平的保护，又突出表现在消费者保护立法当中。

2013 年，欧盟委员会发布了题为《电子隐私指令：对置换、有效性和与拟议数据保护法规的兼容性的评估》（SMART 2013/0071）的研究报告。该报告考察了隐私指令是否达到了预期的效果，评估了隐私指令和拟议的《一般数据保护条例》将如何共同运作，并为未来的修订提出了建议。该报告认为，欧盟《电子隐私指令》的范围仅限于电子通信服务提供商是模糊的，如果利用互联网提供通信服务的信息社会服务提供商通常被排除在该指令的范围之外，可能导致不平等待遇；为了纠正这种情况，建议将这一隐私指令的范围扩大到后一种类型的服务。

欧盟《一般数据保护条例》要求在个人数据处理和此类数据自由流动方面对自然人的保护。它是加强个人在数字时代的基本权利的重要步骤，并通过厘清公司和公共机构在欧洲数字单一市场的规则，促进商业发展，消除目前成员国与之有关的不同制度的分裂和不必要的行政负担。自 2018 年 5 月实施以来，已有 24 个成员国（占欧盟成员国总数的 89%）均依据该条例修订了其国内有关的法律法规，确立了其专门的数据保护机构，通过跨国互动，协调其间在数据流动中保护隐私权的关系，以求推动完善欧盟乃至全球个人信息保护制度。

2019 年 11 月 12 日，新成立的欧洲数据保护理事会（European Data Protection Board，EDPB）发布了《一般数据保护条例域外适用指南》，对《一般数据保护条例》的适用范围进行了详细说明并提供了示例，具体分为以下三个层面：其一，是否在欧盟境内设立实体；其二，是否为欧洲居民提供商品或服务；其三，是否检测欧洲居民的行为。该指南同时列举了几种即使未在欧盟境内设立实体也被纳入《一般数据保护条例》调整的商业模式，它们是精准广告、定位服务、医疗私人定制服务、视频监控等。而更为重要的是，该指南根据《一般数据保护条例》第 45 条"欧盟委员会应在欧盟官方公报和其网站上公布其认为已确保或已不再确保适当程度保护的第三国、领土和第三国内的特定部门和国际组织的名单"，规定了基于第三国或国际组织充分保护数据转移，并按其规定在其官方网站列出欧盟认可的给予个人数据充分保护的"白名单"，明确允许将数据转移到这些国家或区域。

截至 2021 年 3 月 12 日，"白名单"上有新西兰、瑞士、安道尔、法罗群岛、阿根廷、根西岛、加拿大（仅商业组织）、以色列、乌拉圭、曼岛、泽西岛、日本和美国（限于隐私盾框架下）。如不属于"白名单"，数据的控制者或处理者需提供适当保护，具体包括：其一，公共机构或实体之间具有法律约束力并可执行的文件。据此,欧洲数据保护机构在2020年2月24日发布了有关指南,定义了公共机构,包括各级政府以及国际组织;并规定了数据转移到第三国的几项最低保障原则,包括数据保护原则、目的限制原则、数据准确性与最小化原则、存储限制原则及其他适用中的注意事项。其二,有约束力的公司规则。基于欧盟于2003年发布的第74号工作文件,如果跨国企业具有欧盟监管机构认可的有约束力的公司规则,数据转移则无须另行报备和批准,并列明了有约束力的规则应明确的内容。同时,欧盟委员会在其官网公布了包括空客、E-Bay、爱马仕、乐高、PayPal等符合BCRs的公司列表。

欧盟《一般数据保护条例》影响广泛而深远。在它尚未实施之前,中国、日本、新加坡等国家以其为蓝本或标准,制定或修订了自身的数据保护规则。[①]2018年5月,该条例生效实施后,根据欧盟与欧洲其他非欧盟成员国通过的联合委员会的决议,决定将其纳入欧洲经济区(European Economic Area,EEA)协议及欧洲自由贸易联盟(European Free Trade Association,EFTA)协议中。这些国家也都需要依据《一般数据保护条例》,修订其国内有关的法律法规。如果这一决定得到所有这些国家议会的批准,《一般数据保护条例》将适用于整个欧洲经济区。

**(三)APEC跨境隐私规则体系及其适用**

2004年,APEC通过的《隐私框架》中,提出了一套较为全面的隐私规范管制方法,包括管理个人身份信息的收集、使用和处理等9项先进性原则。尽管APEC成员在隐私保护政策上存在一些差异,但这些原则反映了其间所具有的共同价值观。作为亚太地区第一个数据保护协同框架,APEC《隐私框架》建立了一套完整的执行机制和措施,其《跨境隐私规则》是当前多边监管合作中较为成熟的规则体系。

一般而言,加入跨境隐私规则体系的认证或检验标准包括国内隐私立法、隐私保护执法机构、信任标志(trust-mark)提供商、隐私法与APEC《隐私框架》的一致性等。至2021年6月,在世界范围内,共有8个国家或地区加入了这一体系,它们是美国、日本、加拿大、墨西哥、新加坡、韩国、澳大利亚和中国台湾地区。就性质而言,跨境隐私规则体系不具有强制性,而是规范亚太经合组织国家的企业或个人信息跨境流动的自愿性多边数据隐私保护计划。因此,这一规

---

① 参见范思博:《数据跨境流动中的个人信息保护》,载《电子知识产权》2020年第6期。

则体系既不对各国政府也不对体系外的企业具有约束力，它在很大程度上如同国际贸易中的企业社会责任标准认证一样，可以为有关企业尤其是数字贸易企业提供市场竞争的“砝码”。①

**（四）OECD 隐私保护系列指南及其影响**

OECD 理事会于 1980 年 9 月 23 日通过了《关于保护隐私和个人数据跨境流动指南》，用以解决个人数据使用增加所引起的担忧以及限制信息跨境流动对全球经济造成的风险。这一指南代表第一套国际商定的隐私原则，并对 OECD 成员及其他国家的有关立法和政策产生了深远的影响。尽管该指南以简洁的、与技术无关的语言为框架，且被证明非常适应技术和社会的变化，但由于个人数据使用的变化以及隐私保护的新方法，OECD 不得已于 2013 年 7 月 11 日对其进行更新，旨在促进和保护隐私、个人自由和全球信息自由流动等基本价值观，以促进“拥护者”之间经济和社会关系的发展。

根据该指南第二部分，国家对个人数据适用的基本原则包括：其一，收集限制原则，即收集个人数据的范围应有所限制，任何此类数据应以合法及公平的方式取得，并在适当情况下或在数据当事人知情或同意的情况下取得。其二，数据质量原则，即个人数据应与使用此类数据的目的有关，并在该等目的所需要的情况下，应是准确、完整及最新的。其三，目的规范原则，即收集个人数据的目的应不迟于指定的数据收集和随后使用的有限目的的实现。其四，使用限制原则，即个人数据不应披露、提供或作其他用途，除非当事人同意或者法律授权。其五，安全保障原则，即个人数据应被合理安全地保护、保障，以防其遗失或未经授权查阅、销毁、使用、修改或披露等风险。其六，开放性原则，即有关个人数据的发展、实务及政策，应有公开的一般政策或者现成的方法，以确定个人数据的存在和性质、使用数据的主要目的以及资料管制人的身份和通常居所。其七，个人参与原则，即保障个人享有数据使用知情权、质疑权。其八，问责制原则，即数据控制器应负责遵行依据上述原则采取的措施。同时，对于国际适用数据问题，该指南重点指出应加强国家间的交流与合作，建议成员鼓励、支持

① 综合来看，这两大框架在国与国之间、区域与区域之间衍生出多样性、灵活性的解决方案。例如，一方面，日韩分别启动与美欧之间的推动跨境数据流动的双边协定，并与欧盟达成充分性保护互认协议；另一方面，日韩均加入了美国主导的 APEC 框架下的 CBPR 机制。目前，这两类区域性的跨境数据流动规制框架相对成熟，也有望成为解决全球跨境数据流动的参照系。参见张茉楠：《跨境数据流动：全球态势与中国对策》，载《开放导报》2020 年第 2 期。

和发展有关的国际安排，以促进将该指南付诸实践的隐私框架之间的互用性。

这里需要指出的是，印度关于个人数据保护中的隐私问题也应该予以关注。2018 年，印度颁布的《个人数据保护法案》第 29 条关于“隐私设计”规定，每个数据受托人（指数据企业）应实施相应政策和措施，以确保：其一，凡管理、组织、商业惯例及技术制度的设计应能预见、识别及避免对数据当事人造成损害；其二，对个人数据保护的义务应纳入企业和商业惯例；其三，用于处理个人数据的技术应按照商业接受或认证的标准；其四，在不损害隐私权的情况下实现企业的合法利益，包括创新；其五，在从收集个人数据到删除个人数据的整个处理过程中，隐私应得到保护；其六，以透明的方式处理个人数据，且在处理个人数据的每一阶段，均应考虑数据当事人的利益。

美国和印度都是计算机技术和互联网数字技术较为发达的国家，在数据隐私保护方面，都有一套较为严格的管理制度。但比较而言，美国的做法更为缜密，并且将数据自由流动与隐私保护相结合，联合其他国家共同保护数据自由流动中的隐私权；但印度的做法则更具体、更具可操作性，将隐私保护责任施加于有关企业。

在 2020 年 COVID – 19 大流行期间，许多国家都采取了前所未有的措施，通过利用数字技术和先进分析技术收集、处理和共享个人数据，以便能够在第一时间采取有效应对措施，跟踪、追踪和遏制 COVID – 19 的传播。尽管一些国家实施或设想的例外措施最终可能证明在限制病毒传播方面有效，但决策者还是应与隐私执法当局磋商，评估并协调危机应对中使用个人数据的潜在风险和好处。在这方面，OECD 的这一指南可以提供宝贵的方向和方法。

除了上述在隐私权保护方面具有影响力的措施外，一个举世公认的事实是，在 21 世纪里达成的每一个自由贸易协定都需要有一个电子商务的章节，而其中最具政治敏感性和技术挑战性的问题是个人隐私，包括通过电子手段跨界传递信息、计算设施的利用和位置以及个人信息保护等，如 CPTPP 和 USMCA 及其他双边自由贸易协定。[①] 但就具体规则及其可操作性看，此类贸易协定关于数据流动中的隐私保护与各缔约国国内立法相关联，可能形成崭新的贸易壁垒——以保护隐私权为由的数字贸易壁垒。

---

① See Robert Wolfe, *Learning about Digital Trade: Privacy and E-Commerce in CETA and TPP*, 18 World Trade Review s63, s63 – s64(2019).

## 二、与数字贸易有关的隐私权保护措施差异带来的影响

尽管 OECD 通过了一系列关于保护消费者信息或个人数据的指南，但均属于建议性质，不具有法律约束力。一般认为，当前全球范围内具有效力及重要参考价值的两大数据隐私与保护监管框架分别是欧盟的 GDPR 和 APEC 的《跨境隐私规则》。作为最为成熟的区域性范例或模板，它们对世界其他国家建立个人信息和数据保护制度的示范或引领作用颇为显著，也是 75% 区域贸易协定订立电子商务或数字贸易条款的参考规范。但遗憾的是，它们都未能解决不同贸易协定根据其实际需求而制定的隐私和个人信息保护规则之间的差异及其给数字贸易带来的不利影响。

首先，隐私权保护方法上的差异带来的影响表现在对数字贸易企业的数据跨境流动的困扰。隐私保护措施之间的一个关键区别在于，该国是否存在适用于不同部门的综合性法律，而欧盟是典型的使用综合保护方法的区域性国际组织。但在欧盟、日本、美国及其他一些国家或地区，针对特定行业的数据保护便适用不同的法律予以调整或管理。在《服务贸易协定》及《跨大西洋贸易和投资伙伴关系》谈判中，欧盟对隐私问题的态度导致其在接受跨境数据流动承诺方面犹豫不决。欧盟的这种态度或立场，也反映在《欧盟—日本经济伙伴关系协定》中。该协定没有承诺跨境数据流动，但承诺在协议生效 3 年内重新讨论这一问题。[①] 特别是，由于美国和欧盟之间存在广泛的经济关系，这种对隐私权保护的法律差异会给数字贸易企业造成极大困扰。

美国的隐私制度与欧盟的存在重大差异。美国在隐私问题上采用了行业方法，并根据所收集数据的行业和类型制定了不同的要求，这显然与欧盟《一般数据保护条例》中对隐私的全面处理要求不同。美国处理数字贸易的方式根植于其隐私和数据保护监管模式，它不限制跨境数据流动义务及其例外的要求，在 CPTPP、USMCA、《美日数字贸易协定》以及美国关于 WTO 电子商务谈判议案中都可以看到，这反映了美国关于数据跨境自由流动的主张及保护商业领域个人信息的经济方法。此外，美国还有多个隐私监管机构，其法律依据也各不相同。尽管美欧制度存在差异，它们还是于 2000 年成功地达成了《安全港协议》。随后，由于法律挑战和对安全港框架可行性的日益关注，美国和欧盟于

---

① See Merit E. Janow and Petros C. Mavroidis, *Digital Trade*, *E-Commerce*, *the WTO and Regional Frameworks*, 18 World Trade Review s1, s4 – s6(2019).

2015 年再次联合起来,创建了一个名为“隐私盾”的新框架(前已有述)。尽管欧盟已对此有不同看法和废止决定,值得注意的是,隐私盾框架计划得到了美国商务部和欧盟司法、消费者和性别平等专员的同意,而非美国贸易代表办公室和欧盟贸易总署的同意。隐私盾框架计划可以让参与数据收集的受监管实体向其国家监管机构证明它遵守了协议中的隐私原则,从而获得豁免,而无须在跨境数据传输方面遵守外国实体法。由此可以肯定地说,“作为一项人权,无论在什么样的科技环境中,隐私保护的实施机制都应该是国内法而不是国际法”①。

仅就欧盟《一般数据保护条例》而言,它适用于欧盟区域内的数据保护,欧盟成员国均应依据该条例确立的“数据本地化原则”执行这一条例。但如果某一成员国根据本国法律或国际承诺对个人数据提供了足够的保护,该条例允许其将个人数据传输到第三国。但不可否认的是,欧盟的每个成员国都有权制定其相关法律,保证该条例的有效执行。但客观上,这些法律之间存在较大差异,给寻求在欧盟内部和第三国转移数据的企业带来了协调困境,且又充满不可预测性。因而,在美欧经贸关系中,如何解决欧盟不同成员国的数据保护要求所造成的“碎片化、不一致、冗余和程序复杂性”,已成为《跨大西洋贸易与投资伙伴关系协定》谈判的优先事项。

其次,在网络安全认证中,对隐私或个人信息保护的范围和程度不一致,这就给与数字贸易有关的数据流动带来了困扰。从前述保护措施看,对于隐私保护或个人信息保护确实存在不一致的地方,迄今为止尚未形成具有法律约束力的国际规则。而 OECD 的《关于保护隐私和个人数据跨境流动指南》或者 APEC《隐私框架》仅对其成员国具有建议性质,无法成为网络安全或数据流动安全认证的国际标准。目前,欧盟网络安全认证作为促进欧洲数字单一市场重要元素的共同方法,是一种现代、动态和基于风险的网络安全认证计划,是一个开放、包容和透明的治理框架,它通过网络安全审查,为利益相关者提供为欧洲数字单一市场做出贡献的机会。欧盟认为,所有网络安全认证应以市场为导向,强调使用全球相关的国际标准,实际上就是保护隐私和个人信息的欧盟

---

① Usman Ahmed, *The Importance of Cross-Border Regulatory Cooperation in an Era of Digital Trade*, 18 World Trade Review s99, s113(2019).

标准。①

最后,在数字贸易过程中,对隐私和个人信息保护的措施或制度差异必然造成数据流动内容和范围的不一致,造成各国多寡付出及其相关利益的不一致,进而带来数字贸易争端。就当前来看,尽管在区域贸易协定中包含数字贸易或者电子商务条款,尤其是通过国内的消费者保护措施以增加消费者对电子商务的信心,但必须考虑各缔约方国内的电子商务法律框架,并强调1996 年联合国国际贸易法委员会通过的《电子商务示范法》(Model Law on Electronic Commerce)或《联合国国际合同中使用电子通信公约》(United Nations Convention on the Use of Electronic Communications in International Contracts)的原则对国内法的影响。对于隐私和个人信息保护的内容,它们大多是笼统规定,没有说明隐私保护的程度和范围,而且此类规则看起来甚至还有些牵强附会,可操作性比较差。例如,在 CPTPP 中,各缔约方认识到保护电子商务用户个人信息的经济和社会效益,因而要求各方应采用或维持法律框架,以保护电子商务用户的个人信息。在制定保护个人信息的法律框架时,应考虑到有关国际机构的原则和指南,包括应努力采取非歧视做法,保护电子商务用户免受其管辖范围内发生的侵犯个人信息的行为;各方应公布其为电子商务用户提供个人信息保护的信息,包括如何使个人能够寻求救济以及企业如何能够遵守有关的法律要求等。但对于此类规定或要求,CPTPP 缔约方不得不考虑例外情形,尤其是有的国家还未有关于个人信息保护立法的情况,因而"在该缔约方实施其保护电子商务用户个人信息的法律框架之前,文莱达鲁萨兰国和越南不需要适用这一条款"。即便是缔约各方认识到"鉴于可能采取不同的法律手段保护个人信息,应鼓励建立机制,促进不同制度之间的兼容性,包括对监管结果的承认,无论是通过自主或相互安排还是更广泛的国际框架"②。

从文本看,CPTPP 第 14 章关于数据保护的规定并不是为了统一缔约方的数据保护法律框架,它们只是用来补充数字贸易的条款,进而服务于缔约方之间的贸易。对于以自由贸易为主题的 CPTPP 来说,关于数据贸易或数字贸易的条款显得更加充分与合适,但数据包括个人数据或信息以及商业秘密或公司信息。随着世界范围内对个人数据保护的关注和重视,CPTPP 必然对隐私和个

① See One Year of GDPR Application: Taking Stock in the EU and Beyond, https://ec.europa.eu/newsroom/just/item-detail.cfm?item_id=653146, visited on 22 January 2021.

② Article 14.8, CPTPP.

人信息保护做出规定,并使个人数据保护在以贸易为主题的法律框架中自然而然地成为贸易关注的对象。但遗憾的是,“各缔约方的数据保护程度被设定在一个几乎不能证明数字交易的正当水平,因而 CPTPP 缔约方虽有义务按照详细条款允许数据贸易的自由,但它们也有义务根据松散的条款建立自己的数据保护法律框架”。换言之,CPTPP 没有在数据保护和数据使用或转移之间建立平衡。①

在欧盟主导缔结的自由贸易协定中,所有关于隐私和个人信息保护问题集中于三个方面:电子商务章节、作为独立保护个人数据的非理想承诺,以及监管合作的背景或基础。虽然在不同的自由贸易协定中,其条款所用措辞都相当一致,但这些规定实质上都不具有法律约束力。欧盟在将跨境数据流动的承诺纳入自由贸易协定方面一直持谨慎态度,甚至基于 GATS“一般例外”的规定,欧盟在参加《服务贸易协定》和《跨大西洋贸易与投资伙伴关系协定》谈判过程中对数据跨境流动的主张,均遭到了其境内学者的强烈抵制。同时,欧盟并未在《欧盟—日本自由贸易协定》和《欧盟—墨西哥自由贸易协定》草案中加入任何有关跨境数据流动的条款,而是将其替代为审查条款,据此允许其间在 3 年内重新讨论这一问题。②

从目前来看,数据跨境流动中的隐私和个人信息保护,除了 OECD 的有关指南和 APEC 的《隐私框架》外,最具影响力的应该是欧盟标准,而且欧盟一直在努力成为数据跨境流动标准的引领者。但欧盟毕竟是一个由主权国家组成的区域性国际组织,即便是 2009 年生效的《欧盟宪法条约》(又称《里斯本条约》)使其具有超国家的因素或性质,但它通过的《一般数据保护条例》或者其他隐私保护措施均应通过其成员国的批准才能适用。这当然也会引发欧盟标准与其成员国标准之间的差异或分歧问题,需要协调解决(前文有论,这里不再赘述)。因此,依赖于数据跨境流动的数字贸易,一方面促进了国际贸易的新形式、新发展,另一方面由于各国在隐私和个人信息保护措施上的差异,尤其是在个人信息流动许可上的差异,可能引发数字贸易争端。

---

① See Nohyoung Park, *Data Protection in the TPP: More Emphasis on the "Use" Than the "Protection"*, in Julien Chaisse et al. (eds.), Paradigm Shift in International Economic Law Rule-Making: TPP as a New Model for Trade Agreements? Springer, 2017, p. 364 – 365.

② See Svetlana Yakovleva, *Privacy and Data Protection in the EU-and US-Led Post-WTO Free Trade Agreements*, European Yearbook of International Economic Law, 2020, p. 105 – 109.

## 第三节 与隐私权保护有关的数字贸易争端及其解决

根据联合国贸易和发展会议的“全球网络法追踪计划”(Global Cyberlaw Tracker),包括66个发展中国家或转型经济国家在内的107个国家,已经通过有关的国内立法或其他措施,以确保对数据和隐私的保护。马来西亚、新加坡、南非及其他一些国家最近都通过了数据保护国内立法,并据此建立了专门的国家数据保护监管机构。澳大利亚、加拿大、日本、新西兰、波兰、俄罗斯等国最近已经修改了与数据保护有关的现有立法,而这些修订主要集中于取消或者将要取消数据豁免,并将数据保护集中于单一的国家机构,扩大包括与安全有关的数据保护的要求等。由于各国的偏好不同,这些立法存在显著差异;尽管各国在隐私基本原则上可能比较接近,但对具体规则的解释和适用上也存在显著差异。例如,有些国家将隐私权作为人的一项基本权利予以保护,但另一些国家对隐私权的保护则基于其他宪法学说或侵权责任理论,还有其他一些国家尚未采取隐私保护措施。这种差异将对个人、企业及数字贸易都产生越来越大的影响。从数字贸易的发展趋势看,有必要在隐私和个人数据保护方面开展国际合作,以避免国家间为追求经济利益而进行“追底竞争”(race to the bottom)。①

无论在法律上还是在实践中,隐私的国际保护都是一个复杂而敏感的问题,但这并不是说它无章可循。在国际人权保护的司法实践中,如欧洲人权法院、美洲人权法院,对于隐私保护的内容、范围和方法都已经有了一些较为成熟的经验,而且在某种程度上,隐私的内容、范围和保护方法已经通过有关的国际人权公约被具体化了。但在数字贸易领域,隐私和个人信息保护的确还是一个富有争议的法律问题,尤其是根据有关国家或地区对数据本地化和个人数据保护的约束性规定,与数字贸易有关的隐私权保护必然成为一个极其敏感的问题,更不用说数字贸易争端解决中的隐私权保护所具有的高度敏感性。

### 一、数字贸易中隐私权保护方法的争议

从全球范围看,数字技术先进的国家或地区一般都通过了较为严格的隐私权保护措施,从而在一定程度上成为推动其间达成包含数字贸易条款的区域贸

① See WTO, *The Future of World Trade: How Digital Technologies Are Transforming Global Commerce?*, World Trade Report 2018, p. 138.

易协定的支持力量。其中,关于隐私权保护的方法也应予以高度关注,这或可在一定程度上避免数字贸易争端的发生。

第一,强制性的行业行为准则方法。鉴于美国和欧盟的数字技术,它们都提出了对隐私和个人数据保护制度进行根本性改革的建议。甚至在奥巴马政府时期,美国还提出了包括《消费者隐私权利法案》在内的隐私保护新框架。根据这一框架,美国商务部通过多方利益相关者的法律程序,牵头制定了可强制执行的行业行为准则,并承诺通过相互承认不同框架,促进实现不同国家隐私制度之间的互用性,通过澄清基本规则,在国际层面促进数据的自由流动并提高互用性。欧盟委员会也提出了一个取代 1995 年有关指令的隐私保护框架,其中关于提供数据保护的“一站式服务”,使成员国更关注其间在数据上的互用性。美国和欧盟的方案在关注“设定隐私”方面有相似之处,它们均强调在产品开发的每个阶段都应考虑隐私问题,收集和使用个人数据的人应承担隐私保护责任。

然而,美国和欧盟方案也存在某些不同,这主要表现在:其一,在执行方法上,美国仍然重视自愿和灵活的、由监管机构执行的行为准则,而欧盟方案则包含广泛的新的消费者权利——删除数据的权利或者被遗忘的权利(right to be forgotten),但它忽略了被遗忘权与云计算提供商向客户提供的数据备份和同步服务可能不一致的问题。其二,在数据泄露通知方面,美国各州法律要求予以通知即可,而欧盟则将对涉案企业处以高达 2% 的公司年度全球收益的罚款。

许多互联网企业尤其是数字贸易企业也认识到明确界定隐私保护责任准则的重要性,但同时也提出了反对意见,认为这些强制性要求不合理:一方面,互联网访问存在太多不确定性,网络监管存在自由裁量权,这样会抑制互联网技术的创新力和创造力;另一方面,网络盗版是行业内数字贸易最具破坏性的障碍,而此类强制性要求为知识产权的重大窃取和侵权创造了机会。因而认为,互联网中介关注的是过于宽泛或不可预测的法律义务,可能对它们提供有价值服务的能力产生“寒蝉效应”。在一个技术和商业模式迅速变化的时代,国际社会面临的一个持续性挑战是如何在知识产权保护、在线商务活动和技术创新之间取得平衡。

第二,各国不同隐私措施之间的互用性方法。它与隐私保护措施的协调不同,互用性意味着即便有不同的隐私保护方法,但其目标和结果通常是相似甚或相同的,因而不同数字贸易企业应该相互承认各自的隐私保护措施。更具体地说,隐私保护措施的互用性要求各贸易企业根据既定标准承担起保护个人信息或数据的约束性义务，并建立强制执行此类义务的机制，甚至可以在监管机构之间建立相互依赖的合作关系，以确保贸易企业因业务需要而在世界各地传输隐私数据时能履行此类义务。

由于各国在隐私方面的文化和法律起点不同，因而互通性显然比协调性更有可能得到承认。就美国而言，由于对言论自由和商业自由的强有力保护，如果没有法律严加禁止，一般都允许使用个人数据。但在欧盟境内，通常禁止收集和处理个人数据，除非法律明确允许。显然地，如果没有这种相互承认，就有可能对消费者对互联网的信任造成实质性损害，而要求企业符合多种不同标准，可能会侵害数据创新的商业机会（如对大数据的分析），显然也会提高企业的成本。此外，不必要的复杂监管往往有利于现有的大公司，而新进入互联网的企业或者小企业则往往没有必要的监管专业知识和资源来应对复杂的隐私环境。

第三，《安全港协议》和隐私盾框架计划方法。欧盟于 1995 年通过的《个人数据保护指令》第 25 条规定，只有当第三国确保能够为个人数据提供充分水平（adequate level）的保护时，才能将个人资料移转或传送至第三国。这条规定被称为欧盟的“充分保护标准”，也为美国企业在欧盟开展业务设置了限制性的门槛。欧盟认为美国的数据保护框架不够充分，主要是因为其基于特定行业的立法和自我监管，而非综合性的法律支持。为了使彼此作为主要贸易伙伴之间的数据持续流动，欧盟和美国于 2000 年达成了《安全港协议》，要求收集个人数据的企业必须通知个人其数据被收集，并告知他们将对数据所做的处理，企业必须得到允许才能把信息传递给第三方，且必须允许个人访问被收集的数据，并保证数据的真实性和安全性以及采取措施保证这些条款得到遵从。建立“安全港”的目标是维持美国长久以来一直采用的自律机制，但要求符合条件的美国企业证明其也符合欧盟各种数据处理的要求；同时它也充分表明，在商业利益的驱动下，以美国为代表的行业自律和市场调节机制为主的松散立法体制向以欧盟为代表的统一立法体制暂时做出了让步。①

从性质上说，《安全港协议》是一个自愿性框架。但美国方面要求，申请加入《安全港协议》的美国企业，必须承诺遵守通知、选择、转移、数据完整性、安全性、访问和执行等领域的特定隐私原则，但金融机构和电讯共同承运商除外（它

---

① See D. Theodore Rave, *Politicians as Fiduciaries*, 126 Harvard Law Review 671, 671 - 673 (2013).

们受不同的规则约束)。而欧盟方面的数据保护要求方法包括:其一,示范合同。这是欧盟当局批准的标准合同条款,必须将其包含在涉及将个人数据转移到欧盟以外的协议中。其二,约束性公司规则(BCRs)。这是一套适用于全球范围内公司内部数据传输的政策,而不仅仅适用于美国。①

尽管《安全港协议》被认为为欧盟和美国之间的数据传输提供了一个富有价值的机制,但数字贸易企业在更广泛的欧盟隐私保护领域却持续性地面临一些问题,突出表现在:其一,不同的欧盟成员国为执行《个人数据保护指令》而采取的国内措施不同,尤其是成员国之间关于隐私保护措施透明度的差异,给美国企业和欧盟企业造成不能确定也不能预见的成本增加。其二,涉及云计算和社交网络的美国公司在商业模式和隐私实践方面面临特殊的挑战,原因在于欧盟成员国对此有不同的要求和解释。根据欧盟《个人数据保护指令》,社交网络提供商被列为数据控制器,这使得它们承担的义务可能与其基本业务模式相冲突,因为数据控制器需要将其数据收集最小化到"足够、相关且不过度"的水平,而欧盟成员国层面的不透明及其各自的隐私规则尤其存在问题。但美国认为,社交网络平台专注于从用户那里收集尽可能多的数据,创建丰富和高度准确的个人资料,方便用户之间的信息共享,从而提高平台的价值。为了反驳欧盟成员国数据保护当局对欧盟《个人数据保护指令》给予的更严格解释,美国商务部甚至还曾就《安全港协议》该如何应用于云计算服务提供商发布过一道"澄清令"。但无论如何,由于欧美之间在隐私和个人信息保护方面存在的差异或分歧,在2018年欧盟以《一般数据保护条例》取代《个人数据保护指令》之后,其间的《安全港协议》就于2020年彻底破裂了。

如前所述,美国的隐私盾框架实际上就是为解决隐私保护差异而设计的,包括关注、选择、转移责任、安全、数据完整和用途限制、准入、援助执行和责任等主要原则,以及敏感数据、新闻例外、从属责任、执行尽职调查和进行审计、数据保护机构角色、自我证明等补充性原则。"这些原则是在与欧洲委员会、工商业界和其他利益相关者协商后制定的,以促进美国和欧盟之间的贸易和商业。它们仅供接收来自欧盟的个人数据的美国企业使用,目的是获得隐私盾的资

① 约束性公司规则的审查和批准过程既耗时又昂贵。迄今为止,只有不到50家公司获得了欧盟成员国相关部门的约束性公司规则批准。考虑到大量的合规成本支出,大型跨国公司通常会选择适用约束性公司规则。

格,从而从欧盟委员会的充分性决定中受益。”[①]但结果是,欧美之间因隐私盾框架内容发生争议,尽管为此拟通过审议和仲裁等方法予以解决,但终究还是被欧盟(和瑞士)公开废止了。

## 二、与数字贸易争端有关的隐私权争议

其一,数字贸易中的隐私权与透明度。在很大程度上,数字贸易中的隐私权保护与透明度之间存在某种矛盾。隐私权除了个人数据之外,还可能涉及商业秘密,但如何将个人数据与商业秘密区分开来,显然需要透明度来支持。

从区域或双边贸易协定看,透明度的责任或义务是由缔约方承担的,也就是公布或者通知其可能影响其间贸易关系的法律、法规或政策。但在个人数据处理或数据跨境流动问题上,透明度随着数字技术转变为贸易企业的责任和义务。例如,欧盟《一般数据保护条例》中“与个人数据处理有关的原则”要求,“个人数据应以与数据主体有关的合法、公平及透明的方式处理”,即合法、公平及透明原则。[②] 基于这一原则,要求数据控制者应当采取适当的措施,以简洁、透明、易懂、方便的形式提供与处理数据主体有关的任何信息。同时,GDPR 第 67 条对于信息交换事宜,规定欧洲委员会可采取一般范围的实施措施,以明确监管机构之间、监管机构与董事会之间以电子方式交换信息的安排。但遗憾的是,该条例没有就透明度主体、透明度事项或范围给予更为具体的定义或者释义。

数字贸易争端可能涉及数据监管机构,也可能涉及数据控制企业,更可能涉及数据主体,因而这里的透明度与隐私保护和商业秘密保护之间存在极为敏感的关系。但从所有既有数字贸易规则以及各主要国家关于数据跨境流动措施看,对隐私和个人数据保护的内容远超透明度的要求,或者说处于压倒性优势地位,因而数字贸易中的透明度争议必然会让位于对隐私权的保护,并有可能成为阻滞数字贸易争端解决的有力借口。

其二,数字贸易争端中的隐私权与知识产权保护。知识产权显然不同于隐私权,或者说知识产权在很大程度上可能不涉及隐私权。但如果知识产权侵权行为是隐蔽的或者说是窃取知识产权,那么就有可能与隐私权相关联,成为数

---

① U. S. Department of Commerce, EU-US Privacy Shield Framework Principles, issued in 2000.

② See Articles 5 and 12, EU General Data Protection Regulation, REGULATION (EU) 2016/679, 27 April 2016.

字贸易争端解决中的另一个难题。尽管世界知识产权组织的《版权条约》(Copyright Treaty)和《表演和唱片条约》(Performances and Phonograms Treaty)(合称为“互联网条约”)旨在确保传统的知识产权保护手段适用于在互联网上传播的作品,反映了寻求加强知识产权保护的国家和寻求对用户和中间商提供更多保护的国家之间的平衡,但不能肯定地说数字贸易中不存在知识产权保护问题。

关于线上和线下的知识产权保护措施和力度,根据美国《1974 年贸易法》“301 条款”,美国贸易代表办公室(Office of the United States Trade Representative, USTR)每年都对其贸易伙伴关于知识产权保护的立法、执法和市场准入等情况进行年度审查,并根据审查结果,将有关国家列入不同类别的名单中。这种原来用于对美国海外知识产权保护的线下监督措施,现在也转移成线上监督和保护,并通过不同的名单分类来促进美国知识产权的线上保护。第一,优先考虑名单,即专为知识产权保护方面有特别恶劣行为的国家所保留的名单。例如,USTR 曾经将乌克兰列为优先考虑的国家,部分原因是该国未能采取有效措施打击广泛存在的网络侵权行为,同时也认为该国缺乏透明和可预测的网络中介责任规定。第二,优先观察名单,即因知识产权保护不力而需要优先关注的重点国家,需要对其进行特别监测。第三,观察名单,即针对那些网络盗版现象严重但解决网络侵权中介责任及其他知识产权保护的法律框架不足的国家。此外,USTR 还通过发布《恶名市场报告》(Notorious Markets Report),监测互联网大规模盗版和侵权造假问题。此外,美国还通过《1998 年版权法案》《数字千年版权法案》《反网络侵权法案》等,努力在清除非法内容和互联网中介提供有价值和创新服务的能力之间取得平衡,进而为美国数字贸易的扩张创造条件。

在知识产权保护方面,对数字贸易企业和中间商缺乏明确和平衡的法律框架来确定其各自的权利和责任,极有可能成为数字贸易及其自由化的一个重大障碍,特别是在新的数字技术及其所包含的隐私保护方面。目前,许多国家都没有这方面的立法,更不用说贸易企业或者中间商在数字贸易实践中对与知识产权有关的隐私权的保护的责任,包括刑事责任和民事责任。例如,意大利政府针对谷歌公司几个高管的刑事案件,就是依据 YouTube 用户播放的对某个残疾学生的欺凌视频,这显然是对隐私权的侵犯。尽管谷歌公司已经注意到这一视频的不当之处,并提示 YouTube 拆卸播放该视频的网站系统,但其中的责任风险和不确定性对数字技术公司的合法活动带来了“寒蝉效应”。

其三,与数字贸易壁垒有关的隐私权多边规则。2019 年 4 月,欧盟发布了

《关于电子商务的联合声明:欧盟关于 WTO 有关电子商务纪律和承诺的建议》。其中,关于个人数据及隐私的保护问题,欧盟认为:WTO 成员认识到保护个人数据和隐私的基本权利,与此有关的高标准有助于增强对数字经济的信任并促进数字贸易的发展。同时,欧盟还建议:"各成员可采取并维持其认为适当的保障措施,包括通过采纳和适用个人数据跨境流动规则,确保隐私和个人数据得到保护,但各成员达成一致的纪律和承诺不得影响各自对个人数据和隐私保护的措施。"①欧盟的这一立场充分表明,对隐私和个人数据的保护是所有 WTO 成员承认的原则,但它们应彼此尊重各自为此采取的国内措施。在某种程度上,欧盟的这一立场也反映了在 WTO 体制内进行数字贸易多边规则谈判的一致与分歧、目标和挑战。

数字市场可以将世界上不同国家、不同地点的企业连接在一起,并通过提供网络中介或通信服务及在线支付,使更多中小企业能够接触到世界各地的客户,进而使支持数据的跨境自由流动成为国际贸易中的肯定性原则。eBay 的数据显示,由其提供的商业平台上,有大约 20% 的交易涉及跨境贸易。但在数字贸易中,除了关税以及相关复杂文件的准备和处理等边境措施外,隐私保护问题也会增加互联网交易的成本,给数字贸易增加负担,特别是中小企业之间开展的数字贸易。

必须承认的是,获得可靠的数据对数字贸易企业的成功交易至关重要,因而必须规范和监管隐私和个人信息在各国之间的自由流动。为了保护隐私,各国对数据流动的必要限制措施须符合有关的贸易规则,且此类规则的设计和实施必须是非歧视的、相称的和透明的,由此尽可能减少对数字贸易的限制。对隐私保护的国家立法,应寻求其间的共同点,尤其是在互联网的监管规则方面能达成共识,可以减少数字贸易企业的在线商务负担,防止发生数字贸易争端。

从当前趋势看,有三个因素影响数字贸易争端及其解决的不确定性:一是技术和经济变革。数字世界正在快速变化,而且增长速度从未放缓,由此会带来经济结构和要素的重大变化。二是政府试图应对这些变化所采取的监管措施及有关的国际监管合作。虽然美国、欧盟和加拿大都表示希望促进数字贸

---

① Joint Statement on Electronic Commerce, EU Proposal for WTO Disciplines and Commitments Relating to Electronic Commerce, Communication from the European Union, INF/ECM/22, 26 April 2019.

易,但这并不意味着它们的利益是一致的,或者它们对商业需求的反应是一样的,各自不同的监管措施尚需协调、合作。三是随着个人信息比以往任何时候都更加自由地流动,让个人更难保护自己的隐私,而高调的数据泄露和网络攻击会激发公众要求政府采取行动。由于数据跨境流动及各国不同的隐私保护措施,各国的国内行动离不开某种国际协调,但如果目标是某种形式的对等,那么贸易协定就不可能是监管合作的最佳工具。[①] 数字贸易依赖于数据的跨境流动,但由于其中存在的风险,需要在法律及其实践中对隐私和个人信息予以保护。但从目前情况看,数字贸易中的隐私权保护措施或规则,极易成为新的贸易壁垒,并可能引发数字贸易争端。

## 本章小结

与数字贸易有关的核心技术基本上由技术企业掌握,它们因而也掌握了大量的隐私信息,包括个人信息。因此,在与隐私权有关的数字贸易争端中,需要鼓励并倡导公共和私营部门之间的合作,确保公共当局和私营部门在发展数字贸易中进行系统性的合作,以在贸易便利化和数字贸易监管合规需求之间取得平衡。[②] 在实践中,具体可能包括国家有关部门与多方利益相关者建立数字贸易委员会、物流服务提供商、港口或机场和其他运输部门、信息技术服务提供商、国家标准机构、海关和其他监管机构等,参与范围应由各国根据其国内规则、规章和环境决定。

对数字贸易背景下的隐私和个人信息保护的讨论,大多都围绕禁止限制跨境数据流动的横向义务而展开。隐私权保护可以被看作数字贸易监管的一项重要内容。但在缺乏隐私监管措施差异协调国际机制的情况下,数字产品的出口方很容易找到限制个人数据流动的动机或理由。欧盟《隐私指令》就禁止将个人数据转移到没有足够保护水平的国家,而欧洲法院关于隐私盾框架计划的裁决也使欧盟隐私法对跨境数据流动的影响进一步复杂化。由于在线企业在导出服务过程中收集的很多数据都是个人数据,而个人数据是任何可用于识别

---

① See Robert Wolfe, *Learning about Digital Trade: Privacy and E-Commerce in CETA and TPP*, 18 World Trade Review s63, s63 - s64(2019).

② See Hong Xue, *The Newest UN Treaty to Facilitate Cross-Border Paperless Trade in Asia and the Pacific: An Insight Preview*, 51 Journal of World Trade 959, 967 -969(2017).

一个人的资料,即使是匿名数据与数据分析相结合,也可以用于个人身份识别,因而隐私管理法与数据传输之间的对接对数字贸易很重要。客观而言,欧盟进一步开放数字贸易市场的信心在一定程度上取决于其执行欧盟隐私法的能力。而 APEC 的《隐私框架》是一套指导 APEC 成员及其企业在隐私问题上的一些原则,因而强调适用时的灵活性(如行业自律),但不要求各国采取自上而下的隐私保护立法。因此,如果不能很好地解决数字贸易造成的监管外部性,各国政府就会直接或间接地限制此类贸易。

无论如何,信任是数字贸易的基础。数字贸易的展开是建立在相互信任的基础上,因而改善跨境数据流动的信任环境,尤其是对隐私保护的信任环境,可以解决数字贸易中最具挑战性的问题,进而防止数字贸易争端的发生。数字贸易信任环境的目标是通过有关双边、诸边或多边协议建立包括法律、企业及其技术系统等相互结合的隐私保护体系,确保数字贸易各方对与国际贸易有关的数据和文件的信任。尽管从目前看这一要求还比较高,其实质内容也有待进一步谈判确定,但从全球数字经济的发展趋势看,它必定成为推动数字贸易可持续发展的一项重要保障,进而或可防止数字贸易争端解决中的隐私权保护问题。一方面,消费者相信互联网会按照预期运行,他们通过互联网提供的交易信息也会受到保护,并只用于其预期目的;如果没有这方面的保证,数字贸易将会崩溃。另一方面,数字贸易企业相信政府会采取必要措施,保护它们的网络知识产权和商业秘密;如果没有这方面的保证,数字贸易必将缺乏创造力和创新力。为了在数字贸易的背景下有效保护隐私和个人信息,国家间应促进商界、消费者代表和政府之间的沟通、合作,努力就隐私保护的核心内容达成国际共识,并在适当情况下,能制定和执行与个人数据和隐私保护有关的国际联合措施,打击跨境欺诈、信息误导和不公平的商业行为,预防并解决与隐私权保护有关的数字贸易争端。

# 第十二章　数字贸易争端解决的中国措施

随着世界经济向数字化转型,数字贸易已经深入国际贸易流程的核心,成为国际贸易增长的巨大动力。可以不夸张地说,21 世纪的国际贸易规则就是数字贸易规则。

如前所述,"新生代"的区域贸易协定一般都包含电子商务或数字贸易条款。仅就 CPTPP 而言,中国目前还不是其缔约国,但已公开表明了加入该协定的意愿。在这一过程中,如果 CPTPP 生效,中国将不得不在许多产品和服务的交易中遵守 CPTPP 规则,因为它涵盖了中国的主要贸易伙伴和众多互联网用户。随着数字技术的成熟应用,大国竞争将逐渐转向以数字贸易为核心的新型贸易规则的话语权领域。除此之外,数字贸易实体规则的适用和实施必须发挥争端解决规则和程序的协调和促进作用,以降低或阻止实体规则下的权利义务关系在数字贸易实践中的溢出风险。

## 第一节　中国数字贸易争端及其解决现状

### 一、中国数字贸易发展的现状

#### (一)中国数字贸易的现状与发展需求

近年来,基于诸多优势,中国数字贸易快速发展,数字红利逐渐得到释放。在大数据、云计算、物联网等方面已经走在世界前列。作为数字贸易的主要方式,中国跨境电子商务发展态势良好。[①] 而国内服务业的蓬勃发展与经济结构的改善促进了服务贸易的突飞猛进,数字内容服务、搜索引擎、社交媒介、云计算服务等在一定程度上都附着有服务经济的鲜明特色,尤其是随着数字产业与各行业的融合互动,中国经济转型升级已非常显著。

然而,中国数字贸易环境建设方面与发达国家尚有一定差距,在继续培育电信基础设施建设、完善法律监管体系等方面任重而道远。目前,中国数字贸易发展已初具规模,并呈现蓬勃发展的良好态势,但同时也应清醒地认识到,中国数字贸易发展仍存在产业结构不平衡、国际竞争力不强等不足,它们在一定程度和范围内制约着中国数字贸易的发展步伐,需要顺势而为,为数字贸易及其自由化创造优质的环境和条件。国家主席习近平在2020年中国国际服务贸易交易会全球服务贸易峰会上明确指出:“近年来,新一轮科技革命和产业变革孕育兴起,带动了数字技术强势崛起,促进了产业深度融合,引领了服务经济蓬勃发展。”这表明中国数字经济发展已进入新时代,发展数字贸易显得十分必要和紧迫。

首先,大力发展数字贸易可以满足人民日益增长的美好生活的需要。随着移动互联网计算、智能手机的发展以及居民消费习惯的变化,出门不带现金、消费扫码支付、下班收取快递、商品跨境网购等已成为生活新常态,这表明人们对电子商务或数字贸易的接受和认可程度越来越高。加上人们对高质量产品的需求与日俱增,B2B和B2C模式的全球在线零售网络以其便捷的下单方式、快捷的物流运输、丰富多样的品种选择,使得人们足不出户便可以快捷购买全球的产品或服务,这些都构成了中国数字贸易发展的市场基础。

其次,大力发展数字贸易符合为供求双方提供数字化信息产品的需要。随着高质量增长发展模式以及中国数字经济的飞速发展,传统的贸易模式已经发生深刻变化,这些反过来促使中国各级政府要加快数字贸易发展,寻找新的核心优势,壮大数字经济发展基础。

再次,发展数字贸易是中国融入全球价值链分工的需要。长期以来,劳动密集型产业是中国出口部门的优势所在和基本特点。随着中国经济向高质量发展的步伐加快,低成本、低附加值的传统发展方式难以为继,贸易经济转型升

① 如今,中国作为人口第一大国,国内市场潜力巨大;作为第一大货物出口国和第二大货物进口国,国外市场也很广阔。

级迫在眉睫，而充分发挥数字贸易是中国融入全球价值链并占据价值链"高位"的必由之路。

最后，发展数字贸易是争取数字贸易国际规则话语权的需要。如今，WTO主要成员已把数字贸易上升为其国家经济战略的重要组成部分，且已通过缔结区域的或双边的自由贸易协定，将其国内电子商务或数字贸易立法融入其中，进而凸显为数字贸易国际规则的话语权。这种发展趋势一方面会给中国的数字贸易发展带来压力，另一方面也提醒中国应积极参与数字贸易国际规则的谈判并能提供有关的中国方案。

**（二）中国数字贸易政策与法律环境**

目前，中国数字贸易实践仍以对电子商务的规范治理为中心。中国商务部下设电子商务和信息化司，负责引导、管理依托电子传输的贸易形式。在国内发展战略上，采用划区试点并形成先行示范的方案。① 秉持协同发展理念，积极促进电子商务与社会民生、政府政务便利化以及"一带一路"倡议落实等国家重要关切的综合密切融合。注重包括物流、信息技术等在内的支持体系的建设。早在2005年，中国就提出了推进国民经济信息化的理念；②2015年，中国发布了《中国制造2025》，指出"电子商务等正在重塑产业价值链体系"，应当"促进制造业数字化网络化智能化"；③2017年，党的十九大报告强调建设"网络强国""数字中国"的目标，并倡导"推动互联网、大数据、人工智能和实体经济深度融合"④。

为了满足电子商务发展需要，于2005年实施的《中华人民共和国电子签名法》（以下简称《电子签名法》）为中国数字贸易法制建设奠定了基础。在2018年，中国政府发布了《关于扩大进口促进对外贸易平衡发展的意见》，号召提升

---

① 中国提出电子商务示范城市、示范企业、示范基地建设的方案，提出示范名单并相继出台相关指导文件。参见《商务部关于进一步推进国家电子商务示范基地建设工作的指导意见》，载商务部官网，http://dzsws.mofcom.gov.cn/article/dzsw/sftx/201701/20170102505551.shtml。

② 参见温家宝：《不断把我国信息化提高到新水平》，载科学技术部官网，http://www.most.gov.cn/ztzl/jqzzcx/zzcxgczs/t20051105_25889.htm。

③ 《国务院关于印发〈中国制造2025〉的通知》，载中央人民政府网，http://www.gov.cn/zhengce/content/2015-05/19/content_9784.htm。

④ 习近平：《决胜全面建成小康社会　夺取新时代中国特色社会主义伟大胜利——在中国共产党第十九次全国代表大会上的报告》，载中央人民政府网，http://www.gov.cn/zhuanti/2017-10/27/content_5234876.htm。

跨境电商进出口的战略地位与监管水平，并增设跨境电商实验区域。[①] 作为首部电子商务领域的综合性法律，2019 年生效实施的《电子商务法》推动中国电子商务发展进入权责明晰、有法可依的历史新阶段。[②] 这部法律对平台经营者与平台内经营者的概念进行了界定，划分了消费者与经营者的权责，梳理了电子商务的交易过程以及争端解决模式选择，构建了电子商务交易的具体框架。

2020 年，中国在与网络安全相关的法律法规及规范的制定方面都有了非常实质性的推进，如自 2020 年 1 月 1 日起实施的《中华人民共和国密码法》、2022 年 2 月 15 日起实施的《网络安全审查办法》等。与数据和隐私保护相关，中国于 2020 年还做了如下一些扎实工作：2 月，通过了《个人金融信息保护技术规范》；3 月，通过了《信息安全技术　个人信息安全规范》；7 月，发布了《贯彻落实网络安全等级保护制度和关键信息基础设施安全保护制度的指导意见》；8 ~ 9 月，发布了《金融数据安全分级指南》；11 月，发布了《信息安全技术　政务信息共享数据安全技术要求》；12 月，发布了《电信和互联网行业数据安全标准体系建设指南》。此外，中国国务院及其各部委也出台了其他一些相关文件，为中国数字贸易管理提供补充性依据。在立法以及建立相关标准方面的工作的加快推进与实施，必将会推动相关领域的网络安全技术、产品、服务的发展，有助于提升网络安全相关行业的市场空间，尤其是 2020 年推进的这些措施，对于互联网企业或数字贸易企业的高标准高要求愈加明显，进而为数字贸易及其自由化打下了坚实的国内法基础。

从整体来看，中国电子商务立法出现了一个很明显的方向，那就是从 2020 年开始对于数据安全和隐私保护领域的相关法律法规建设的快速推进，而其中最突出的是十三届全国人大常委会于 2021 年 6 月通过的《数据安全法》及 2021 年 8 月通过的《中华人民共和国个人信息保护法》。自 2021 年 9 月 1 日起施行的《数据安全法》共有 7 章 55 条，体现了总体国家安全观的立法目标，聚焦数据安全领域的突出问题，确立了数据分类分级管理制度，建立了数据安全风险评估、监测预警、应急处置制度，构建了数据安全审查等基本制度，规范数据采集、传输、存储、处理、共享、销毁全生命周期管理，推动数据使用者落实数据安全保护责任，成为中国首部有关数据安全的基础性、系统性法律。自 2021 年 11 月 1

---

① 《国务院办公厅转发商务部等部门关于扩大进口促进对外贸易平衡发展意见的通知》，载中央人民政府网，http://www.gov.cn/zhengce/content/2018 - 07/09/content_5304986.htm。

② 参见商务部电子商务和信息化司：《中国电子商务报告》，2018 年，第 2 页。

日起施行的《个人信息保护法》,总体上坚持了我们党"以人民为中心"的发展理念,突出了国家尊重和保障人权的宪法原则,规范了个人信息处理的规则,强化了对个人敏感信息的保护,在国家层面建立健全个人信息保护制度,推动形成政府、企业、相关社会组织、公众共同参与个人信息保护的良好环境,成为中国第一部系统、全方位保护个人信息的专门性和基础性法律。这两部法律均明确了国家在保护数据安全和数据权益的基础上鼓励对数据的合法、有效利用,特别是在国家层面确立了"促进以数据为关键要素的数字经济发展"方向,成为推进、优化中国数字贸易内外环境的重要保障。在此基础上,2022 年的中国互联网安全和数据安全立法"蹄疾步稳",已先后通过了《互联网信息服务算法推荐管理规定》《数据出境安全评估办法》《关于实施个人信息保护认证的公告》等行政法规,进一步完善了中国互联网数据治理的法律体系,以应对数字贸易的国际竞争。①

2021 年 6 月 10 日,第十三届全国人民代表大会常务委员会第二十九次会议通过了《数据安全法》,自 2021 年 9 月 1 日起施行。该法共 7 章 55 条,用以规范数据处理活动,保障数据安全,促进数据开发利用,保护个人、组织的合法权益,维护国家主权、安全和发展利益。显然地,该法将成为优化中国数字贸易内外环境的重要保障。

## 二、中国数字贸易争端解决的现状

当前,中国数字贸易争端主要表现为与数字贸易大国之间产生的贸易摩擦,而国际社会尚未形成专门用于数字贸易的多边争端解决规则,中国作为争端当事方时,通常援用现有的国际贸易争端解决机制,通过协商或谈判、区域协调等方式解决争端。《电子商务法》是中国目前唯一明确阐述电子商务争端解决的若干可选路径的法律,具体方法包括协商、和解、第三方组织调解、平台内的投诉、仲裁和诉讼等,并鼓励电子商务平台经营者开发争议在线解决方式,根据自愿原则解决争议。② 然而,该法的规范对象仅为私人主体之间的电子商务纠纷,而中国政府和企业参与全球数字贸易争端解决还缺乏专门的国内法律法

---

① 参见《2022 网络法制建设年终盘点之一:网信立法蹄疾步稳》,载网信办官网,http://www.cac.gov.cn/2022-12/20/c_1673191495181555.htm。

② 参见《电子商务法》(2019 年)第 63 条。

规支持和政策指引。①

实践中,协商与电子商务平台裁决机制是私人主体解决电子商务纠纷的主要选择。在线协商依赖互联网平台,无须第三方介入,是平台内部处理纠纷成本最低的方式之一。若协商不成,可利用平台设置的自主裁定机制;若对裁定仍然不服,可以援用诉讼、仲裁等其他方式。目前,中国已经开始创新纠纷解决途径,设计并试行推广了线上诉讼、线上仲裁以及线上调解等方式,以逐步应对电子商务争端解决的需求。然而,随着数字经济与贸易的深度融合,前述三种主要机制恐难以适应跨越国境的数字贸易争端解决需求。②

## 第二节　中国数字贸易争端解决的前进方向

### 一、以数字贸易发展促进相关法律制度的完善

#### (一)提升中国数字贸易的国际竞争力

国家主席习近平指出:“当前,数字经济发展日新月异,深刻重塑世界经济和人类社会面貌。我们要营造公平、公正、非歧视的市场环境,不能关起门来搞发展,更不能人为干扰市场;要共同完善数据治理规则,确保数据的安全有序利用;要促进数字经济和实体经济融合发展,加强数字基础设施建设,促进互联互通;要提升数字经济包容性,弥合数字鸿沟。作为数字经济大国,中国愿积极参与国际合作,保持市场开放,实现互利共赢。”③通过对数字贸易的制度规划,通过围绕数字技术进行的规则和制度创建,必然会释放新的“红利”。或言之,通过国内有关机制的协同、国际合作治理机制协同以及多元化利益平衡协同,形成良好的数字贸易生态环境。

加快数字贸易发展,是适应全球各产业链新兴经济与传统经济市场格局大变化的必然选择。因此,我们应立足数字贸易发展实际,把握其本身应有的自

---

① 参见刘颖:《我国电子商务法调整的社会关系范围》,载《中国法学》2018 年第 4 期。

② 如今,中国在杭州、北京和广州等地已相继设立互联网法院;在广州仲裁委员会、深圳国际仲裁院相继开展网络仲裁后,包括哈尔滨、武汉仲裁委员会在内的其他机构也开始探索“互联网+仲裁”;由最高人民法院开发建设的人民法院调节平台在全国范围的法院设点运行,由当事人提出申请,法院引导当事人自主选择调节方式。其调解员来源广泛,充分整合各行业的人力资源。参见商务部电子参见商务和信息化司:《中国电子商务报告》,2018 年,第 76~78 页。

③ 《习近平出席二十国集团领导人第十四次峰会并发表重要讲话》,载中央人民政府网,http://www.gov.cn/xinwen/2019-06/28/content_5404178.htm。

由、安全、标准化的特征，以提高数字经济与贸易的国际竞争力为核心，加快数字经济与制造业各行业、服务业各领域的深度融合和互动，以高质量的数字贸易提升中国经济的数字化水平。

其一，促进数字贸易发展，完善数字基础设施建设至关重要。互联网是构建国家数字贸易的根基，是数字贸易发展的基础性技术。互联网的速度、普及率和费用是数字贸易发展的重要因素，直接决定着中国数字贸易发展的广度和深度。对此，我们要把握以下三个重点：一是把数字基础设施建设作为重中之重，稳步推进城市网络升级提速和农村宽带推广普及；二是降低数字基础设施行业的市场准入门槛，既要发挥国有企业在基础设施投入方面的引领作用，也要充分调动民间资本的力量，进一步加快我国数字基础设施建设；三是加强新技术研发，给予研发企业在财税融资方面更多的支持，促进其成果转化以及与其他行业的融合发展。

其二，推动数字贸易的良性与可持续发展，必须形成对数字贸易的监管措施，提升对数字贸易的监管能力。数字贸易发展对政府监管最大的挑战就是其交易过程的便捷化、虚拟化问题，因而需要从立法和技术层面对数字贸易加强监管，定期监测和对接各类跨境电商平台，掌握数字贸易的真实情况，把握数字贸易的发展态势。同时，也需要深入了解数字贸易所需要的支持条件和保障措施，为数字产品出口提供更加便利的条件，畅通数字产品的出口渠道，提升中国数字贸易产品的附加值和国际竞争力。这是对数字贸易监管能力的最大考验。

其三，以增强国际竞争力为目标，谋划中国数字贸易企业新格局。中国虽有先行一步的互联网企业，也有世界上最大的电子商务市场，但中国的数字贸易企业迄今还没有形成一批具有国际竞争力的龙头公司，导致中国在全球数字贸易领域缺乏一定的国际竞争力与话语权，这必然会在一定程度上抑制数字贸易规则的国际谈判能力。基于此，我们应抓住时机，继续加强对数字贸易企业的支持，通过“谋篇布局”，形成“以大带小、以强带弱”的中国数字贸易企业发展新格局，在数字贸易规则的国际谈判中“以实力说话”。

**（二）完善数字贸易的实体规则**

中国《电子商务法》对电子商务争端解决作出了框架性规定，但其实体规则还不够明晰，这有可能无法预防和应对全球数字贸易往来中争端产生的风险。数据流动是数字贸易发展的关键因素，中国对于数据管控的理念与美欧不同。完善中国数字贸易实体法规则应当首先明确数据主权和数据权利两方面的理论框架。其中，数据主权涵盖数据管理权和数据控制权，数据权利包括数据人格权和财产权。①

从宏观角度出发,国家作为数字贸易及其自由化的参与方,享有对国内相关事务展开排他性管控的权力。为实现这一权力,中国应从原则上明晰数据跨境流动与国家信息安全的关系,继续完善国家信息安全立法,对不同类型的数据实行分梯度管理。将关系国家安全和国计民生的重要数据纳入基础性保护的范畴。

从微观角度出发,私人主体也是数字贸易的重要参与者,其参与数字贸易活动必将产生大量的数据披露、数据交易等情况。为此,中国已经出台的《数据安全法》《个人信息保护法》《数据交易管理规定》等相关法律法规,成为数据市场化必须遵守的法律秩序,为私人主体提供了行为准则,保障了中国公民个人的数据安全。

除此之外,中国应就数字贸易争端触发的标准事项,包括数字贸易的市场准入门槛、国内的监管标准等方面作出明确、细致的法律规定。尽早在数字贸易实践以及与其他贸易伙伴的谈判中将自身立场澄清,有条件地争取将我方立场或规则推广为数字贸易领域内的国际标准。这些先导性措施将极大地降低中国政府和企业在数字贸易活动中可能遭遇的利益冲突,即便是进入数字贸易争端解决程序,也可以为争取有利的解决方案提供充分的法律依据。

## 二、建立数字贸易争端解决的支持保障体系

除了培育数字贸易的国际竞争力,完善国内相关法律法规并争取将其推广为国际标准外,建立数字贸易争端解决的国内支持和保障体系也尤为重要。这一体系尤其应包括数字贸易摩擦预警和救济措施,它们是缓解或防止数字贸易摩擦损失的重要保证。通过建立有关的法律制度,逐步形成以政府为主导,行业组织、企业和消费者协同参与的动态保障体系,为数字贸易争端的预防和应对提供充分支持。

### (一)建立数字贸易摩擦预警系统

数字贸易摩擦预警系统的主要任务是收集并及时发布预警信息,密切关注其他国家或地区的数字贸易政策调整和最新相关法律制定,对中国关键行业及重点企业予以监督管理,并积极参与数字贸易多边机制的协调工作。

---

① 详见中国信息通信研究院:《数字贸易发展与影响白皮书》,2019 年 12 月,第 30 页。

第一，加强与其他国家在数字贸易政策与理论研究方面的交流与合作，密切关注其动态发展，借此对中国参与数字贸易可能遭遇的摩擦定期发布风险预估报告及摩擦应对的专业指导。

第二，优化国内数字贸易监管服务。以深化监管、及时把握数字贸易活动的基本情况为基础，对贸易活动开展动态管理，关注数字贸易摩擦起源、酝酿与形成的阶段性过程，并提供及时、有针对性的预警。同时，在国家政策立场的范围内，支持国内企业数字贸易自由化发展。应注意提升监管质量与服务水平，给予国内企业充分的数字贸易发展空间；综合采用大数据、云计算等信息技术手段提升监管与服务效率，通过更新监管模式为数字贸易参与者提供最优的贸易体验。

第三，及时提供他国数字贸易政策和立法动向，并就此作出指导性的评估。数字贸易具有自己的特点和发展趋势，但它已成为众多国家尤其是 WTO 主要成员数字经济发展的重要支柱。在尚未形成国际或多边数字贸易规则和制度的情况下，数字贸易及其自由化可谓正处于“丛林地带”，而国家有关政策和立法的变化，必然会给数字产品市场带来影响，进而影响国家间的数字贸易关系。从国家层面重视 WTO 主要成员数字贸易政策和立法的变化，并结合中国数字贸易实际作出相应评估及建议，显然是数字贸易摩擦预警系统不可或缺的组成部分。

**（二）建立数字贸易摩擦支持系统**

数字贸易摩擦支持系统的主要任务是为已经发生的数字贸易摩擦乃至争端的当事方提供专业、系统的支持，以尽力降低贸易摩擦对当事方以及数字贸易国内市场带来的冲击。电子商务平台裁决机制是当前中国解决 B2C、B2B 私人主体之间争端的主要模式。基于此，建议做到以下几点：

首先，增强平台争端解决机制的实效性。数字贸易平台作为数字贸易的载体，促进了交易和服务的一体化。然而，中国电商平台的争议裁决缺乏制约（机制）。从长远和大局看，应该引入平台内部裁定的外部参与，提升平台裁定纠纷过程的公信力，并提倡争端当事方、第三方甚或公众对裁决结果执行情况的监督反馈。

其次，加强产业联动的支持力量。数字贸易的发展趋势是数字技术促进产业升级，反之，也可以通过联合制造业、服务业、通信业等相关产业，为数字贸易活动及其摩擦应对、争端解决等提供支持。

再次，可借助区域或多边贸易协定的谈判机制，推动解决中国数字贸易企业在海外拓展中遇到的困难和问题,如歧视性监管待遇等。如今,区域或多边贸易协定谈判无法回避数字贸易议题,但由于各国在数字技术水平和数字贸易立法上的差异,这是一个艰难而复杂的过程。在这一过程中,如果能利用此类谈判机制或谈判论坛,就可以将中国有关企业遭遇的数字贸易摩擦或障碍与他国进行对话、沟通、交流,探寻相互较为满意的解决方法,共同推进数字贸易及其自由化发展。

最后,关注并给予数字贸易企业尤其是中小企业应对数字贸易摩擦所需的支持。为应对数字贸易摩擦或争端,需要国家有关行业的主管部门协调建立针对数字贸易的法律援助体系,加强对基本规则的研究跟踪,定期发布报告,为企业“走出去”提供基本情况支持。同时,需要扶持成立一批高水平的法律、公关及相关服务机构,使数字贸易企业在遇到问题时能够及时获得专业援助。相对于掌握充分资源的“重复玩家”的政府和大型跨国企业而言,中小企业在国际数字贸易争端解决中处于弱势。为平衡这一局面并提升中国数字贸易主体化解争端、参与数字贸易争端解决程序的信心,有关的支持措施应当着力于为“弱势群体”提供必要的补充资源。这一资源应覆盖企业参与全球数字贸易市场的前期引导,如辅助洽谈与其利益相关的贸易规则,以及确保中小企业家能够获得关于外国市场准入条件及与遵守法规有关的复杂过程的信息等。此外,还应包括支持中小数字贸易企业参与争端解决的必要保障,如行业支持、法律服务等。①

### 三、积极参与数字贸易争端解决的多边程序规则谈判

中国跨境电子商务发展迅速,在处理国内消费者投诉方面已卓有成效,但在应对跨国间、国别企业间的数字贸易争端时还难以独善其身,仍需要继续拓展解决数字贸易争端的国际视野。为解决这一问题并能争取更大的“规则红利”与数字贸易的国际话语权,中国应抓紧设计具有灵活性和适用性的程序规则,并在双边、区域贸易协定中率先推广,力求对中国参与全球数字贸易治理特别是争端解决的规则和程序构建提出符合中国数字贸易长远发展利益的建议。

就国际规则而言,中国需要在对美国、欧盟等 WTO 主要成员主导的区域贸易协定以及 WTO 现有关联条款进行深入研究的基础上,对其战略意图进行精

---

① See United Nations, International Trade and Development, A/74/221, 25 July 2019, para. 65.

准研判并加以吸收、利用,在国际规则的谈判和制定中争取更大的主动权和更多的话语权。一方面,要积极参加国际服务贸易规则升级的谈判,发出中国声音,贡献中国智慧;另一方面,要在现阶段和接下来的双边或多边贸易协定中,尤其是在同“一带一路”沿线国家的贸易协定谈判中,加入中国主张的数字贸易条款,抢占数字经济发展的制高点。①

**(一)借助数字平台寻求争端解决合作**

WTO 框架内电子商务的多边谈判长期进展缓慢,在双边和区域贸易协定中纳入数字贸易条款已成为一种大趋势。然而,双边或区域贸易协定的成员数量有限,在经贸制度安排方面水平不一,开放程度也参差不齐,而数字贸易争端解决的规则与程序推广需要包容度相当高的国际性平台。由私营部门发起、各利益攸关方共同参与的世界电子贸易平台“世界电商平台”(Electronic World Trade Platform,eWTP)为此提供了试验性的契机。中国可以积极推动这一国际平台的运作,思考全球数字贸易中生产者与消费者以及企业、政府与社会之间的利益冲突,在交易对话中加强全球贸易政策的协调,并扩充传统贸易争端解决的主体及其参与相关程序规则设计的途径。

**(二)在多边框架下求同存异**

数字贸易的实体规则在世界范围内已经形成了不同的模式与立场,各国关于数字贸易争端解决的利益诉求也不同。面对规则分歧与冲突,中国应促进已方与他方立场的求同存异,广泛实践国际合作的国际法原则,从阻力最小的领域入手,逐步推动数字鸿沟的缩减。

首先,中国应积极参与数字贸易的多边谈判,提出符合本国数字贸易利益的诉求,在数字贸易争端解决规则与程序的整体方案和系列谈判中发挥先行示范作用,在各国具有分歧的诉求中求同存异,探寻契合点或突破点。例如,中国以树立数字贸易中企业和消费者的信心为出发点设计争端解决规则,而消费者权益保护也符合欧盟在数字贸易多边谈判中的利益。② 因此,中国可以以此为

---

① 参见谢晶仁:《加快推动数字贸易高质量发展》,载求是网,http://www.qstheory.cn/llwx/2020-10/09/c_1126584422.htm。

② See Meltzer Joshua, *Maximizing the Opportunities of the Internet for International Trade*, Social Science Electronic Publishing, 2016, p. 18-32.

切入点,促成保障数字贸易中消费者权利的制度改革。①

其次,中国应争取广大发展中和最不发达国家对于相同或相似的数字贸易谈判议题的关注与支持。多数发展中和最不发达国家在数字贸易领域还存在诸多困境,在谈判中顾及它们当下的利益就是创造它们未来的利益,而数字贸易可以成为其抓住经济发展机遇进而缩小经济差距的重要手段,因而"团结可以团结的力量"有助于实现数字贸易多边谈判过程及其结果的利益平衡。

最后,数字贸易的发展趋势必定是数字贸易自由化,结合中国数字贸易发展的具体情况,可以适度向这一立场延伸,选择性地对接"美式""欧式"数字贸易规则,有利于中国探索并占领数字贸易发展的世界高地。②

## 本章小结

数字技术拓展了传统国际贸易的提供方式,改变了传统产品的物理形态,继而引发新型贸易争端。③ 如果说数字技术是对国际贸易利益分配和再分配的重要手段,那么数字贸易争端解决的规则和程序就是确保国家间相关权利和义务大致平衡的关键"砝码"。在当前由 WTO 电子商务谈判推动的全球数字贸易发展的关键时期,中国必须以国家的长远利益为重,从国际法和比较法角度探寻数字贸易争端解决的规则和程序及相应有效的应对措施。

目前,中国数字贸易发展尚处于初级阶段,国内外实践中仍以对电子商务的规范治理为中心。在现有全球数字贸易平台格局和发展趋势下,中国国内整体数字法律环境日趋完善,尤其是近两年与网络安全和数据保护相关的法律法规的出台和实施。通过前述章节对传统国际贸易争端与数字贸易争端的触发条件的比较,结合中国实际和国家利益的客观需要,为增强国内消费需求供给水平,为供求双方提供数字化信息产品,促进中国融入全球价值链分工,争取数字贸易国际规则话语权,非常有必要高度重视并能解决数字贸易争端解决的规则与程序问题。

---

① 例如,协调各国管控跨境数据流动的力度,以便利服务贸易的跨境交付以及国际电子支付的便利化;协调各国征收电子传输关税的方式与税率,间接降低消费者成本;统一隐私保护的基本标准,为消费者参与数字贸易提供更加安全的交易环境。

② 参见蓝庆新、窦凯:《基于"钻石模型"的中国数字贸易国际竞争力实证研究》,载《社会科学》2019 年第 3 期。

③ 参见彭德雷:《数字贸易的"风险二重性"与规制合作》,载《比较法研究》2019 年第 1 期。

基于此,中国可以从国内和国际两个层面降低数字贸易争端风险、提升争端解决的应对能力。在国内层面,结合中国关于数字贸易及其自由化的立场,调整、完善有关的法律法规,并协同相关产业创建保障机制,增强对数字贸易争端的预警以及争端解决的支持力量,依此尝试建立与中国《电子商务法》《数据安全法》等密切相关的数字贸易国内救济体系。同时,基于中国《电子商务法》及其他有关的法律法规解决数字贸易争端存在的不足及其原因,关注和重视本研究成果的理论价值和实践指导意义。在国际层面,应密切关注国外数字贸易立法,结合 WTO 争端解决机制的成就和不足,能“手持成熟的中国方案”,积极参与数字贸易争端解决规则和程序的构建过程。

# 结论与前景展望

作为传统国际贸易争端解决的典范或代表,WTO争端解决机制已经裁决了两起与信息跨境流动有关的贸易争端——“美国—影响博彩服务跨境提供措施案”和“墨西哥—影响电信服务措施案”。[①] 在这两个案件中,政策制定者都证明了其限制信息流动措施是为了保护公共道德,并由此表明,为了保护自身利益,国家必须证明信息过滤和信息审查是必要的。尽管这些案例在一定程度上澄清了 WTO 对信息流动进行管理的“短板”,但它们并未充分阐明政策制定者如何以及何时可以限制此类信息的流动。在数字贸易迅速发展的今天,这样的争端案件裁决结果似乎并不太理想。但必须认识到,互联网和数字技术对国际贸易的影响,特别是对数据跨境自由流动及低价值货物贸易预期增长的影响,为数字贸易争端的解决带来了诸多新的挑战。

在这种新的贸易形式下,数字产品作为中间品贸易的比重越来越大,并正在逐步嵌入全球价值链的生产体系中,并在全球价值链中发挥越来越大的作用。可以说,以互联网为主导的新型数字产品,正在颠覆全球价值链的分布体系和全球贸易利益的分配体系。而从全

---

① See in detail WTO, United States-Measures Affecting the Cross-Border Supply of Gambling and Betting Services, WT/DS285/R, adopted 10 November 2004; Mexico-Measures Affecting Telecommunications Services, WT/DS204/R, adopted 2 April 2004.

球价值链视角看,只有积极推动数字产品有效地嵌入生产过程,加大核心技术的研发,最终才能实现数字贸易的全产业链发展,推动经济全球化的升级发展。

但是,数字贸易可能影响国内监管机构实现其监管目标的能力,如在消费者保护、金融稳定、隐私保护、健康和安全等不同领域。早在2011年,世界卫生组织(World Health Organization,WHO)的一项研究就指出,网上购买药品使消费者能够避免国内卫生安全规定的限制,如要求获得医生处方。现实生活中也确实是这样。但是,平衡国际贸易承诺及其对国内监管灵活性的影响,并不是数字贸易本身特有的挑战,而是多边贸易体制及其争端解决机制面临的一个关键性挑战,而且由于跨境数据流动比商品或服务贸易发生的速度更快、数量更大,这一挑战可能更为严峻。与传统的国际贸易相比,跨境数据流动更有可能破坏国内监管目标的实现,这是WTO及其争端解决机制最终将不得不回应的挑战。①

反过来说,为数字贸易提供合适的监管环境是维护和促进数字贸易发展的最大挑战之一,而各国之间的监管差异也增加了评估服务质量和安全性的成本;各国消费者保护法缺乏互用性更增加了这些成本,缺乏在线合同形成的通用方法也增加了数字贸易的风险。因此,这不是一个简单的或多或少的监管问题,而是一个建立正确的组合监管的问题,甚至是订立数字贸易协定或数字贸易规则的问题。

一般来说,订立贸易协定尤其是那些涉及边境政策的贸易协定的主要原因是为政府和企业减少不确定性。在电子商务或数字贸易中,影响不确定性的因素有三个:其一,技术和经济变革必然带动政府对信息流动的监管和限制;其二,不同国家之间需要某种形式的国际监管合作,以应对此类变化,并在相互承诺的基础上产生数据流动监管措施的互用性;其三,随着个人信息比以往任何时候都更加自由地流动,让个人更难保护自己的隐私,数据泄露风险和网络攻击行为要求政府采取行动。由于贸易数据随互联网而自由流动,政府在国内的监管行动离不开国际协调,这才导致了数字贸易协定规则的谈判、达成和适用。②

---

① See Merit E. Janow and Petros C. Mavroidis, *Digital Trade, E-Commerce, the WTO and Regional Frameworks*, 18 World Trade Review s1, s4 – s6(2019).

② See Robert Wolfe, *Learning about Digital Trade: Privacy and E-Commerce in CETA and TPP*, 18 World Trade Review s63, s65 – s66(2019).

为数字贸易创造有利环境的措施类型可以分为三类：第一类是让企业和消费者有信心利用互联网进行跨境交易的措施。这包括及时划算（成本效益）的争端解决机制、金融支付机制、消费者保护法及个人信息保护等。第二类是影响在线信息类型和跨境传输数据能力的措施。它要求制定适当的规则或规范，限制或禁止使用降低互联网开放性的规章制度，包括数据本地化的法律和法规、限制访问互联网内容以支持国内竞争对手等。第三类是对数字贸易的监管措施。这显然是源于应对数字贸易造成的监管外部性影响的需要以及由此产生的限制跨境数据流动的动机，而为了解决这些外部性，通常还需要国家之间的监管合作。①

从当前情况看，美国和日本在建立可执行规则方面有着深刻的共同利益，相较而言，《美日数字贸易协定》是谈判达成的解决数字贸易壁垒的较全面、较高标准的贸易协定。它禁止对以电子方式分发的数字产品（如电子书、录像、音乐、软件和游戏）征收关税，确保数字产品的非歧视待遇（包括税收措施的覆盖范围），确保所有供应商（包括金融服务供应商）都可以跨国界传输数据，通过允许使用电子认证和电子签名来促进数字交易，保护消费者和企业的秘密信息，并确保可执行的消费者保护法适用于数字市场。同时，该协定禁止采取限制数据存储和处理地点的数据定位措施，加强和保护全球数字生态系统，并将这些规则扩展到金融服务供应商，使金融监管机构能够获得所需的数据，以履行其监管和监督职责，促进政府间合作，要求供应商在应对网络安全挑战方面遵守共同规则。这些具有可预见性的规则，用以鼓励两国之间的数字市场的发展，有助于推动经济繁荣，促进更公平、更平衡的贸易，并有助于确保共享规则能支持两国在创新领域引领世界关键企业。②

可以肯定地说，数字贸易多边规则在很大程度上滞后于全球数字贸易的发展实践，更不能否认其中存在的明示的或潜在的贸易争端。在多边层面，目前WTO并没有针对数字贸易的专门系统性规则，相关规则散见于WTO框架下的有关协定文本及其附件中，如《服务贸易总协定》《信息技术协定》《贸易便利化

---

① See Joshua P. Meltzer, Maximizing the Opportunities of the Internet for International Trade: E15 Expert Group on the Digital Economy-Policy Options Paper, E15 Initiative, International Centre for Trade and Sustainable Development (ICTSD) and World Economic Forum, 2016, p. 14.

② See USTR, Fact Sheet on U. S. – Japan Digital Trade Agreement, https://ustr.gov/about-us/policy-offices/press-office/fact-sheets/2019/october/fact-sheet-us-japan-digital-trade-agreement, visited on 22 February 2021.

协定》等。但从数字贸易的本质特征看,这些规则还不能称为数字贸易规则。虽然双边或区域贸易协定一般都包含数字贸易规则,但均未有根据数字贸易自身的特征制定数字贸易争端解决的规则和程序。

如前所述,数字贸易争端包含更为复杂的权利和义务关系,数字贸易争端解决的规则与程序也需要结合数字贸易的自身特点进行设计:其一,诉诸国内法院来解决数字贸易争端将带来不确定性。也就是说,需要回答诸如"哪一家法院具有管辖权""其判决是否可以被另一国法院承认和执行"等问题。此外,诉诸国内法院解决关于低价值商品的争端往往是不切实际的。其二,WTO争端解决机制不能完全适用于数字贸易的争端解决。从数字贸易实践及WTO各主要成员在数据跨境流动问题上的立场看,数字贸易争端大多涉及国家对数据流动的管制或者监管措施,而DSB漫长的合规审查过程显然与数字贸易的特征及其对数字贸易争端解决的高效率要求不一致,这无疑对数字贸易企业尤其是中小企业和贸易低价值商品带来潜在性伤害。由于缺乏具有成本效益和及时解决数字贸易争端法律规则及相应机制,就会增加数字贸易的风险。在数字贸易实践中,作为回应,eBay为其平台上的交易创建了自己的纠纷解决机制,每年可解决6000万件电子商务纠纷。

在互联网和数字技术的推动下,数字贸易显然已经为数字经济发展的"火车头"。但必须铭记的是,哪里有自由贸易,哪里就有贸易保护主义。在数字贸易领域,显然也不能否定基于网络设备故障、数据流动限制、隐私和个人信息保护等的数字贸易保护主义。① 它必然成为数字贸易争端解决的棘手问题。对所有参与数字贸易的国家而言,其重要任务之一应该是在开发针对最低经济成本的最优保护数量之间找到适当的监管平衡,如修订不准确的网络数据以保证个人对全球互联网的信任。尽管从当前实际看,数字贸易争端解决的规则和程序还处在不成熟的阶段,且国内法院方法还占有相当大的比重,但不能否认的是,诸多双边贸易协定和新近达成的区域贸易协定都已经包含有明晰的数字贸易规则及其争端解决的基本路径。

如今,WTO电子商务谈判已经拓展为包含6个主题的数字贸易谈判。对所有参与数字贸易的国家而言,其重要任务之一应该是在开发针对最低经济成本的最优保护数量之间找到适当的监管平衡,如修订不准确的网络数据以保证

---

① See Carolina Aguerre, *Digital Trade in Latin America: Mapping Issues and Approaches*, 11 Digital Policy, Regulation and Governance 2, 8(2018).

个人对全球互联网的信任。“但对于全球数字贸易监管而言,在多边层面缺乏贸易妥协并不是一场悲剧,因为包含数字贸易规则的区域贸易协定的数量和作用正在不断扩大。更重要的是,它们所推进的贸易监管质量不仅远高于多边层面,而且还在不断改善当中。”“如果考虑新的贸易监管领域——数字贸易议程,就会发现大约有 100 个区域贸易协定已经以这样或那样的方式解决了电子商务或数字贸易问题。”[①]在由发达国家和发展中国家参加的诸多区域贸易安排的条款中,都可以找到与电子商务或数字贸易有关的规定。这些规定涵盖范围广泛,包括数字贸易规则和市场准入承诺、提供电信服务和数字管理框架的先决条件、源代码和知识产权保护、消费者和个人信息保护、电子政务管理以及不同科技分支的发展合作和技术援助。因此,无论 WTO 关于数字贸易议题的谈判结果是多边协定还是诸边协定,只要存在数字贸易实践和数字贸易规则,就必须重视数字贸易争端及其解决所具备的独特性,就必须规划和构建数字贸易争端解决的规则与程序。

---

① Vladimir Zuev, *International Trade at a Triple Crossroads*, in L. Grigoryev and A. Pabst (eds.), Global Governance in Transformation, Springer, 2020, p. 197.

# 参考文献

## 一、中文文献

### (一)中文文件和报告

1. 习近平:《决胜全面建成小康社会　夺取新时代中国特色社会主义伟大胜利——在中国共产党第十九次全国代表大会上的报告》,2017 年 10 月。

2.《中共中央关于坚持和完善中国特色社会主义制度　推进国家治理体系和治理能力现代化若干重大问题的决定》,2019 年 10 月。

3.《中共中央关于制定国民经济和社会发展第十四个五年规划和二〇三五年远景目标的建议》,2020 年 10 月。

4. 习近平:《关于〈中共中央关于制定国民经济和社会发展第十四个五年规划和二〇三五年远景目标的建议〉的说明》,2020 年 10 月。

5.《中华人民共和国网络安全法》,2017 年。

6.《中华人民共和国电子商务法》,2019 年。

7.《中华人民共和国电子签名法》,2019 年。

8.《中华人民共和国个人信息保护法》,2021 年。

9.《中华人民共和国数据安全法》,2021 年。

10. 商务部电子商务和信息化司:《中国电子商务报告》,2018 年。

11. 浙江大学区域开放与发展研究中心、浙江大学中国跨境电子商务研究院:《世界与中国数字贸易发展蓝皮书》,2018 年。

12. 中国信息通信研究院:《数字贸易发展与影响白皮书》,2019 年。

13. 中国信息通信研究院:《数字贸易发展白皮书——驱动变革的数字服务贸易》,2020 年。

14. 国家信息中心联合瑞星公司:《2020 年中国网络安全报告》,2021 年。

**(二)中文著作**

15. 李浩培:《李浩培文选》,法律出版社 2000 年版。

16. 梁西主编:《国际法》,武汉大学出版社 2000 年版。

17. 邓正来编:《王铁崖文选》,中国政法大学出版社 2003 年版。

18. 曾令良:《欧洲联盟法总论——以〈欧洲宪法条约〉为新视角》,武汉大学出版社 2007 年版。

19. 肖永平:《肖永平论冲突法》,武汉大学出版社 2002 年版。

20. 何其生:《电子商务的国际私法问题》,法律出版社 2004 年版。

21. 何其生主编:《互联网环境下的争议解决机制:变革与发展》,武汉大学出版社 2009 年版。

22. 郭玉军主编:《网络社会的国际法律问题研究》,武汉大学出版社 2010 年版。

23. 黄志雄主编:《网络主权论:政策、法理与实践》,社会科学文献出版社 2017 年版。

24. 杨国华:《丛林再现?:WTO 上诉机制的兴衰》,人民出版社 2020 年版。

25. 李雪平:《企业社会责任国际法律问题研究》,中国人民大学出版社 2011 年版。

26. 李雪平:《西方国家的新贸易保护主义与中国的应对措施研究》,人民出版社 2019 年版。

27. 肖佳灵:《国家主权论》,时事出版社 2003 年版。

28. 陈卫国:《世界贸易组织的逻辑》,对外经济贸易大学出版社 2013 年版。

29. 何志鹏:《国家利益维护:国际法的力量》,法律出版社 2018 年版。

30. 韩立余主编:《〈跨太平洋伙伴关系协定〉全译本导读》,北京大学出版社 2018 年版。

31. 韩立余:《既往不咎:WTO 争端解决机制研究》,北京大学出版社 2009 年版。

32. 李俊主编:《全球服务贸易发展指数报告:数字贸易兴起的机遇与挑

战》,社会科学文献出版社 2018 年版。

33. 苏晓宏:《法理学原理》,法律出版社 2013 年版。

34. 沈玉良等:《全球数字贸易规则研究》,复旦大学出版社 2018 年版。

35. 尹翔硕、李春顶等:《国际贸易摩擦的成因及化解途径》,复旦大学出版社 2009 年版。

36. 中国国际经济交流中心课题组:《E 国际贸易——下一代贸易方式的理论内涵与基础框架》,中国经济出版社 2018 年版。

37. 中国信息通信研究院互联网法律研究中心:《数字贸易的国际规则》,法律出版社 2019 年版。

38. 赵云:《电子商务中的争端解决问题研究》,厦门大学出版社 2008 年版。

39. 齐爱民、刘颖主编:《网络法研究》,法律出版社 2003 年版。

40. 卓泽渊:《法的价值论》,法律出版社 2005 年版。

41. 罗国强:《论自然国际法的基本原则》,武汉大学出版社 2011 年版。

**(三)中文译著**

42. [奥]汉斯・凯尔森:《法与国家的一般理论》,沈宗灵译,中国大百科全书出版社 1996 年版。

43. [英]雷蒙德・瓦克斯:《法哲学:价值与事实》,谭宇生译,译林出版社 2013 年版。

44. [美]E. 博登海默:《法理学:法律哲学与法律方法》,邓正来译,中国政法大学出版社 1999 年版。

45. [日]川岛武宜:《现代化与法》,沈政武、渠涛等译,中国政法大学出版社 2004 年版。

46. [美]西蒙・莱斯特、[澳]布赖恩・默丘里奥编著:《双边和区域贸易协定评论和分析》,林慧玲等译,上海人民出版社 2016 年版。

47. [新西兰]迈克・穆尔:《没有壁垒的世界——自由、发展、自由贸易和全球治理》,巫尤译,商务印书馆 2007 年版。

**(四)中文论文**

48. 习近平:《不断做强做优做大我国数字经济》,载《求是》2022 年第 2 期。

49. 史久镛:《国际法院在和平解决国际争端中的地位和作用》,于湛旻译,载《国际经济法学刊》2007 年第 1 期。

50. 余劲松:《WTO 与国际经济法研究》,载《国际经济法论丛》2003 年卷。

51. 曾令良:《国际法治与中国法治建设》,载《中国社会科学》2015 年第

10 期。

52. 韩立余:《WTO 争端解决程序中的举证责任》,载《现代法学》2007 年第 3 期。

53. 方洁、杨国华:《WTO 对成员贸易法律制度的透明度要求》,载《法学杂志》2001 年第 2 期。

54. 何其生:《美国自由贸易协定中数字产品贸易的规制研究》,载《河南财经政法大学学报》2012 年第 5 期。

55. 黄志雄:《网络空间国际法治:中国的立场、主张和对策》,载《云南民族大学学报(哲学社会科学版)》2015 年第 4 期。

56. 刘颖:《我国电子商务法调整的社会关系范围》,载《中国法学》2018 年第 4 期。

57. 刘仁山:《国际民商事判决承认与执行中的司法礼让原则——对英国与加拿大相关理论及实践的考察》,载《中国法学》2010 年第 5 期。

58. 李雪平:《企业社会责任问题给国际法带来的挑战》,载《法学评论》2007 年第 5 期。

59. 李雪平:《企业的社会责任与劳工的权益保护:国际法视角》,载《广西师范大学学报(哲学社会科学版)》2005 年第 3 期。

60. 李雪平:《WTO 法律规则的逻辑内涵与适用外延——以轰动一时的“稀土案”专家组裁决报告为例》,载《暨南学报(哲学社会科学版)》2016 年第 5 期。

61. 李雪平:《国际贸易法制的变迁原理及中国的政策选择》,载《法学评论》2021 年第 2 期。

62. 李雪平:《数字贸易及其自由化对国家管辖原则的内涵革新诉求》,载《2021 年中国国际法学会年会论文集》2021 年 5 月。

63. 叶兴平:《论和平解决国际争端的条约义务》,载《甘肃政法学院学报》1997 年第 2 期。

64. 何志鹏:《国际法的现代性:理论呈示》,载《清华法学》2020 年第 5 期。

65. 王传丽:《WTO:一个自给自足的法律体系——兼论一国四地经贸法律新发展》,载《国际经济法学刊》2004 年第 4 期。

66. 郭鹏:《数字化交付的内容产品的国际贸易竞争性自由化策略——基于美国的视角》,载《河南社会科学》2018 年第 1 期。

67. 贺嘉:《跨境电子消费合同中消费者保护制度研究——兼评〈跨太平洋伙伴关系协定〉线上消费者保护》,载《中国流通经济》2016 年第 5 期。

68. 贺小勇等:《WTO 电子商务规则提案比较及中国之应对》,载《上海政法学院学报》2020 年第 1 期。

69. 万晓格:《数字贸易争端解决程序设计研究》,载《中国国际私法与比较法年刊》2021 年第 26 卷。

70. 贾怀勤:《数字贸易的概念、营商环境评估与规则》,载《国际贸易》2019 年第 9 期。

71. 陆菁、傅诺:《全球数字贸易崛起:发展格局与影响因素分析》,载《社会科学战线》2018 年第 11 期。

72. 蓝庆新、窦凯:《美欧日数字贸易的内涵演变、发展趋势及中国策略》,载《国际贸易》2019 年第 6 期。

73. 蓝庆新、窦凯:《基于"钻石模型"的中国数字贸易国际竞争力实证研究》,载《社会科学》2019 年第 3 期。

74. 李墨丝:《超大型自由贸易协定中数字贸易规则及谈判的新趋势》,载《上海师范大学学报(哲学社会科学版)》2017 年第 1 期。

75. 李杨、陈寰琦、周念利:《数字贸易规则"美式模板"对中国的挑战及应对》,载《国际贸易》2016 年第 10 期。

76. 陆燕:《全球数字贸易治理趋势与中国应对》,载《海外投资与出口信贷》2019 年第 3 期。

77. 柯静:《WTO 电子商务谈判与全球数字贸易规则走向》,载《国际展望》2020 年第 3 期。

78. 李忠民、周维颖:《美国数字贸易发展态势及我国的对策思考》,载《全球化》2014 年第 11 期。

79. 马述忠、房超、梁银锋:《数字贸易及其时代价值与研究展望》,载《国际贸易问题》2018 年第 10 期。

80. 彭德雷:《数字贸易的"风险二重性"与规制合作》,载《比较法研究》2019 年第 1 期。

81. 沈玉良:《上海率先构建全球数字贸易平台研究》,载《科学发展》2019 年第 7 期。

82. 沈玉良、彭羽、马源:《塑造面向数字贸易的国际经贸新规则》,载《服务外包》2019 年第 11 期。

83. 王传丽:《WTO:一个自给自足的法律体系——兼论一国四地经贸法律新发展》,载《国际经济法学刊》2004 年第 4 期。

84. 王晶:《发达国家数字贸易治理经验及启示》,载《开放导报》2016 年第 2 期。

85. 王丽华:《国际司法机构的扩散与国际贸易争端解决方式的协调》,载《前沿》2010 年第 14 期。

86. 王可:《电子商务与新时代的生意经》,载《信息与电脑》1994 年第 5 期。

87. 徐芳、梁金林:《B2C 跨境电商消费者纠纷解决机制创新探讨》,载《商业经济研究》2018 年第 21 期。

88. 龚柏华:《论跨境电子商务/数字贸易的“eWTO”规制构建》,载《上海对外经贸大学学报》2016 年第 6 期。

89. 周念利、陈寰琦、黄建伟:《全球数字贸易规制体系构建的中美博弈分析》,载《亚太经济》2017 年第 4 期。

90. 周念利、陈寰琦:《数字贸易规则“欧式模板”的典型特征及发展趋向》,载《国际经贸探索》2018 年第 3 期。

91. 张茉楠:《全球贸易规则框架与数字贸易治理》,载《新经济导刊》2018 年第 7 期。

92. 张茉楠、周念利:《数字贸易对全球多边贸易规则体系的挑战、趋势及中国对策》,载《全球化》2019 年第 6 期。

93. 宗良:《全球数字贸易崛起:时代价值与前景展望》,载《国际贸易》2019 年第 10 期。

94. 李忠民、周维颖、田仲他:《数字贸易:发展态势、影响及对策》,载《国际经济评论》2014 年第 6 期。

95. 王晶:《发达国家数字贸易治理经验及启示》,载《开放导报》2016 年第 2 期。

96. 丁为群:《网络发展对国际民事管辖权的挑战及其对策》,载《政法学刊》2005 年第 2 期。

97. 朱萍:《虚拟空间管辖权的确定——美国和欧盟实践的启示》,载《法商研究》2002 年第 4 期。

98. 罗艺方、赖紫宁:《网络空间司法管辖理论的比较研究》,载《政治与法律》2003 年第 6 期。

99. 陈亚飞:《网络环境下国际私法的传统管辖权规则所面临的困境与挑战》,载《时代法学》2007 年第 5 期。

100. 王德全:《试论 Internet 案件的司法管辖权》,载《中外法学》1998 年第

2 期。

101. 张海燕:《计算机网络上数字传输的司法管辖权》,载《湖南社会科学》2000 年第 3 期。

102. 王锡锌:《网络交易监管的管辖权配置研究》,载《东方法学》2018 年第 1 期。

103. 陈靓:《数字贸易自由化的国际谈判进展及其对中国的启示》,载《上海对外经贸大学学报》2015 年第 3 期。

104. 周念利等:《基于美墨加协定分析数字贸易规则"美式模板"的深化及扩展》,载《国际贸易问题》2019 年第 9 期。

105. 汤婧:《国际数字贸易监管新发展与新特点》,载《国际经济合作》2019 年第 1 期。

106. 沈玉良、李海英、李墨丝、弓永钦:《数字贸易发展趋势与中国的策略选择》,载《全球化》2018 年第 7 期。

107. 王立武、杨柳:《美国自由贸易协定的电子商务条款探析》,载《亚太经济》2013 年第 6 期。

108. 吴伟华:《我国参与制定全球数字贸易规则的形势与对策》,载《国际商务》2019 年第 6 期。

109. 汪晓风、周骁:《数字贸易壁垒:美国的认知与政策》,载《复旦国际关系评论》2019 年第 1 期。

110. 方芳:《欧盟个人数据跨境流动政策的演变:市场统一与贸易规范》,载《复旦国际关系评论》2019 年第 1 期。

111. 龚红柳:《TPP 协定下的常规争端解决机制:文本评析与启示》,载《国家行政学院学报》2016 年第 1 期。

112. 张茉楠:《跨境数据流动:全球态势与中国对策》,载《开放导报》2020 年第 2 期。

## 二、英文文献

### (一)英文文件和报告

1. United Nations, Information Economy Report 2015: Unlocking the Potential of E-commerce for Developing Countries, 2015.

2. United Nations, International Trade and Development, A/74/221, 25 July

2019.

3. UN Sub-Commission on the Promotion and Protection of Human Rights, Responsibilities of Transnational Corporations and Other Business Enterprises, August 14, 2002.

4. UNCTAD, In Search of Cross-border E-Commerce Trade Data, TN/UNCTAD/ICT4D/06, 2016.

5. WTO, World Trade Report: The Future of Services Trade, 2019.

6. WTO, Work Program on Electronic Commerce, WT/L/274, 30 September 1998.

7. WTO, Joint Statement on Electronic Commerce: Communication from Canada: Concept Paper--Building Confidence and Trust in Digital Trade, INF/ECOM/29, 9 May 2019.

8. WTO, EU Proposal for WTO Disciplines and Commitments Relating to Electronic Commerce, INF/ECOM/22, 26 April 2019.

9. WTO, The E-commerce Moratorium and Implications for Developing Countries, WT/GC/W/774, 4 June 2019.

10. WTO, Moratorium on Customs Duties on Electronic Transmissions: Need for a Re-think, WT/GC/W/747, July 2018.

11. WTO, MSMEs and E-Commerce, Final Report, September 2016.

12. WTO, World Trade Report: Government Policies to Promote Innovation in the Digital Age, 2020.

13. WTO, Declaration on Global Electronic Commerce, WT/MIN(98)/DEC/2, May 1998.

14. WTO, Development Implications of Electronic Commerce, WT/COMTD/W/51, 23 November 1998.

15. OECD, Measuring Digital Trade: Towards a Conceptual Framework, STD/CSSP/WPTGS, 2017.

16. Reparation for Injuries Suffered in the Service of the United Nations, Advisory Opinion, ICJ Reports, 1949.

17. USTR, 2020 Trade Policy Agenda and 2019 Annual Report, 2020.

18. US Congressional Research Service, Internet Regimes and WTO E-Commerce Negotiations, R46198, January 28, 2020.

19. US International Trade Commission, Digital Trade in the U. S. and Global Economies, 2013.

20. U. S. Chamber of Commerce, The Economic Importance of Getting Data Protection Right: Protecting Privacy, Transmitting Data, Moving Commerce, European Center for International Political Economy, 2013.

21. I. Koske et al., The Internet Economy: Regulatory Challenges and Practices, Economics Department Working Papers, No. 1171, 2014.

22. López González et al., Digital Trade: Developing a Framework for Analysis, OECD Trade Policy Papers, No. 205, 2017.

23. Joshua P. Meltzer, Maximizing the Opportunities of the Internet for International Trade, E15 Expert Group on the Digital Economy (Policy Options Paper), 2016.

24. Richard Baldwin and Javier Lopez-Gonzalez, Supply-Chain Trade: A Portrait of Global Patterns and Several Testable Hypotheses, US National Bureau of Economic Research Working Paper, No. 18957, 2013.

**(二)英文著作**

25. R. Baldwin, *The Great Convergence*, Harvard University Press, 2016.

26. Chris Gill, Jane Williams, Carol Brennan and Carolyn Hirst, *Models of Alternative Dispute Resolution: A Report for the Legal Ombudsman*, Legal Ombudsman, 2014.

27. John H. Jackson, William J. Davey and Alan O. Sykes, *Legal Problems of International Economic Relations*, West Group, 2002.

28. Don Tapscott, *Digital Economy: Rethinking Promise and Peril in the Age of Networked Intelligence*, McGraw Hill, 2014.

29. Meltzer Joshua, *Maximizing the Opportunities of the Internet for International Trade*, Social Science Electronic Publishing, 2016.

30. R. Ellickson, *Order Without Law*, Harvard University Press, 1991.

31. Susan Blake, *The Jackson ADR Handbook*, Oxford University Press, 2013.

32. Simon Roberts and Michael Palmer, *Dispute Processes: ADR and the Primary Forms of Decision Making*, Cambridge University Press, 2005.

33. William Ury, Jeanne M. Brett and Stephen B. Goldberg, *Getting Disputes*

*Resolved: Designing Systems to Cut the Costs of Conflict*, Jossey Bass, 1988.

34. Boris Rigod, *Optimal Regulation and the Law of International Trade: The Interface Between the Right to Regulate and WTO Law*, Cambridge University Press, 2015.

35. T. Voon, *Cultural Products and the World Trade Organization*, Cambridge University Press, 2007.

36. Rolf H. Weber and Mira Burri, *Classification of Services in the Digital Economy*, Springer, 2013.

37. Arno R. Lodder and John Zeleznikow, *Enhanced Dispute Resolution Through the Use of Information Technology*, Cambridge University Press, 2010.

38. F. E. Taylor, *Online Dispute Resolution*, *Conflict and Negotiation*, Sage Publication, 2016.

39. Steven J. Brams and Alan D. Taylor, *Fair Division: From Cake Cutting to Dispute Resolution*, Cambridge University Press, 1996.

40. M. N. S. Sellers (ed.), *Parochialism, Cosmopolitanism, and the Foundations of International Law*, Cambridge University Press, 2011.

41. Soo Hye Cho, *International Commercial Online Dispute Resolution: Just Procedure through the Internet*, Umi Dissertation Publishing, 2011.

42. John Thibaut and Laurens Walker, *Procedural Justice: A Psychological Analysis*, Lawrence Erlbaum Associates, 1975.

43. Arno R. Lodder and John Zeleznikow, *Enhanced Dispute Resolution Through the Use of Information Technology*, Springer, 2010.

44. Gabrielle Kaufmann-Kohler and Thomas Schultz, *Online Dispute Resolution: Challenges for Contemporary Justice*, Kluwer Law International, 2004.

45. L. Zacher(ed.), *Technology, Society and Sustainability*, Springer, 2017.

46. Damien Geradin and David Luff (eds.), *The WTO and Global Convergence in Telecommunications and Audio-Visual Services*, Cambridge University Press, 2004.

47. Rüdiger Wolfrum and Ina Gätzschmannet (eds.), *International Dispute Settlement: Room for Innovations?*, Springer, 2013.

48. Michael Stürner, Fernando Gascón Inchausti and Remo Caponi (eds.),

*The Role of Consumer ADR in the Administration of Justice*, European Law Publishers, 2015.

49. Julien Chaisse, Henry Gao and Chang-fa Lo (eds.), *Paradigm Shift in International Economic Law Rule-Making: TPP as a New Model for Trade Agreements?*, Springer, 2017.

50. M. Gramatikov(ed.), *Costs and Quality of Online Dispute Resolution: A Handbook for Measuring the Costs and Quality of ODR*, Maklu, 2012.

51. Albertodo Amaral Júniorel (ed.), *The WTO Dispute Settlement Mechanism*, Springer Nature Switzerland, 2019.

52. AndreasKlasen (ed.), *The Handbook of Global Trade Policy*, Wiley, 2019.

53. D. Marc Kilgour et al. (eds.), *Handbook of Group Decision and Negotiation*, Springer, 2010.

54. John A. Rothchild (ed.), *Research Handbook on Electronic Commerce Law*, Edward Elgar Publishing Limited, 2016.

55. M. Poblet (eds.), *Proceedings of the 6th International Workshop on Online Dispute Resolution*, Jurix, 2010.

56. Michael Ross and Dale T. Miller (eds.), *The Justice Motive in Everyday Life*, Cambridge University Press, 2002.

**(三)英文论文**

57. Amy J. Schmitz, *A Blueprint for Online Dispute Resolution System Design*, 21 Journal of Internet Law, 2018.

58. K. Mania, *Online Dispute Resolution: The Future of Justice*, 1 International Comparative Jurisprudence, 2015.

59. Gerald S. Leventhal, *What Should Be Done with Equity Theory? New Approaches to the Study of Fairness in Social Relationships*, 33 Social Exchange Theory, 1980.

60. Lance Bartholomeusz, *The Amicus Curiae Before International Courts and Tribunals*, 5 Non-State Actors and International Law, 2005.

61. Richard Baldwin and Javier Lopez-Gonzalez, *Supply-chain Trade: A Portrait of Global Patterns and Several Testable Hypotheses*, 34 The World Economy, 2015.

62. B. Mahadevan, *Business Models for Internet-Based E-Commerce: An Anatomy*, 42 California Management Review, 2000.

63. Chris Gill, Jane Williams and Carol Brennan, *Designing Consumer Redress: A Dispute System Design Modelfor Consumer-to-Business Disputes*, 36 Legal Studies, 2016.

64. Colin Rule, *Designing a Global Online Dispute Resolution System: Lessons Learned from eBay*, 13 University of St. Thomas Law Journal, 2017.

65. Carrie Menkel-Meadow, *Introduction: What Will We Do When Adjudication Ends? A Brief Intellectual History of ADR*, 44 UCLA Law Review, 1996.

66. Elaine M. Landry, *Scrolling Around the New Organization: The Potential for Conflict in the On-Line Environment*, 16 Negotiation Journal, 2000.

67. Ethan Katsh, Janet Rifkin and Alan Gaitenby, *E-Commerce, E-Disputes and E-Dispute Resolution: In the Shadow of "eBay Law"*, 15 Ohio State Journal on Dispute Resolution, 2000.

68. Fuad Zarbiyev, *Judicial Activism in International Law: A Conceptual Framework for Analysis*, 3 International Law Dispute Settlement, 2012.

69. Henry Gao, *Regulation of Digital Trade in US Free Trade Agreements: From Trade Regulation to Digital Regulation*, 45 Legal Issues of Economic Integration, 2018.

70. Merit E. Janow and Petros C. Mavroidis, *Digital Trade, E-Commerce, the WTO and Regional Frameworks*, 18 World Trade Review, 2019.

71. José E. Alvarez, *Are Corporations "Subjects" of International Law?*, 9 Santa Clara Journal of International Law, 2011.

72. Joshua Paul Meltzer, *The Internet, Cross-Border Data Flows and International Trade*, 2 Asia & the Pacific Policy Studies, 2014.

73. L. Fuller, *Mediation: Its Forms and Functions*, 44 Southern California Law Review, 1971.

74. L. Fuller, *The Forms and Limits of Adjudication*, 92 Harvard Law Review, 1978.

75. L. L. Riskin, *Mediation and Lawyers*, 43 Ohio State Law Journal, 1982.

76. Marc D. Froese, *Digital Trade and Dispute Settlement in RTAs: An Evolving Standard?*, 53 Journal of World Trade, 2019.

77. Martin Muhleisen, *The Long and Short of the Digital Revolution*, 55 Finance and Development, 2018.

78. Maxime Hanriot, *Online Dispute Resolution (ODR) as a Solution to Cross Border Consumer Disputes: The Enforcement of Outcomes*, 2 McGill Journal of Dispute Resolution, 2015 – 2016.

79. M. I. Meyerson, *Virtual Constitutions: The Creation of Rules for Governing Private Networks*, 8 Harvard Journal of Law and Technology, 1994.

80. Michael E. Schneider and Christopher Kuner, *Dispute Resolution in International Electronic Commerce*, 14 Journal of International Arbitration, 1997.

81. R. S. Neeraj, *Trade Rules for the Digital Economy: Charting New Waters at the WTO*, 18 World Trade Review, 2019.

82. Orna Rabinovich-Einy, *Digital Justice: Reshaping Boundaries in an Online Dispute Resolution Environment*, 1 International Journal of Online Dispute Resolution, 2014.

83. Sam Fleuter, *The Role of Digital Products under the WTO: A New Framework for GATT and GATS Classification*, 17 Chicago Journal of International Law, 2016.

84. Susan Ariel Aaronson, *What Might Have Been and Could Still Be: The Trans-Pacific Partnership's Potential to Encourage an Open Internet and Digital Rights*, 2 Journal of Cyber Policy, 2017.

85. Robert M. Stern, *Tariffs and Other Measures of Trade Control: A Survey of Recent Development*, 11 Journal of Economic Literature, 1973.

86. Rolf H. Weber, *Digital Trade in WTO-Law-Taking Stock and Looking Ahead*, 5 Electronic Journal, 2010.

87. R. H. Weber, *The Digital Future: A Challenge for Privacy?*, 31 Computer Law and Security Review, 2015.

88. Weihuan Zhou and Henry Gao, "*Overreaching*" or "*Overreacting*"? *Reflections on the Judicial Function and Approaches of WTO Appellate Body*, 53 Journal of World Trade, 2019.

89. Darrel C. Menthe, *Jurisdiction in Cyberspace: A Theory of International Spaces*, 69 Michigan Telecommunication & Technological Law, 1997.

90. Vincent Chiappetta, *The Impact of E-Commerce on the Laws of Nations*

*Forward*, 7 Willamette Journal of International and Dispute Resolution, 2000.

91. DSCI News, *Quarterly Newsletter of Data Security Council of India*, Vol. 4(1), 2013.

92. Dongchul Kwak and Minjung Kim, *Trade Negotiations in the Digital Era: The Case of OTT Video Streaming Services*, 11 Global Policy, 2020.

93. S. Peng, *Trade in Telecommunications Services: Doha and Beyond*, 41 Journal of World Trade, 2007.

94. A. Banwari, *Does Preference for Negotiation Style Depends on Religious Orientation?*, 15 International Journal of Applied Business & Economic Research, 2017.

95. Koen V. Hindrikis and Catholijn M. Jonker, *Special Issue on Human Factors and Computational Models in Negotiation*, 21 Group Decision and Negotiation, 2012.

96. A-M. G. Hammond, *How Do You Write "Yes"? A Study on the Effectiveness of Online Dispute Resolution*, 20 Conflict Resolution Quarterly, 2003.

97. Judee K. Burgoon and Joseph B. Walther, *Nonverbal Expectancies and the Evaluative Consequences of Violations*, 17 Human Communication Research, 1990.

98. D. Buller et al., *Interpersonal Deception Theory*, 6 Communication Theory, 1996.

99. Eric De Brabandere, *NGOs and the "Public Interest": The Legality and Rationale of Amicus Curiae Interventions in International Economic and Investment Disputes*, 12 Chicago Journal of International Law, 2011.

100. Eugenia Levine, *Amicus Curiae in International Investment Arbitration: The Implications of an Increase in Third-Party Participation*, 29 Berkeley Journal of International Law, 2011.

101. Fahimeh Abedi, John Zeleznikow and Chris Brien, *Universal Standards for the Concept of Fairness in Online Dispute Resolution in B2C E-Disputes*, 34 Ohio State Journal on Dispute Resolution, 2019.

102. John Thibaut and Laurens Walker, *A Theory of Procedure*, 66 California Law Review, 1978.

103. T. R. Tyler and E. A. Lind, *A Relational Model of Authority in*

*Groups*, 25 Advanced Experimental Social Psychology, 1992.

104. Tom R. Tyler, *Citizen Discontent with Legal Procedures*: *A Social Science Perspective on Civil Procedure Reform*, 45 American Journal of Comparative Law, 1997.

105. M. Levi, A. Sacks and T. Tyler, *Conceptualizing Legitimacy*, *Measuring Legitimating Beliefs*, 53 American Behavioral Scientist, 2009.

106. E. Allan Lind et al., *In the Eye of the Beholder*: *Tort Litigants' Evaluations of Their Experiences in the Civil Justice System*, 24 Law and Society Review, 1990.

107. Jerald Greenberg, *Determinants of Perceived Fairness of Performance Evaluations*, 71 Journal of Applied Psychology, 1986.

108. Leah Wing, *Ethical Principles for Online Dispute Resolution*: *A GPS Device for the Field*, 3 International Journal of Online Dispute Resolution, 2016.

109. Alan Scott Rau, *Understanding (and Misunderstanding) "Primary Jurisdiction"*, 21 American Review of International Arbitration, 2010.

110. Ji Li, *From "See You in Court!" to "See You in Geneva!"*: *An Empirical Study of the Role of Social Norms in International Trade Dispute Resolution*, 32 Yale Journal of International Law, 2007.

111. Kenneth R. Berman, *Burdens of Proof or Burdens on Truth?*, Litigation, Winter 2021.

112. Marcelo Thompson, *The Neutralization of Harmony*: *The Problem of Technological Neutrality*, *East and West*, 18 Science and Technology Law, 2012.

113. D. Theodore Rave, *Politicians as Fiduciaries*, 126 Harvard Law Review, 2013.

## 三、互联网网址

1. 联合国贸易与发展会议官网:https://unctad.org/。

2. 联合国国际贸易法委员会官网:https://uncitral.un.org/。

3. 世界贸易组织官网:http://www.wto.org/。

4. 世界经济论坛官网:https://www.weforum.org/。

5. 欧洲联盟官网:http://www.europa.eu/。

6. 中央人民政府网:http://www. gov. cn/。
7. 中国国务院新闻办公室官网:http://www. scio. gov. cn/。
8. 中国商务部官网:http://www. mofcom. gov. cn/。
9. 中国司法部官网:http://www. moj. gov. cn/。
10. 中国日报网:https://www. chinadaily. com. cn/。
11. 中国自贸区服务网:http://fta. mofcom. gov. cn/。
12. 中央网信办官网:http://www. cac. gov. cn/。
13. 美国国会研究服务局网:https://crsreports. congress. gov/。
14. 美国战略与国际研究中心博客:https://www. csis. org/blogs/。
15. 美国贸易代表办公室官网:https://ustr. gov/。
16. 美国国务院官网:https://www. state. gov/。
17. 巴西政府网:http://www. mdic. gov. br/。
18. T20 阿根廷:http://www. t20 argentina. org/。
19. 信息技术与创新基金会官网:https://itif. org/。
20. 灰色市场与减少仿冒品联盟网:https://agmaglobal. org/。

# 附:《数字经济伙伴关系协定》争端解决条款*

## 第14章　争 端 解 决

**第14.1条:定义**

就本章及其附件而言:

申诉方指根据第14 – C.2.1条(仲裁庭的任命)请求指定仲裁庭的缔约方;

磋商方指根据第14 – C.1.1条(磋商)请求磋商的缔约方或被请求磋商的缔约方;

争端方指一起诉方或一应诉方;

应诉方指根据第14 – C.2条(仲裁庭的任命)被申诉的缔约方;

议事规则指依照第12.2条(联合委员会的职能)制定的通过仲裁解决争端的议事规则;

第三方指除争端方外的根据第14 – C.7条(第三方参与)递送书面通知的缔约方。

**第14.2条:目标**

1. 缔约方应始终努力就本协定的解释和适用达成一致,并应尽一切努力通过合作和磋商就可能影响本协定运用的任何事项达成双方满意的解决办法。

2. 本章的目标是提供一个就缔约方之间在本协定

---

* 转摘自《数字经济伙伴关系协定》,载商务部官网,http://images.mofcom.gov.cn/gjs/202112/20211215174726440.pdf(有改动)。

项下权利和义务的争端进行磋商和解决的有效、高效和透明的程序。

**第 14.3 条:范围**

除附件 14 – A 中的规定外,本章及其附件应适用:

(a)关于避免或解决缔约方之间关于本协定的解释或适用的争端;

(b)如一缔约方认为另一方的实际或拟议措施与本协定一项义务不一致或可能不一致,或该另一方在其他方面未能履行本协定项下的一项义务。

**第 14.4 条:斡旋和调停**

1. 缔约方可随时同意自愿采取争端解决的任何替代方法,例如斡旋或调停。

2. 涉及斡旋或调停的程序应保密,且不损害缔约方在任何其他程序中的权利。

3. 参加本条下程序的缔约方可以随时中止或终止这些程序。

4. 如争端各方同意,则斡旋或调停可在争端进行的同时继续进行直至根据第 14 – C.2 条(仲裁庭的任命)设立仲裁庭。

**第 14.5 条:调解**

通过调解解决争端的程序载于附件 14 – B。

**第 14.6 条:仲裁**

1. 通过仲裁解决争端的程序载于附件 14 – C。

2. 议事规则应由联合委员会依照第 12.2 条(联合委员会的职能)制定。

**第 14.7 条:互联网法庭的选择**

1. 如一争端涉及本协定项下和包括《WTO 协定》在内的争端方均为参加方的另一国际贸易协定项下产生的任何事项,则起诉方可选择解决争端的场所。

2. 一旦起诉方根据第 1 款中所指一协定请求设立一专家组或将一事项向一专家组或其他法庭提交,则应使用所选择的场所而同时排除其他场所。

## 附件 14 – A——第 14 章(争端解决)的范围

**第 14 – A.1 条:第 14 章(争端解决)的范围**

第 14 章(争端解决),包括附件 14 – B(调解机制)和附件 14 – C(仲裁机制),不得适用于:

(a)第 3.3 条(数字产品非歧视性待遇);

(b)第 3.4 条(使用密码学的信息和通信技术产品);

(c)第 4.3 条(通过电子方式跨境传输信息);

(d)第4.4条(计算设施的位置)。

## 附件14－B——调解机制

### 第14－B.1条：信息请求

1. 在启动调解程序之前的任何时间，任何缔约方可书面请求任何其他缔约方提供有关第14.3条(范围)中所述任何事项的信息。

2. 被请求的缔约方应在收到请求之日起20日内提供书面答复，其中包含对所请求信息的意见。

3. 如被请求的缔约方认为无法在自收到请求之日起20日内作出答复，则应迅速通知请求方，说明延误的原因，并提供其将能够提供答复的预计最短期限。

4. 鼓励每一缔约方在启动调解程序之前利用这一规定。

### 第14－B.2条：启动调解程序

1. 一缔约方可随时请求与任何其他缔约方就第14.3条(范围)中所述任何事项进入调解程序。

2. 请求进行调解的缔约方应以书面形式提出其请求，并应列明理由，包括确认的措施或其他争议事项及提出请求的法律根据。请求方应将请求通过第12.6条(联络点)指定的总联络点同时散发其他缔约方。

3. 被请求进行调解的缔约方应对请求予以同情考虑，除非参与调解的缔约另有议定，否则应在不迟于其收到调解请求之日后14日书面答复请求。[①] 该缔约方将其答复通过总联络点同时散发其他缔约方并真诚参与调解。

4. 收到调解请求后，被提出请求的缔约方可拒绝参与调解。

5. 不得启动调解程序以审议一拟议措施。

### 第14－B.3条：调解员的选择

1. 参与调解的缔约方应努力在调解程序启动后10日内就调解员达成一致。

2. 如参与调解的缔约方不能在第1款中规定的期限内就调解员达成一致，则任何一缔约方可请求WTO总干事在另外15日内作出任命。

3. 如WTO总干事通知参与调解的缔约方他或她无法作出任命，或在第2

---

① 为进一步明确，如被提出调解请求的缔约方未在本款中所规定的期限内进行答复，则在提出调解请求的缔约方发出请求之日后7日其应被视为已收到该请求。

款中所指的请求之日起15日内未指定调解员,则任何一缔约方可请求海牙常设仲裁法院秘书长迅速作出任命。

4. 除非参与调解的缔约方另有议定,否则调解员不得为任何一缔约方的国民或受雇于任何一缔约方。

5. 调解员应参照遵循《〈关于争端解决规则与程序的谅解〉行为规则》(如WT/DSB/RC/1文件所载及后续任何修正)。

**第14-B.4条:调解程序规则**

1. 在任命调解员后10日内,发起调解程序的缔约方应向调解员和另一缔约方递交一份关于其关注的详细书面说明,特别是应说明措施的实施情况和起诉的法律依据。

2. 在该说明递送后20日内,另一缔约方可提供书面意见。任何一方均可在其描述或意见中纳入其认为相关的任何信息。

3. 调解员应以公正和透明的方式协助参与调解的缔约方澄清第14.3条(范围)中所述措施或任何其他事项,并达成共同议定的解决办法。特别是,调解员可组织参与调解的缔约方召开会议,与之举行联合或单独磋商,寻求相关专家和利益相关者的协助或与之进行磋商,并提供参与调解的缔约方所请求的任何额外支持。调解员在寻求相关专家和利益相关者的帮助或与之进行磋商之前,应与参与调解的缔约方进行磋商。

4. 调解员可提供建议并提出解决办法,供参与调解的缔约方考虑。参与调解的缔约方可接受或拒绝拟议解决办法,或同意一不同解决办法。调解员不得就所涉措施与本协定的一致性提出建议或评论。

5. 调解程序应在收到第14-B.2条中所指调解请求的缔约方首都进行,或经共同议定在任何其他地点或以任何其他方式进行。

6. 参与调解的缔约方应努力在任命调解员后60日内达成共同议定的解决办法。在达成最终协议之前,参与调解的缔约方可考虑临时解决办法,特别是如该措施与易腐货物或贸易价值快速失去的季节性商品或服务相关。

7. 应参与调解的任何一缔约方的请求,调解员应向缔约方出具书面事实报告草案,提供:

(a)调解程序中所涉措施的概要;

(b)遵循的程序;

(c)作为调解程序结果所达成的任何共同议定的解决办法,包括可能的临时解决办法。

8. 调解员应允许参与调解的缔约方在15日内对事实报告草案提出意见。在考虑所收到的意见后,调解员应在15日内向参与调解的缔约方递交一份书面最终事实报告。事实报告不得包括对本协定的任何解释。

9. 调解程序可随时经参与调解的任何一缔约方的书面通知而中止。

10. 调解程序在下列情形下应终止:

(a)参与调解的缔约方通过双方议定的解决办法,调解在通过解决办法之日终止;

(b)参与调解的缔约方在调解任何阶段达成共同协议,调解在达成协议之日终止;

(c)调解员在与参与调解的缔约方磋商后作出书面声明指出进一步调解不再奏效,调解在作出该声明之日终止;

(d)参与调解的一缔约方在根据调解程序探讨共同议定的解决办法并已考虑调解员的任何建议和拟议解决办法后作出书面声明,调解在作出该声明之日终止;

(e)参与调解的任何一缔约方作出书面通知,调解在作出该通知之日终止。

**第14-B.5条:共同议定的解决办法的实施**

1. 如参与调解的缔约方已议定解决办法,则每一缔约方应采取必要措施在议定时限内实施共同议定的解决办法。

2. 实施解决办法的缔约方应将为实施双方议定的解决办法所采取的任何步骤或措施书面告知参与调解的另一缔约方。

**第14-B.6条:时限**

本附件中所指任何时限可经参与调解的缔约方共同协议进行修改。

**第14-B.7条:机密性**

除非参与调解的缔约方另有议定,否则调解程序的所有步骤,包括任何建议或拟议解决办法均属机密性质。参与调解的任何一缔约方可向公众披露正在进行调解这一事实。

**第14-B.8条:费用**

1. 参与调解的每一缔约方应自行负担各自因参与调解程序而产生的费用。

2. 参与调解的缔约方应共同平均分摊组织事项所产生的费用,包括调解员的报酬和费用。调解员的报酬应符合《议事规则》规定的仲裁庭庭长的报酬。

## 附件 14 - C——仲裁机制

### 第 14 - C.1 条:磋商

1. 任何缔约方可请求与任何其他缔约方就第 14.3 条(范围)中所述任何事项进行磋商。请求应以书面形式提出且应列明提出请求的理由,包括确定实际或拟议的措施或其他争议事项,[①]并说明提出申诉的法律依据。请求方应通过第 12.6 条(联络点)规定的总联络点将其请求同时散发其他缔约方。

2. 被请求磋商的缔约方应在其收到请求之日后 7 日内以书面形式作出答复,除非参加磋商的缔约方另有议定。[②] 该缔约方应将其答复通过总联络点同时散发给其他缔约方并善意地进入磋商。

3. 认为对该事项具有实质利益的不属磋商缔约方的一缔约方可不迟于磋商请求散发之日后 7 日内通过向其他缔约方作出书面通知的方式参加磋商。该缔约方应在其通知中对其在该事项中的实质利益进行说明。

4. 除非磋商各方另有议定,否则应不迟于下列期限前参加磋商:

(a)对于涉及易腐货物的事项,在收到磋商请求之日后 15 日;

(b)对于所有其他事项,在收到磋商请求之日后 30 日。

5. 磋商可面对面进行或通过磋商各方可获得的任何技术手段进行。如磋商面对面举行,则磋商应在被请求磋商方的首都进行,除非磋商方另有议定。

6. 磋商方应尽一切努力通过本条下的磋商达成双方满意的解决办法。为此:

(a)每一磋商方应提供充分的信息从而可以全面审查实际措施或拟议措施如何影响本协定的运用或适用;

(b)参加磋商的一缔约方应对磋商过程中所交换的指定为属机密性质的任何信息按照与提供信息的缔约方相同的条件加以处理。

7. 在本条下的磋商中,一磋商方可请求另一磋商方提供其政府机构或其他监管机构中对争议事项具备专门知识的人士予以协助。

8. 磋商应保密,且不得损害任何缔约方在任何其他程序中的权利。

---

① 对于拟议措施,在不损害随时提出磋商请求权利的前提下,缔约方应尽一切努力在拟议措施公布之日起 60 日内根据本规定提出磋商请求。

② 为进一步明确,如被请求磋商的缔约方未在本款中所规定期限内进行答复,则在提出请求的缔约方发出请求之日后 7 日其应被视为已收到该请求。

**第 14 – C. 2 条:仲裁庭的任命**

1. 根据第 14 – C. 1 条请求磋商的缔约方可通过向应诉方作出书面通知的方式请求指定仲裁庭,如磋商各方未能在下列期限内解决该事项:

(a)在收到第 14 – C. 1 条下的磋商请求之日后的 60 日期限;

(b)对于涉及易腐货物的事项,在收到第 14 – C. 1 条下的磋商请求之日后的 30 日期限;

(c)磋商各方可能同意的任何其他期限。

2. 申诉方应根据第 12. 6 条(联络点)所指定的总联络点同时将其请求散发给所有缔约方。

3. 申诉方应在指定仲裁庭的请求中包括对争议措施或其他事项的确认,并包括一份足以清晰陈述有关问题的关于起诉法律依据的摘要。

4. 除非争端各方另有议定,否则仲裁庭的设立和履行职能应与本附件相一致。

5. 除非争端方另有议定,否则仲裁庭的组成应与本附件和议事规则相一致。

6. 如就一事项已设立仲裁庭且另一缔约方就相同事项请求设立仲裁庭,只要可行,应设立一单一仲裁庭审查有关起诉。

7. 不得设立仲裁庭审查一拟议措施。

**第 14 – C. 3 条:职权范围**

除非争端各方不迟于设立仲裁庭的请求递送之日后 20 日内另有议定,否则职权范围应为:

(a)按照本协定相关条款,审查根据第 14 – C. 2 条提交的设立仲裁庭的事项;

(b)根据第 14 – C. 10 条的规定,提出调查结果和作出决定及应任何联合请求提出建议,并附相关理由。

**第 14 – C. 4 条:仲裁庭的组成**

1. 仲裁庭应由 3 名成员组成。

2. 除非争端方另有约定,否则在组成仲裁庭时应适用下列程序:

(a)在根据第 14 – C. 2 条递送设立仲裁庭请求之日后 20 日内,一个或多个起诉方作为一方,应诉方作为另一方,应各自指定一名仲裁员,并相互通知各自指定。

(b)如一个或多个起诉方未能在(a)项中所规定的期限内指定一名仲裁

员,则争端解决程序应在该期限结束时终止。

(c)对于应担任主席的第三名仲裁员的指定,争端各方应努力就主席的任命达成一致。

(d)如应诉方未指定一名仲裁员,或在递送(a)项中所指请求之日起30日内未指定仲裁庭主席,则应任何一争端方请求,WTO总干事将在收到对其所指请求后30日内作出必要指定。

(e)如WTO总干事通知争端各方他或她无法作出指定,或未在提出(d)项中请求之日后30日内指定其余仲裁员,则任何一方可请求海牙常设仲裁法庭秘书长迅速作出其余指定。

3.除非争端方另有议定,否则主席不得属任何一争端方或第三方的国民,也不得受雇于任何一争端方或第三方。

4.每一争端方应努力选择具备与争端主题事项相关的专门知识或经验的仲裁员。

5.如根据第2款选择的一仲裁员不能任职,则起诉方、应诉方或争端各方(视情况而定)应不迟于得知该仲裁员不能任职后20日内依照原用于选择该无法任职仲裁员的相同方法选择另一名仲裁员,除非争端方另有议定。替代人选应拥有原仲裁员的所有权力和职责。仲裁庭的工作应在任命替代仲裁员前中止,且本附件和议事规则中所列所有时限应按中止工作的时间长度加以延长。

6.如一争端方认为一仲裁员违反第14-C.5.1(d)条中所指的《〈关于争端解决规则与程序的谅解〉行为规则》,则争端各方应进行磋商,如各方同意,则该仲裁员应予以撤换,并应依照本条选择一名新仲裁员。

**第14-C.5条:仲裁员的资格**

1.所有仲裁员应:

(a)具备法律、国际贸易、数字经济、本协定所涵盖的其他事项或国际贸易协定项下争端解决方面的专门知识或经验;

(b)在客观性、可靠性和合理判断力基础上进行严格挑选;

(c)独立于且不附属于任何缔约方或接受任何缔约方的指示;

(d)参照遵循《〈关于争端解决规则与程序的谅解〉行为规则》(如WT/DSB/RC/1文件所载及后续任何修正)。

2.根据第14.4条(斡旋和调停)已参与一争端的个人不得担任该争端的仲裁员。

**第14－C.6条:仲裁庭的职能**

1. 仲裁庭的职能是对向其提交的事项作出客观评估,包括对事实、本协定的适用性及与本协定的一致性进行的审查,并作出其职权范围所要求的和为解决争端所需要的调查结果、决定和建议。

2. 除非争端各方另有议定,否则仲裁庭应以与本附件和议事规则相一致的方式履行职能和进行诉讼。

3. 仲裁庭应依照《维也纳条约法公约》(1969年)第31条和第32条所体现的国际法上的解释规则审议本协定。对于已纳入本协定的《WTO协定》任何条款,仲裁庭还应审议WTO争端解决机构所通过的专家组报告和上诉机构报告中的相关解释。仲裁庭的调查结果、决定和建议不得增加或减少缔约方在本协定项下的权利和义务。

4. 仲裁庭应经协商一致作出决定,但是如仲裁庭不能达成一致,则可以多数票表决作出决定。

**第14－C.7条:第三方参与**

不属争端方而认为其对仲裁庭审议的事项具有利益的一缔约方,在向争端各方递送书面通知后,应有权出席所有听证会、提交书面陈述、向仲裁庭口头陈述观点并接收争端各方的书面陈述。该缔约方应不迟于根据第14－C.2条散发指定仲裁庭请求之日后10日发出书面通知。

**第14－C.8条:专家的作用**

仲裁庭可应一争端方的请求或自行向其认为适当的任何个人或机构寻求信息和技术建议,只要争端各方同意且遵守争端各方议定的任何条款和条件。争端各方应有机会就根据本条获得的任何信息或建议进行评论。

**第14－C.9条:程序的中止或终止**

1. 应起诉方请求,或在有多个起诉方的情况下,应起诉方联合请求,仲裁庭可随时中止工作,中止期限不连续超过12个月。如争端方请求中止工作,则仲裁庭应随时中止工作。在中止情况下,则本附件和议事规则中所列相关时限应按中止工作的时间长度加以延长。如仲裁庭的工作中止连续超过12个月,则仲裁庭程序应终止,除非争端各方另有议定。

2. 如争端各方请求,则仲裁庭应终止其程序。

**第14－C.10条:初步报告**

1. 仲裁庭应在任何缔约方不在场的情况下起草其报告。

2. 仲裁庭应根据本协定相关条款、争端各方和任何第三方的陈述和论据起草报告。应争端各方联合请求,仲裁庭可对解决争端提出建议。

3. 仲裁庭应不迟于最后一名仲裁员被委任之日后 15 日向争端各方提交初步报告。在紧急情况下,包括涉及易腐货物的情况,仲裁庭应努力不迟于最后一名仲裁员被委任之日后 120 日向争端各方提交初步报告。

4. 初步报告应包括:

(a)对事实的调查结果。

(b)仲裁庭关于下列各项的决定:(i)争议措施是否与本协定中的义务不一致;(ii)一缔约方在其他方面是否未履行其在本协定中的义务。

(c)职权范围所要求的任何其他决定。

(d)如争端各方联合请求,为解决争端所提出的建议。

(e)调查结果和决定的理由。

5. 在特殊情况下,如仲裁庭认为不能在第 3 款中所规定的期限内发布其初步报告,则应将迟延的原因和其将发布报告的估计时间以书面形式通知争议各方。迟延不得超过 30 日额外期限,除非争端各方另有议定。

6. 仲裁员可对未获一致同意的事项提出单独意见。

7. 一争端方可不迟于初次报告提交后 15 日或在争端各方可能同意的另一期限内,向仲裁庭提交其对初次报告的书面意见。

8. 在考虑争端各方对初次报告的任何书面意见后,仲裁庭可修改报告并进行其认为适当的任何进一步审查。

**第 14 – C.11 条:最终报告**

1. 仲裁庭应不迟于初次报告提交之日起 30 日向争端各方提交最终报告,包括对未获一致同意的事项的任何单独意见,除非争端各方另有议定。在采取任何步骤保护机密信息后,争端各方应不迟于最终报告提交后 15 日向公众发布最终报告。

2. 仲裁庭不得在初步报告或最终报告中披露哪位仲裁员持多数意见或哪位仲裁员持少数意见。

**第 14 – C.12 条:最终报告的执行**

1. 缔约方认识到迅速遵守仲裁庭根据第 14 – C.11 条所作决定对于实现本附件中争端解决程序的目标的重要性,这一目标即为保证争端得到积极解决。

2. 如仲裁庭在最终报告中确定:

(a)一争议措施与一缔约方在本协定中的义务不一致;

(b)一缔约方在其他方面未能履行其在本协定中的义务则应诉方应在任何

可能的情况下消除不符之处。

3. 除非争端各方另有议定,否则如立即执行不可行,则应诉方应可在一合理期限消除不符之处。

4. 争议各方应努力就合理期限达成一致。如争端各方未能在根据第 14 - C. 11 条提交最终报告后 45 日内就合理期限达成一致,则任何争端方可不迟于根据第 14 - C. 11 条提交最终报告后 60 日,将该事项提交主席,通过仲裁确定合理期限。

5. 主席应作为一项指南加以考虑,即合理期限不应超过自根据第 14 - C. 11 条提交最终报告起的 15 个月。但是,该时间可能缩短或延长,取决于特定情况。

6. 主席应不迟于根据第 4 款向其提交该事项之日后 90 日确定合理期限。

7. 争端各方可同意改变第 4 款至第 6 款中所列程序以确定合理期限。

**第 14 - C. 13 条:不执行——补偿与利益中止**

1. 如申诉一方或多方提出请求,则应诉方应不迟于收到该请求后 15 日与该一方或多方进行谈判,以期制定双方可接受的补偿,如:

(a)应诉方已通知一个或多个起诉方拟不消除不符之处;

(b)在依照第 14 - C. 12 条确定的合理期限期满后,争端各方对应诉方是否已消除不符之处。

2. 一申诉方可依照第 3 款中止利益,如该申诉方和该应诉方:

(a)未能在启动补偿谈判后 30 日内就补偿达成协议;

(b)已就补偿达成协议,但相关申诉方认为应诉方未能遵守该协议的条款。

3. 一申诉方可在满足第 2 款中所列与该申诉方相关的条件后,随时向应诉方作出书面通知告知中止具有同等效果的利益的意向。该通知应明确该缔约方拟议中止的利益水平。① 申诉方可在根据本款作出通知之日或仲裁庭根据第 5 款作出其决定之日(视情况而定)中的较晚日期后 30 日起实施中止利益。

4. 在考虑根据第 3 款中止何种利益时,申诉方应适用下列原则和程序:

(a)应首先寻求中止与仲裁庭已确定存在不符之处相同主题事项中的利益。

---

① 为进一步明确,"该缔约方拟议中止的利益水平"的措辞指本协定项下的减让水平,一起诉方认为中止减让将具有与由仲裁庭在根据第 14 - C. 11 条发布的其最终报告中确定存在的不符之处同等的效果。

(b)如其认为中止相同主题事项中的利益不可行或无效果,且情况足够严重,则申诉方可中止一不同主题事项中的利益。在第3款中所指的书面通知中,申诉方应表明决定中止不同主题事项中利益所根据的理由。

(c)在适用(a)项和(b)项中所列原则时,申诉方应考虑:(i)仲裁庭已认定存在不符之处的货物贸易、服务提供或其他事项,以及该贸易对申诉方的重要性;(ii)中止利益更广泛的经济后果。

5. 如应诉方认为:

(a)拟议中止的利益水平明显过度或申诉方未能遵循第4款中所列原则和程序;

(b)应诉方已消除仲裁庭确定存在的不符之处。

则应诉方可在申诉方根据第3款递送书面通知之日后30日内,请求重新召集仲裁庭以审议该事项。应诉方应以书面形式向起诉方递送其请求。仲裁庭应在递送请求之日后尽快重新召集,并应不迟于重新召集以审议根据(a)项或(b)项提出的请求后90日,或不迟于重新召集以审议根据(a)项和(b)项提出的请求后120日,向争端各方提交其所作决定。如仲裁庭确定申诉方拟议中止的利益水平明显过度,则应确定其认为具有同等效果的利益水平。

6. 除非仲裁庭已确定申诉方已消除不符之处,否则申诉方可中止利益,水平可达到仲裁庭根据第5款已确定的水平,或如仲裁庭未确定该水平,则可达到申诉方根据第3款拟议的水平。如仲裁庭确定申诉方未能遵循第4款规定的原则和程序,则仲裁庭应在其决定中列出申诉方可在哪一主题事项中中止利益的限度,以保证完全符合第4款中所列原则和程序。申诉方仅可以符合仲裁庭决定的方式中止利益。

7. 补偿和中止利益均应为临时措施。通过消除不符之处而实现全面执行优于上述各项措施。补偿和中止利益仅应适用至应诉方已消除不符之处或已达成双方满意的解决办法时为止。

**第14–C.14条:对遵守情况的审查**

1. 在不损害第14–C.13条中程序的情况下,如一应诉方认为其已消除仲裁庭裁定的不符之处,则应诉方可通过向一个或多个申诉方作出书面通知的方式将该事项提交仲裁庭。仲裁庭应不迟于应诉方作出书面通知后90日就该事项提交报告。

2. 如仲裁庭确定应诉方已消除不符之处,则一个或多个申诉方应迅速恢复根据第14–C.13条中止的任何利益。

# 后　记

本书是我主持完成的司法部国家法治与法学理论研究项目“数字贸易争端解决的规则与程序:国际法与比较法研究”(编号:19SFB2056)的最终成果的基础上修订而成的。申报这一课题,源于我对《全面与进步的跨太平洋伙伴关系协定》和《美国—墨西哥—加拿大协定》中数字贸易章节的兴趣。其时,纠结于心的是这些数字贸易条款与传统国际贸易规则之间的关系,因而也曾大胆地想过,数字贸易在理论上和实践中是否应属于传统的货物贸易和服务贸易之外的第三种贸易,并因之可以独立成专门协定或者单一协定。带着这些问题,我又去探究此类区域贸易协定下的通用争端解决方法或机制,发现其中确有某些冲突,进而还可能引发与数字贸易争端诉求的不兼容问题。待收到立项通知,《美日数字贸易协定》(2019 年 10 月)、《数字经济伙伴关系协定》(2020 年 6 月)等专门性的区域协定缔结完成,但其中的争端解决条款并未解决我的项目申报书中对数字贸易争端解决规则与程序的那些疑惑,也未能全面反映数字贸易规则本身所追求的自由、效率、保护等目标。

在一次由我指导的所有研究生的读书会上,把我的这些纠结和疑惑说与他们听,已是研三的万晓格同学当时就谈了一些自己的想法。之后,她阅读了大量的数字贸易研究资料,再次找我讨论那些疑惑时,我们商定将“数字贸易争端解决法律问题研究”作为她的硕士学位论文选题。我把项目申报书发给她,请她酌情选择具体研究内容。她在硕士学位论文中完成了项目申报书拟订的研究框架中的第一章、第二章、第三章、第七章、第八章、第九章和第十二章的研究,及至她博士研究生阶段,又花费工夫着力对其补充和完善。剩余的绪论、第四章、第五章、第六章、第十章、第十一章由我来完成,并负责最终的统稿、补充、审校和修订。

从2021年3月至7月,我对全文反复进行补充、审校和修订,耗掉了两个硒鼓和不少打印纸,才惴惴地提请结项。从成果结项到书稿付梓,我又一直心念数字贸易及其争端解决的法律问题,真可谓“余情悦其淑美兮,心振荡而不怡”(出自曹植《洛神赋》)。2021年5月,在中国国际法学会的年会上,我根据会务组安排作了名为“数字贸易及其自由化对国家管辖原则的内涵革新诉求”的专题发言;2021年12月,在纪念中国加入WTO二十周年之际,我受中国法学会WTO法研究会的委托,拟定并召集了主题为“数字贸易实践发展与规则演进”的研讨会;2022年1月,我应伯尔尼大学世界贸易研究院首席专家、WTO上诉机构前法官皮特·万·保仕(Peter Van den Bossche)教授之邀,参加了他召集的“后新冠疫情时期的数字贸易”的国际研讨会,并作了题为“The Path-dependence of Regulating Labor Issues in Digital Trade: Taking the CPTPP as a Testing Mode”(《在数字贸易中规范劳工问题的路径依赖:以CPTPP为测试模式》)的发言。非常巧合的是,在我发言结束时,保仕教授提给我的问题就是数字贸易争端解决与传统贸易争端解决规则或程序之间的差异。作为回应,我介绍了本书的研究框架,得到了他的肯定、赞赏和鼓励。这些国内外的研究和交流,坚定了我们对本书应有价值的信心。

最后特别要说明的是,在国际贸易领域,数字贸易争端及其解决还是个崭新的命题,本书必定存在很多不足和遗憾。在课题结项评审及出版前匿名评审中,专家们提出了一些非常宝贵的修改意见。他们的修改意见都已经被认真考虑和吸纳,这里谨致我们对各位评审专家的由衷谢忱!法律出版社法治与经济分社编辑刘晓萌老师对出版工作精益求精的要求和指导,给了我们莫大的鼓励、帮助和支持,特此向刘老师表示深深的谢意。同时,我们也非常感谢司法部政府法制研究中心、武汉大学法学院、武汉大学国际法研究所等给予的大力支持和帮助！按照国际学术惯例，我们对本书中的所有观点、谬误和纰漏负责。

简介成书历程，是为后记。

李雪平

谨记于珞珈山